Die

norddeutsche Ebene

insbesondere

zwischen Elbe und Weichsel

geologisch dargestellt

von

H. Girard,

Phil. Dr., ordentl. Professor der Mineralogie an der Universität zu Halle, Director des mineralogischen Museums daselbst, der deutschen geologischen Gesellschaft, der Société géologique de France und anderer gelehrten Gesellschaften wirklichem, auswärtigem und Ehren-Mitgliede.

Nebst einer geologischen Karte der Gegend zwischen Magdeburg und Frankfurt a. d. O., und zwei Tafeln Profilen.

Berlin,

Druck und Verlag von Georg Reimer.

1855.

Seiner Excellenz

dem Königlich Preufsischen Wirklichen Geheimen Rath,
Ober-Berg-Hauptmann a. D., Ritter hoher Orden,
Mitgliede gelehrter Gesellschaften, etc. etc.

Herrn Grafen von Beust

in verehrungsvoller Dankbarkeit

der Verfasser.

Vorwort.

Aufträge der Königl. Preuss. Ober-Berg-Hauptmannschaft führten mich in den Jahren 1841, 43, 44 und 45 in verschiedene Theile der norddeutschen Ebene zur näheren Untersuchung ihrer geologischen Beschaffenheit. Liebe zu der einmal begonnenen Arbeit hat mich späterhin noch manche Puncte auf eigene Hand besuchen lassen. Da während dieser Arbeiten der Braunkohlen-Bergbau im Flachlande, zwischen Elbe und Oder insbesondere, in Aufnahme gekommen und eine grosse Zahl von Gruben entstanden war, welche wichtige geologische Aufschlüsse enthalten mussten, da mir aber die Zeit nicht blieb diese Gruben selbst zu untersuchen, so veranlasste ich meinen Freund und ehemaligen Schüler Herrn Dr. Plettner eine Arbeit über diesen Gegenstand zu unternehmen. Mehrjährige, mühselige Beobachtungen in den Gruben und fleissige Benutzung alles irgend zugänglichen Materials haben eine Arbeit geliefert,[1]) welche als

[1]) F. Plettner, Die Braunkohle in der Mark Brandenburg. Berlin 1852.

Muster einer Detail-Untersuchung aufgestellt werden kann. Zugleich hatte die Auffindung von Versteinerungen in einem Thonlager in der Nähe von Berlin [1]), welche mir an der Seite meines verewigten Freundes L. von Buch gelungen war, ein reges Suchen nach versteinerungsführenden Schichten hervorgerufen und dieses vereint mit dem technischen Interesse, das zur Aufsuchung der Braunkohlen antrieb, hat dazu beigetragen, dass von vielen Seiten einzelne Untersuchungen gemacht und Beiträge zur Kenntniss der Geologie der norddeutschen Ebene geliefert worden sind.

Weil es mir aber vergönnt gewesen ist einen grössern Theil derselben näher zu durchforschen, weil sich die geologische Zusammensetzung nicht überall so einfach erwiesen hat, als man sonst wohl meinte und doch wieder nicht so verwickelt, als man nach manchen Local-Untersuchungen glauben könnte, so ist es mir als eine Pflicht erschienen, die Haupt-Beobachtungen und deren Resultate zu veröffentlichen, um eine leicht verständliche Ordnung und übereinstimmende Entwickelung in dem ganzen grossen Terrain erkennen zu lassen. Die Darstellung ist so gehalten, dass sie hoffentlich auch dem Laien keine Schwierigkeiten bereiten wird und nur in der Beschreibung der Braunkohlengruben, wo ich mich öfters wörtlich an die Plettner'sche Darstellung habe halten müssen, mögen mitunter bergmännische Ausdrücke

[1]) Leonhard und Bronn, Neues Jahrbuch für Mineralogie. Jahrgang 1847. p. 563.

und Wendungen vorkommen, die nicht Jedem verständlich, aber doch leicht zu errathen sind. Die beigegebene Karte ist, mit Zugrundelegung des früher vom Königl. Preuss. Generalstabe herausgegebenen Blattes der Gegend zwischen Berlin, Magdeburg und Dresden, nach den besten Quellen und eigenen Beobachtungen zusammengestellt. Der bekannte Kartograph Herr Mahlmann hat die Güte gehabt, die Ausführung zu übernehmen. Das Terrain ist etwas stärker aufgetragen, als eigentlich sein müsste, um es nicht unter den geologischen Farben verschwinden zu lassen. Die Höhen-Angaben sind zum Theil der vortrefflichen Arbeit von Berghaus[1]) zum Theil verschiedenen Quellen entnommen. Bei der Colorirung schien es passend die älteren geschichteten und massigen Gesteine unter je eine Farbe zusammenzufassen, da sie hier nur in ihrer Gesammtheit in Betracht kommen. Die Profile erläutern sich leicht, einige ganz von selbst.

Von älteren, grösseren Arbeiten, welche ich benutzen konnte, muss ich besonders die Beiträge zur mineralogischen und geognostischen Kenntniss der Mark Brandenburg von Kloeden[2]) anführen, die als eine Schatzgrube von Beobachtungen über diese Gegenden einen ausserordentlichen Werth besitzen. Nächstdem sind für die Mark Brandenburg noch be-

[1]) Berghaus, Barometrische Höhenbestimmung von Berlin und Dresden.

[2]) Als Programm der städtischen Gewerbeschule zu Berlin in X Heften erschienen. 1828—37.

sonders zu nennen die Arbeiten von **Schultz**[1]), **Bennigsen-Förder**[2]) und **Beyrich**[3]), für Posen und Pommern von **Oeynhausen**[4]) und **Gumprecht**[5]), für Meklenburg von **Brückner**[6]) und **Boll**[7]), für Holstein, Schleswig und Dänemark von **Forchhammer**[8]) und **Meyn**[9]), für die untere Elbe von **Zimmermann**[10]), **Wiebel**[11]) und **Volger**[12]).

Halle, Juli 1854.

H. Girard.

1) Schultz, Beiträge zur Geognosie und Bergbaukunde. 1821. Grund- und Aufrisse im Gebiete der Bergbaukunde. 1823.

2) von Bennigsen-Förder, Erläuterungen zu der geogn. Karte der Umgegend von Berlin. 2. Aufl. 1850.

3) Beyrich, Zur Kenntnifs des tertiären Bodens der Mark Brandenburg. Karsten's Archiv S. II. Bd. XXII.

4) von Oeynhausen, Bemerkungen auf einer miner. Reise durch Vor- und Neu-Pommern. Karsten's Archiv. S. I. Bd. XIV.

5) Gumprecht, Ueber einige geogn. Verhältnisse des Grofsh. Posen. Karsten's Archiv. S. II. Bd. XIX. Zur geogn. Kenntnifs von Pommern ebend. Bd. XX.

6) Brückner, Grund und Boden Mecklenburgs. 1825.

7) Boll und Brückner, Geognosie der deutschen Ostseeländer. 1846. Boll, Zeitschrift der deutschen Geol. Gesellschaft. Bd. III.

8) Forchhammer, Danmark's geognostiske Forhold. 1835.

9) Meyn, Geognostische Beobachtungen in Schleswig und Holstein. 1848.

10) Zimmermann, Mehrere wichtige Aufsätze in Leonhard und Bronns Jahrbuch 1838 und ferner.

11) Wiebel, Die Insel Helgoland. 1848.

12) Volger, Beiträge zur geogn. Kenntnifs des norddeutschen Tieflandes. 1846.

Inhalt.

I. Geographisch-orographische Einleitung.

Wer auf einer der zahlreichen Eisenbahnen, welche das norddeutsche Tiefland durchschneiden, längere Strecken zurückgelegt hat, wer etwa von Breslau nach Hamburg, von Leipzig nach Stettin, vom Frankfurt a. O. nach Minden oder Bremen gefahren ist, der ist gewifs zuerst erstaunt, später gelangweilt und betrübt worden durch die Eintönigkeit der Gegenden, welche er durcheilte. Meist sind es weite sandige Ebenen, hin und wieder von moorigen Wiesenflächen unterbrochen, die nur spärliches Korn, dunkle Kiefernwälder oder sauere Wiesen hervorbringen. Oft fehlt sogar, wie an manchen Stellen der westlichen Bahnen, fast jede Cultur und eintönige Hochmoore oder weite Sandflächen, die nur wenige Gräser und einzelne Büsche von Haidekraut tragen, bilden weithin den unfruchtbaren Boden. Und doch, wollte man nach diesen Eindrücken sich ein Bild der gesammten norddeutschen Ebene entwerfen, man würde sich ein wesentlich unrichtiges gebildet haben. Denn nicht alle Theile des Landes sind so eben und eintönig als grade diejenigen, in denen man die Eisenbahnen, vorzüglich deshalb geführt hat, weil man so viel als möglich alle Terrainschwierigkeiten und damit alle gröfseren Kosten zu vermeiden suchte. Weite Strecken bestehen aus ziemlich hoch erhobenen Landstrichen, auf denen Hügel und Thäler, Hochflächen und tiefe Kessel viel und oft recht anmuthig mit einander wechseln. Meist sind die Kessel oder spaltenförmigen Vertiefungen mit stehenden Wässern erfüllt und schöne und ausgedehnte Seen geben diesen Gegenden einen eigenthümlichen Reiz. Punkte wie die von Potsdam, Neustadt - Eberswalde, Frankfurt a. O. u. A., die durch einen anmuthigen Wechsel von Hügeln und Niederungen, von Wäldern, Feldern und Wiesen, von Flüssen und Seen wirklich landschaftliche Schönheiten entwickeln, sind keineswegcs so selten als man gewöhnlich glaubt. So ist ein grofser Theil von Meklenburg und der Mark Brandenburg, von Pommern, Posen und Preufsen zusammengesetzt und nur die weiten Flächen von Niedersachsen, Friesland und Holland tragen fast durchaus den eintönigen Charakter eines ununterbrochenen Flachlandes an sich. Hier ist die Linie des Horizonts fast nie von irgend einer isolirten Kuppe oder einem Rücken unterbrochen, hier wechseln keine Hügel, wenn auch nur von Sand und Lehm gebaut, mit tiefen Thälern und Seeflächen ab, hier eilen keine geschäftigen Bäche über zahlreiche Mühlen fort den tieferen Gegenden zu, hier wechseln nur Meer und Sandflächen mit einander, die erst gegen das höhere Festland hin von Landstrichen begrenzt werden, welche einen mannigfaltigern Wechsel in ihrer Oberfläche zeigen.

Die mehr durchfurchten Gegenden sind es auch allein, welche dem Geologen einige Aufschlüsse über die Zusammensetzung des Bodens zu geben vermögen, da in ihnen hin und wieder tiefere Thäler und Abstürze der Hügel vorkommen, welche einen Blick in die Struktur der lockeren Schichten erlauben, die das gesammte Flachland fast allein zusammensetzen, und Beobachtungen in diesem Terrain, insbesondere in dem zwischen Elbe und Weichsel gelegenen, so wie Betrachtungen über die gewonnenen Resultate, werden daher den Inhalt der nachfolgenden Blätter bilden.

Betrachtet man auf einer Karte dies weitgestreckte norddeutsche Tiefland, das von den Anschwemmungen des Rheindelta's bis zu den schwachen Hügeln des Waldai - Gebirges und zu den polnisch - litthauischen Sümpfen sich ausdehnt, so fällt dem aufmerksamen Beobachter bald eine Verschiedenheit in die Augen, welche in diesem weiten Landstriche einen westlichen und einen östlichen Theil bestimmt unterscheiden läfst. Der westliche, welcher zwischen der Elbe und dem Rhein liegt, zeigt nämlich weder irgend ansehnliche Höhenzüge (man müfste denn die Fläche der Lüneburger Haide für einen solchen nehmen) noch stehende Gewässer in beachtenswerther Zahl, während der östliche Theil dagegen, welcher sich vom rechten Elbufer an ausbreitet, durch seine bestimmten und ausgedehnten Landrücken, so wie durch die zahllosen Seen, welche mit diesen zugleich auftreten, auf das Eigenthümlichste bezeichnet ist.

Der westliche Theil ist bei weitem der kleinere. Im Süden begrenzen ihn die Vorberge des Harzes und der Weser-Kette, so wie die Ausläufer des Teutoburger Waldes, im Westen der Zuider-See, im Norden die Nordsee und im Osten das Thal der Elbe. Die Städte Magdeburg, Braunschweig, Hannover und Minden liegen am Südrande dieser Niederung. Einzelne kleine Hügelgruppen erscheinen zwar darin, aber keine Landrücken. So der Haarter und Holter Berg östlich von Deventer und Zütphen, der Huimling am rechten Ufer der Ems nördlich von der Haase und geringe Erhebungen zwischen Vechte und Oldenburg, Minden und Bremen. Allein obgleich alle diese Hügel auf guten Karten sichtbar sind, so müssen sie doch sehr unbedeutend sein, da weder Fr. Hoffmann [1]) in seiner Schilderung des nordwestlichen Deutschlands, noch Volger [2]) in seiner Charakteristik jener Gegenden ihrer Erwähnung thun. Hoffmann führt zwar die Lärberger Egge bei Bramsche und die Berge von Halden südöstlich vom Dümmer See, als vereinzelte Hügelgruppen in der Ebene an, doch enthalten diese beiden Erhebungen noch festes Gestein und sind daher als Inseln am Rande des ehemaligen Festlandes zu betrachten und zu diesem gehörend. Mehr als alle vorerwähnten Höhen trägt dagegen die Lüneburger Haide den Charakter eines ausgedehnten Landrückens an sich. Man mufs zu ihr die ganze Fläche rechnen, welche die Wasserscheide zwischen der Aller, der untersten Weser und Elbe bildet und bis 350 Fufs Höhe erreicht [3]). Sie beginnt nordwestlich von Magdeburg mit der Gegend des Drömling, zieht dann zwischen Uelgen und

[1]) Uebersicht der orogr. und geognost. Verhältnisse des nordwestlichen Deutschlands.

[2]) Volger a. a. O.

[3]) Volger a. a. O. p. 3.

Celle, Lüneburg und Soltau hindurch und verliert sich gegen Harzefeld und Bremervörde allmälig in die moorigen Niederungen der Halbinsel zwischen dem untersten Lauf der Elbe und Weser. Der Lauf der Wasserscheide ist sehr bestimmt von S.O. gegen N.W. gerichtet.

Von stehenden Gewässern fallen im nordwestlichen Flachlande zwei bedeutende Seen besonders in's Auge: der Dümmer See bis Dipholz und das Steinhuder Meer westlich von Hannover, zwischen Leine und Weser. Aber diese beiden ansehnlichen Wasseransammlungen können nicht mit Recht für Seen der Tiefebene angesehen werden, da sie beide noch im Gebiet der festanstehenden ältern Gesteine liegen und vielmehr als Spalten oder Thäler darin betrachtet werden müssen, welche durch die jüngeren losen Bildungen nicht ganz ausgefüllt worden sind. Aufser diesen ist nur noch der Arend-See in der Nähe der Elbe und der Strickener Teich auf der Wasserscheide zwischen Elbe und Aller zu bemerken. Freilich kommen viele und ansehnliche Seen am Rande des Zuider-See's, so wie an der Nordsee und ihrer Buchten vor, aber diese Seen sind der Art, wie sie an jeder flachen Küste sich finden und können nicht mit den Seen des östlichen Tieflandes verglichen werden.

L. v. Buch [1]) und Fr. Hoffmann [2]) haben zuerst darauf hingewiesen, dafs die Hauptrichtung des norddeutschen Tieflandes und der Hauptabzug seiner Gewässer von S.O. nach N.W. gehen und dies beweist sich an der Richtung der Lüneburger Haide und an dem Lauf der Elbe, Aller und Weser, aber diese Richtung der Höhen und Gewässer bleibt nur so lange sichtbar, als überhaupt noch Unebenheiten zum Vorschein kommen, verschwindet dagegen gänzlich in den moorigen Niederungen von Oldenburg, Friesland und Holland. Hier folgen die Gewässer allein der lokalen Neigung des Bodens und keine allgemeinere Aufrichtung des Festlandes weist ihnen ihre bestimmten hiervon abweichenden Wege.

Das östliche Tiefland beginnt mit dem rechten Elbufer. Die Grundzüge seiner Gestaltung sind ungemein schwer zu fassen. Ein Wechsel von flachen Landstrichen und hügeligen

[1]) Leonhard mineralogisches Taschenbuch 1824.

[2]) a. a. O.

Erhebungen, in verschiedenen Richtungen von gröfseren Flufsthälern durchschnitten, läfst weder einen gemeinsamen Zusammenhang der Erhebungen und Vertiefungen unter sich, noch mit denen anderer Gebirgssysteme deutlich und bestimmt erkennen. Zwar ist es sichtbar, dafs die Trebnitzer Höhen, der Flemming und die Lüneburger Haide Parallelketten der norddeutschen Gebirge, der Sudeten und des Harzes sind, aber die Holsteiner, Meklenburger und Preufsischen Höhenzüge lassen sich mit diesen Hebungsrichtungen nicht in Zusammenhang bringen. Nur die Betrachtung, dafs alle Bewegungen in diesen jüngsten Bildungen erst vor sich gegangen sind, nachdem schon die festen Gesteine älterer Perioden gebildet waren und sich zum grofsen Theile schon unter ihren jetzigen Verhältnissen befanden, wirft einiges Licht in die Beobachtung dieser Oberflächen-Verhältnisse. Bedenkt man nämlich, dafs die continentale Hebung, welche diese weite Ebene trocken legte, erst vor sich gegangen ist, nachdem sowohl die deutschen als auch die scandinavischen Gebirge, so wie sie jetzt sind, schon Festland waren, denn die Meeresbildungen der Ebene verbreiten sich nur bis an den Fufs dieser Gebirge, so versteht man, dafs die Erhebung der Ebene gewissermafsen nur die Folge des allmäligen Ansteigens der grofsen Gebirgsmassen war, welche sie zunächst umgeben. Schwache, wellenförmige Landrücken erheben sich nun am Rande der Fläche in einiger Entfernung von der Küste und parallel mit ihr, als eine Folge der allmäligen Emportreibung des weichen, leicht verschiebbaren Bodens. Wen würde es Wunder nehmen, wenn bei einer Hebung des Biskayischen Meerbusens sich ein Sandrücken parallel der spanischen, ein anderer parallel der französischen Küste erhöbe? Man würde sagen, das sei eine einfache Folge der stärkeren Erhebung des Meeresgrundes neben den älteren, festeren Küsten. Grade solchen Vorgängen entspricht die Gestaltung der nordostdeutschen Tiefebene. Die Lüneburger Haide, der Flemming und die Trebnitzer Berge sind Parallelketten der Sudeten, des Lausitzer Gebirges und des Harzes, der dänisch-deutsche, meklenburgische, pommersche und preufsische Höhenzug sind verschiedene Parallelketten von Schweden. Dafs diese Annahme für die ersteren Höhen paſst, versteht sich leicht, aber sie ist auch für die anderen verständlich. Das anstehende Gestein der schwedischen Halbinsel setzt aus dem Meerbusen von Christiania in S.S.Oestlicher Richtung über Gothenburg bis nach Schonen fort, wendet sich hier etwas mehr östlich und geht gegen S.O. auf Bornholm zu, von wo es gegen N.O. umwendet zu den auf den Inseln Oeland und Gothland und an der Küste von Curland anstehenden ältern Gesteinen.

Diesen Contouren des älteren Festlandes folgen die nördlichsten Höhenzüge der Ebene ganz genau. Zuerst in der Richtung von ungefähr N. — S. im Jütisch-schleswigschen Rücken, dann von N.W. — S.O. im Holstein-Meklenburgischen und endlich in der scharf absetzenden Richtung von S.W. — N.O. im Pommerschen und Preuſsischen Landrücken. Der erste wird vom zweiten durch die Niederung getrennt, in der die Eider flieſst, der zweite vom dritten durch das Thal der Oder und Randow, der dritte vom vierten durch den Lauf der Weichsel zwischen Bromberg und Danzig. Aehnlich trennt das Thal der Oder die Trebnitzer Berge von den östlichen Ausläufern des Flemmings, das Thal der Elbe den Flemming und die Lüneburger Haide. Doch sind alle diese Trennungen keine primären, sondern nur secundäre.

Zwischen den Höhenzügen, an die sich im S.O. noch die Berggruppe von Sandomir mit der Oberschlesischen Höhe und die Ausläufer der Karpathen anschlieſsen, bleibt eine ebene Fläche, welche sich von der Wasserscheide zwischen Wolga und Don gegen Düna und Dniepr, zwischen Kiew und Smolensk ungefähr, bis zum untern Lauf der Elbe erstreckt. Hier schlieſst der schwache Rücken der Lüneburger Haide, an der Stelle, wo sich das deutsche und scandinavische Gebirge am nächsten kommen, sie sind kaum 50 geographische Meilen von einander entfernt, das Flachland gegen Westen. Die südliche Grenze geht von Kiew über Ostrog, Lublin, Kalisch, Glogau auf Potsdam und Berlin, die nördliche von Smolensk über Minsk, Bialystock, Bromberg und Cüstrin zu denselben Gegenden. Die Mittellinie dieses nach Osten sich öffnenden Dreiecks wird ungefähr durch den 52. Grad nördlicher Breite bezeichnet, nur hebt sich die Spitze gegen Westen ein wenig. In seinem östlichen Theile liegen die grofsen Rokitno-Sümpfe zwischen Dniepr und Weichsel, die mehr als 1000 Quadratmeilen einnehmen und aus deren Gebiet Zuflüsse zum Niemen, zur Weichsel, hauptsächlich aber zum Dniepr gehen. Doch mufs man nicht glauben, dafs diese Sümpfe sehr tief liegen, im Gegentheil ist dieser östliche Theil der Tiefebene der am höchsten gelegene und von hier geht ein allmäliges Gefälle gegen W. Die Rokitno-Sümpfe liegen mindestens 400 Fufs, die Gegend zwischen Weichsel und Oder circa 300 Fufs, zwischen Oder und Elbe circa 200 Fufs über dem Niveau der Ostsee, der natürliche Abflufs der in dieses Becken zusammenströmenden Gewässer würde daher zur Nordsee, der gegen W.N.W. gerichtete sein, und dieser hat gewifs auch einmal stattgefunden, als dieses ganze Becken noch in sich verbunden war. Allein bei einzelnen ungewöhnlich hohen Wasserständen hat dann die aufgestaute Wassermasse auch Abwege über die begrenzenden Landrücken fort zu näher liegenden Meeren gefunden. So hat der Dniepr einen Weg erst am Rande und dann durch eine Spalte des südrussischen Granitplateau's zum schwarzen Meere gefunden, der Niemen und seine Zuflüsse gehen zwischen dem preufsischen Landrücken und zwischen dem curisch-litthauischen Uebergangsgebirge hindurch, die Weichsel hat einen Weg zwischen den preufsischen und pommerschen Höhen, die Oder zwischen dem pommerschen und meklenburgischen Landrücken und die Elbe zwischen diesem und der Lüneburger Haide hindurch gefunden. Natürlich sind in diesem ganzen Becken die Wasserläufe nicht scharf von einander geschieden und schon jetzt kann man von Hamburg sowohl als von Stettin, Danzig und Memel zu Wasser nach Cherson und Odessa gelangen. Indessen ist die Anlage von Canälen, die Verbindung der einzelnen Wasserstrafsen, doch wesentlich dadurch befördert worden, dafs die verschiedenen Ströme nicht zu jeder Zeit denselben Weg eingehalten, sondern dafs die östlichen im Allgemeinen alle in früheren Zeiten eine mehr westliche Richtung nahmen und erst in späterer Zeit einen schnelleren Abflufs für ihre Gewässer nach Norden fanden. Bestimmt nachweisbar ist dies bei der Weichsel und Oder, höchst wahrscheinlich auch bei der Elbe. Die Weichsel ging einstmals nach Stettin, die Oder nach Hamburg und die Elbe nach Bremen.

Die Weichsel, welche sich hauptsächlich aus den bedeutenden Zuflüssen bildet, die vom Nordrande der Karpathen herabkommen, nimmt unterhalb Zandomirz, wo sie sich mit dem östlichsten derselben der Saan vereinigt, eine rein nördliche Richtung zur Mitte des vorliegenden Tieflandes hinab. Bis einige Meilen nördlich von Warschau hält sie diese Richtung inne, hier aber, wo sie den von Osten kommenden Bug aufnimmt, ändert sie ihren bisherigen Lauf. Sie hat die tiefste Stelle in der Mulde zwischen den Ausläufern der südlichen Gebirge und den Rücken, die sie von der Ostsee abhalten, erreicht und mufs nun durch diese hindurch oder an ihnen entlang sich einen Abflufs zum Meere suchen. Es ist eine sehr bedeutende Wassermasse, deren Flufsgebiet das östliche Oberschlesien, Galizien bis östlich von Lemberg, Polen bis zu den Sümpfen und einen Theil des preufsischen Landrückens entwässert. Natürlich hat sich dieselbe ein sehr deutliches Bette in den lockeren Schichten der Ebene gegraben, das von Warschau bis Bromberg in der Richtung zwischen N.W. und W.N.W. abwechselt. Nahe der Mündung des Bug ist das Thal sehr weit, mitunter mehr als eine Meile breit, von Ploczk ab verengt es sich aber und hat zwischen Dobrzyn und Niesczawa mitunter kaum eine Viertelmeile Breite. Von Niesczawa gegen Thorn und Bromberg zu erweitert es sich wieder, wendet sich mehr gegen Westen und bei Thorn wird die Richtung eine fast rein westliche. Die Gehänge des Thales sind, wie die beiliegende kleine Karte zeigt, fast eine Meile und darüber von einander entfernt und erst unterhalb Fordon nähern sie sich wieder bis auf $\frac{1}{2}$ Meile. Zwischen Schulitz und Fordon gabelt sich das Thal, das südliche Gehänge geht rein westlich weiter, das nördliche dreht sich von W.N.W. gegen rein Nord und zwischen beiden bleibt ein Keil stehen, dessen Ränder rechtwinklig gegen einander stofsen. Nach der Gestalt und Vertheilung der Stromränder sollte man erwarten, dafs das Gewässer sich hier in zwei Arme vertheilen würde, allein dem ist nicht so, denn die ganze Wassermasse geht durch den nördlichen Arm zum Frischen Haff und bei Danzig vorbei zur Ostsee. Allein es gab einstmals eine kurze Zeit, wo hier der Strom sich gabelte und ein Theil gegen Westen, ein anderer gegen Norden abflofs, aber es gab auch eine noch längere Zeit, in welcher der Strom nur gegen Westen seinen Abflufs nahm. Es müssen drei Perioden unterschieden werden, die älteste, in der das ganze Gewässer der Weichsel weiter gegen Westen abflofs; eine Uebergangsperiode, in der sich allmälig ein Abflufs zwischen dem preufsischen und pommerschen Landrücken hindurch bildete und dann die jetzige, in der der Abflufs allein auf diesem Wege stattfindet.

Der Beweis für diese Annahmen ist in den Oberflächen-Verhältnissen nicht schwer zu finden, sobald sie etwas genauer in's Auge gefafst werden. Betrachtet man die Gehänge des Weichselthales unterhalb Thorn, so sieht man, dafs sich dieselben in der Richtung, in der sie von Osten kommen, nach Westen fortsetzen und ohne Unterbrechung in die Gehänge des Netzethales übergehen, mit dem sie von Nakel ab zusammenfallen. Es ist ein breites offenes Thal von einer halben bis einer Meile Breite und Gehängen von 60, 80 und 100 Fufs Höhe. Der jetzige Weichsellauf hat dagegen in dieses weite deutliche Bette nur einen schmalen Abzugscanal bei Fordon eingeschnitten, der eher wie ein Nebenthal, nicht aber wie ein Hauptthal erscheint. In das alte, weite, jetzt zum Theil leere Bette mündet von Norden her die Brahe bei Bromberg, von Süden her die Netze bei Nakel. Die Brahe fliefst gegen Osten, die Netze gegen Westen. Die Wasserscheide zwischen Weichsel und Oder liegt zwischen beiden kleinen Flüfschen in einem Moorgrunde, dessen Wasser am höchsten Punkte 16 Fufs über dem Spiegel der Netze, dessen sandiger Boden aber mit ihr in einer und derselben Ebene liegt. Die Brahe könnte das Thal zwischen Bromberg und der Weichsel gebildet haben, die Netze ihr Thal von Nakel bis zur Oder, obgleich so kleine Flüsse nicht so grofse Thäler zu bilden pflegen, aber wer oder was hat nun das weite Thal zwischen Bromberg und Nakel gebildet? Drei Meilen lang, eine halbe Meile breit und 60 bis 80 Fufs tief. Das obere Gehänge der Nordseite zwischen Fordon und Bromberg setzt in derselben Linie in das Gehänge des wasserlosen Thales fort, während auf der Südseite die etwas sanftere Thalwand, die nur bei Bromberg sehr steil ist, in derselben Richtung ununterbrochen verläuft. In dem auf diese Weise begrenzten wasserlosen Thale zwischen Bromberg und Nakel liegt der Bromberger Canal. Er ist über drei Meilen lang und sein höchster Wasserspiegel, der sogenannte lange Trödel, ein grader Canal von 4295 Ruthen Länge, ungefähr $2\frac{1}{8}$ geogr. Meilen, liegt 16 Fuſs über dem Spiegel der Netze bei Nakel und 78 Fuſs über der Brahe bei Bromberg. Das Gefälle der Brahe von Bromberg bis zur Weichsel beträgt 10 Fuſs, der Unterschied zwischen dem Netze- und Weichsel-Spiegel also 82 Fuſs. Zwischen beiden Flüssen befindet sich gar kein Hinderniſs ihrer Vereinigung, denn der feste Boden des langen Trödels liegt an seiner höchsten Stelle noch 2 Zoll unter dem mittleren Spiegel der Netze und dennoch flieſst die Netze nicht zur Weichsel ab, wohin sie auf 4 Meilen ein Gefälle von 82 Fuſs haben würde, sondern sie geht zur Oder, um in einem Lauf von mindestens 35 Meilen ein gleiches Gefälle zu erlangen.

Diese Erscheinung macht die Annahme eines ehemaligen westlichen Laufes der Weichsel im höchsten Grade wahrscheinlich. Denn wenn man annehmen muſs, daſs alle jetzigen Fluſsthäler von ihren Gewässern allmälig eingeschnitten worden sind, so muſste auch die Netze früher einmal einen höher gelegenen Lauf besitzen, und wenn die Weichsel immer gegen Norden floſs und das Thal zwischen Nakel und Bromberg eine zufällige Vertiefung war, so muſste die bei Nakel sich mündende Netze durch diese Vertiefung zur Brahe und mit ihr zur Weichsel abflieſsen. Die Netze würde sich, bei 82 Fuſs Gefälle, ein schmales tiefes Bett auch oberhalb Nakel eingeschnitten haben, sie würde die südlichen polnischen Seen, den Goplo und andere zum groſsen Theil entwässert, ausgedehnte Sümpfe trocken gelegt haben, sie würde die ganzen Oberflächen-Verhältnisse ihres Fluſsgebietes geändert haben, sie müſste dies Alles gethan haben, wenn die Weichsel immer ihren jetzigen Lauf nahm und das Thal des Bromberger Canals ein zufälliges war.

Nimmt man dagegen, durch die Gestalt der Oberflächen-Verhältnisse geleitet, an, daſs die Weichsel ehemals ihren Lauf gegen Westen richtete, so erklären alle sonst so unverständlichen Erscheinungen dieser Gegenden sich ganz einfach aus dieser Annahme. Wenn die Weichsel bei ihrem früheren Lauf in fast östlicher Richtung, in der sie von Thorn kam, keinen Durchgang nach Norden fand, so mufste sie am Rande des pommerschen Landrückens ihren Lauf nehmen. Sie weitete sich dabei das breite Bette aus, in dem die Netze noch jetzt fliefst. Allein bei einem hohen Wasserstande fand sich einmal ein Abflufs gegen Norden und so lange das Hochwasser anhielt, entleerte sich ein Theil des Flusses auf diesem Wege. Mit dem Sinken des Wassers verschlofs sich dieser Abzug wieder und erst ein neues Hochwasser konnte den einmal gefundenen Weg wieder einschlagen und allmälig ausweiten und vertiefen. Nach und nach fand nicht blofs Hochwasser, sondern auch ein Theil des Stromes bei mittlerem Wasserstande auf dem neuen Wege seinen Abflufs. Es bildete sich ein neuer Arm und eine neue Mündung durch die die Weichsel zu der Ostsee abflofs. Je stärker das Gefälle auf diesem Wege wurde, desto mehr entzog sich das Wasser dem westlichen Arme. Im alten Thale wurde der Zuflufs, in den die Netze mündete, allmälig immer schwächer. Die Netze warf den Sand und Kies, den sie beim Hochwasser führte, mit in das Weichselthal hinein und warf dadurch an ihrem rechten Ufer einen kleinen Wall auf. Das Weichselwasser gelangte wohl noch in diese Gegend, aber es stagnirte nur, es flofs nicht mehr und Torfmoore fingen an das alte nicht mehr durchströmte Thal zu füllen. Endlich hatte sich die Weichsel tiefer und tiefer eingeschnitten, das Weichselwasser blieb in der Netze ganz aus und liefs den schwachen kleinen Flufs allein im leeren grofsen Bette. Der mitgebrachte Sand und die allmälig gebildeten Torfmoore hinderten jetzt den kleinen Flufs nach Osten abzufliefsen, da sein Hochwasser den mittleren Stand nicht um 16 Fufs übersteigt, und so war er genöthigt allein den mühsamen Weg bis zur Oder zurück zu legen. Anders war es mit der Brahe. Sie war dem neu gebildeten Wege zu nahe, um nicht von ihm mit fortgerissen zu werden, ihre Mündung lag nur eine Meile vom neuen Abflusse entfernt, nicht wie die Netze, 4 Meilen, und daher folgte sie dem grofsen Strome in's neue Bett.

Man könnte gegen diese Ansicht einwenden und man hat

es gethan, dafs die Niveau-Unterschiede die Annahme eines solchen Abfliefsens des tiefer liegenden Stromes in das höhere Bett nicht erlauben, aber das ist auch nicht angenommen worden. Haben denn nicht alle Flüsse ihr Bett erst eingegraben, und wenn die Netze jetzt in einem Bette, d. h. in einem Einschnitt läuft, so ist dies Bett doch erst im Laufe der Zeit in jene allgemeine Fläche eingeschnitten worden, welches auch die Weichsel, wenn auch viel tiefer jetzt durchfurcht. Daher mufs es denn doch einmal eine Zeit gegeben haben, in der das Bett der Weichsel mit dem, in welchem jetzt die Netze fliefst, in gleicher Höhe sich befand, und folglich eine Verbindung zwischen beiden leicht möglich war.

Aus der Annahme eines ehemaligen Weichsellaufs im Netzethal erklären sich demnächst noch manche andere sonst räthselhafte Erscheinungen in den westlichen Gegenden.

Wenn die Weichsel ehemals ihren Lauf nach Westen nahm, so erklärt sich daraus das ungemein weite Bett, in dem jetzt die Netze fliefst und ferner auch die Bildung des Warthe- und Oderbruches. Es mufs nämlich bei der Betrachtung des Oderbruches, dieser grofsen Vertiefung in dem umliegenden Plateau, auffallen, dafs am linken Oderufer ein steiler Vorsprung bis Reitwein (s. d. Karte) zwischen Oder und Bruch sich vorstreckt. Wenn Niemand daran zweifelt, dafs diese Bruchgegend als eine grofsartige Auswaschung anzusehen sei (das Oderbruch hat circa 15 Quadratmeilen, das Warthe- und Netzebruch 12 Quadratmeilen Oberfläche), so ist doch gar nicht zu verstehen, wie diese Auswaschung zwischen Reitwein und Seelow durch die Oder geschehen konnte. Die Oder kann doch unmöglich bei Reitwein ihre nördliche Richtung plötzlich gegen eine südwestliche vertauscht und dann diese wieder gegen die nordwestliche gewechselt haben, auch können Warthe und Netze, die allerdings in dieser Richtung münden, die Oder nicht aus ihrem Lauf gerissen und mit in diese Richtung geführt haben, denn dazu sind sie zu klein — nehmen wir aber an, dafs ehemals die Weichsel im Netzethale nach Westen strömte, so war hier die Stelle, wo ihr weiterer westlicher Abflufs durch das hohe Plateau zwischen Frankfurt und Freienwalde, das 250 bis 400 Fufs Höhe erreicht, verhindert wurde.

Sie stauete sich, wühlte die weite Niederung des Warthe- und Oderbruches aus und fand endlich ihren Abflufs zum Theil westlich zwischen Freienwalde und Oderberg nach der Gegend von Liebenwalde, Cremmen, Fehrbellin und Havelberg, zum Theil nach Norden zwischen Oderberg und Zehden hindurch nach Schwedt. Hier bei Schwedt theilte sie sich wieder in zwei Arme, von denen der eine das jetzt verlassene Thal der Randow ist, das nach Ukermünde führt, der andere das jetzige Thal der Oder. Könnte man die jetzt so tief eingeschnittenen Thäler der Weichsel und der Oder um 100 Fufs wieder ausfüllen und den Weichsellauf bei Fordon wieder schliefsen, so würden alle die bisher entwickelten Vorgänge sich wieder einsetzen.

Ganz ähnliche, fast dieselben Vorgänge scheinen sich im Oderlauf entwickelt zu haben [1]. Die Oder kommt von Sabor in fast westlicher Richtung bis in die Gegend von Fürstenberg, wendet hier aber gegen Norden und mündet zwischen Reitwein und Göritz in das Oder- und Netzebruch. So ist der jetzige Lauf, das alte Thal aber geht am linken Ufer von Fürstenberg nach Müllrose und am rechten von Aurith und Kunitz nach Brieskow, Hohenwalde und Briesen, wo es das Spreethal von Süden aufnimmt. Die Verhältnisse zwischen Spree und Oder sind ganz dieselben wie zwischen Netze und Weichsel, nur dafs die Spree als ein gröfserer Flufs als die Netze ihr rechtes Ufer stärker versandet hat, während die Oder abgelenkt wurde. Das Gefälle von der Spree zur Oder beträgt im Müllroser Canal, der im wasserleeren Thale geführt ist, 73 Fufs; würde man die Schleusen öffnen und den Sand zwischen der Spree und Müllrose ein wenig ausstechen, so würde die Spree ein Nebenflufs der Oder, ihr Lauf weiter südlich würde sich bei dem starken Gefälle zur Oder viel tiefer einschneiden, die Seen oberhalb Beeskow würden entwässert, die Sümpfe des Spreewaldes würden trocken gelegt, kurz, die allgemeinen Verhältnisse des obern Spreelaufs ganz verändert werden. Aber Berlin läge dann nicht mehr an der Spree, sondern an der Panke. Das weite Flufsthal, unterhalb Müllrose, in dem der

[1]) Ich habe diese Verhältnisse schon früher in den Verhandlungen der Berliner geogr. Gesellschaft Bd. I. veröffentlicht.

bescheidene Flufs Spree verläuft, den man deshalb und mit Recht gelobt hat, dafs er immer Wasser hat, und nie zu viel, wird nur bis Spandow von der Spree begleitet. Hier nimmt die Havel, die von Norden kommt, den Nebenflufs mit in die Havelseen südlich hinein, das Thal aber setzt deutlich sichtbar in der alten Richtung gegen W.N.W. bis Havelberg fort. Das nördliche Gehänge geht über Tegel, Wansdorf, Pausen, Brunne, Nakel nach Neustadt a. d. Dosse und Havelberg, das südliche von Spandow nach Nauen, Friesack, Rhinow und Sandow. Die ganze Niederung dazwischen, die 15 Quadratmeilen enthält, wird nur von Wiesen oder Sanddünen eingenommen. Jenseit der Elbe bei Havelberg hat die Oder ähnlich wie die Weichsel im Oderbruch eine Auswaschung gebildet, welche die Wische genannt wird, die zwar nicht so bedeutend ist als das Oderbruch, aber eben so wenig als ein Werk der Elbe angesehen werden kann, wie jenes als ein Werk der Oder. Das Städtchen Seehausen bezeichnet ungefähr die Mitte der Wische-Niederung.

Dafs die Elbe ehemals unter ähnlichen Umständen ihren Lauf nördlich von Magdeburg in der alten nordwestlichen Richtung fortsetzte und über den Drömling fort in's jetzige Thal der Aller und Weser sich ergofs, hat Fr. Hoffmann wahrscheinlich zu machen gesucht, doch sind die Oberflächen-Erscheinungen und Thalbildungen nicht so klar und beweisend als in den beiden vorerwähnten Fällen.

Fafst man die Gesammtheit der beschriebenen Vorgänge kurz zusammen, so läfst sie sich einfach darstellen. Die Gewässer, welche sich in dem Tieflande zwischen den russisch-polnischen Höhen, den Ostsee-Rücken und dem Abfall der südlichen Gebirge aufsammelten, suchten einen Ausweg. Das Gefälle der Gegend war ein doppeltes, ein Mal nach Norden, das andere Mal nach Westen. Die Flüsse drängten sich daher gegen die Landrücken im Norden und flossen an diesen so lange gegen Westen fort, bis sie einen Ausweg gegen Norden fanden. Elbe und Oder fanden solchen Anfangs nicht, sie folgten dem allgemeinen, aber schwachen Gefälle der Tiefebene und gingen, die eine südlich, die andere nördlich von der Lüneburger Haide in die Nordsee. Bedeutende Hochwasser liefsen sie aber einmal einen andern Weg finden, die Elbe fiel in's Oderbett, die Oder in den untern Lauf der Weichsel, die Weichsel selbst fand einen kürzern Weg zum Meere, und alle drei liefsen von ihrem alten Lauf nur die Spur in den weiten Flufsbetten zurück, in denen viel kleinere Nebenflüsse jetzt ihren langsamen Verlauf nehmen.

Dafs solche Vorgänge gar leicht möglich sind, läfst sich an anderen Beispielen beweisen. Es finden noch jetzt Verbindungen zwischen Flufsläufen Statt, die wenig bekannt sind. So schickt die Weichsel bei aufserordentlich hohen Wasserständen einen kleinen Abflufs durch die Bzura bei Lenczica vorbei in den Ner und so in die Warthe. So flofs noch vor 200 Jahren ein Theil der Warthe bei Hochwasser durch das Obra-Bruch zur Oder und so ist eine Verbindung zwischen dem Thal der Neifse unterhalb Forste nach Peitz und dem Spreewald und von da über Lübben, Golssen, Baruth, Luckenwalde nach Trebbin und Potsdam, so wie von Luckenwalde nach Beelitz, Brück und Brandenburg früher einmal vorhanden gewesen (s. d. Karte).

Es hat auch gar nichts Unnatürliches, nicht einmal Auffallendes zu sehen, dafs die Flüsse bei ihrem Verlauf über den allmälig sich erhebenden Meeresboden, der mit lockeren Bildungen bedeckt ist, im Laufe der Zeit verschiedene Wege nehmen, in welchen sie zum Meere abfliefsen. Aehnliche Vorgänge und Wechsel im Laufe der Gewässer sehen wir in jedem Delta eines gröfseren Stromes vor sich gehen. In den Mündungen des Po, des Nil, des Ganges, des Orinoco und des Missisippi ist der Wechsel im Wasserlauf in der Gestalt der Ufer und Inseln so grofs, dafs man z. B. vom untern Lauf des Missisippi gar keine Stromkarten anfertigen kann, weil jedes Hochwasser den Strom und seine Umgebungen in eine wesentlich veränderte Lage bringt.

Die Landrücken, welche wie oben erwähnt besonders den östlichen Theil der norddeutschen Tiefebene durchziehen, trennen sich, wie früher ausgeführt wurde, in zwei Abtheilungen, die man durch die Namen, die deutsche und die nordische, bezeichnen könnte. In dem Charakter ihrer Oberflächen-Gestalt sind beide wesentlich von einander verschieden, vor allem dadurch, dafs die südlichen flache Gewölbe sind, die sich gleichzeitig zu Hochflächen ausbreiten, welche in ihren höheren Theilen niemals von bedeutenden Vertiefungen durchfurcht werden; während die nördlichen Rücken dagegen ohne Ausnahmen, grade in ihren höheren Theilen zahlreiche Einschnitte und Vertiefungen zeigen, von denen die bedeutendsten Veranlassung zu Ansammlung von Wasser gegeben haben und daher viele oft ausgedehnte Seebecken bilden. Unter den südlichen zeichnen sich besonders die Lüneburger Haide, der Fläming und die Trebnitzer Berge aus, die in fast gleicher Richtung von ungefähr W.N.W. gegen O.S.O. von der südöstlichsten Ecke der Nordsee bis zu der oberschlesisch-polnischen Berggruppe fortgehen, welche sich zwischen Krakau und Warschau ausbreitet. Oestlich von diesem kleinen Gebirge, dessen höchste Punkte in der Gegend von Sandomir liegen, finden sich solche wellenförmige Landrücken nicht wieder, sondern es erscheint der Abfall der Carpathen als ein ganz allmälig sich senkendes Plateau zwischen dem hohen Gebirge und den Rokitno-Sümpfen, in dessen Mittelpunkt ungefähr Lemberg liegt. In der deutsch-polnischen Tiefebene bleiben also demnach die eigentlichen Landrücken im deutschen Theile allein und hier ist nicht zu verkennen, dafs sie als Parallelketten der älteren Gebirge zu betrachten sind, die wie das Weser-Gebirge, der Harz und die Sudeten sich in gleicher Richtung erhoben haben. Die beiden westlichsten, die Lüneburger Haide und der Fläming könnten ohne wesentlichen Zwang als im Zusammenhang befindlich gedacht werden, indessen liegt doch der höchste Theil der Lüneburger Haide so weit gegen Westen, ungefähr zwischen Hamburg und Celle, dafs man selbst bei einem Zusammenhang beider Rücken diesen westlichen Theil als eine besondere Anschwellung betrachten müfste. Die Lüneburger Haide erhebt sich zu keiner bedeutenden Höhe über das Meer, und obgleich keine besonderen Angaben einzelner Höhenpunkte vorhanden zu sein scheinen, so giebt doch Volger die bedeutendste Höhe zu 350 Fufs an. Der ganze Rücken trägt mehr den Charakter einer Hochfläche als eines Gebirges, man sieht nicht einzelne Hügel über eine allgemeine Fläche hervortreten und in bestimmter Richtung fortsetzen, sondern es ist ein gleichmäſsiges, wenig gewölbtes Terrain, das durch seine Gleichförmigkeit und Eintönigkeit so wie durch die magere Sandbedekkung an der Oberfläche zu der traurigen Berühmtheit eines der unfruchtbarsten Striche unseres Vaterlandes gelangt ist. Gegen Osten fällt diese Hochfläche ein wenig ab, erhebt sich aber in dem groſsen Walde der Jawenitzer und Letzlinger Forst, westlich von Tangermünde wieder zu einer Höhe, die nach ungefährer Schätzung im Dollen-Berge 300 bis 350 Fuſs beträgt. Von hier senkt sich das Terrain allmälig gegen die Elbe und erhebt sich jenseit derselben bei Burg wieder zu einer Hochfläche, die circa 200 Fuſs über der Nordsee liegen wird. Diese Hochfläche bildet den westlichen Verlauf des Flemming, der erst in einer Linie zwischen Dessáu und Brandenburg sich zu bedeutenderen Höhen erhebt. Der Charakter dieses Rückens ist zwar im Allgemeinen dem der Lüneburger Haide ähnlich, da auch er eine ziemlich gleichförmig fortsetzende Hochfläche bildet, aber er zeigt einerseits eine viel bedeutendere absolute Höhe, andererseits einzelne, mehr hervorragende Punkte, die man schon eher Berge nennen könnte, als der vorher beschriebene. Der Umriſs seines höher erhobenen Theiles wird ungefähr auf der Nordseite durch die Städtchen Görzke, Belzig, Treuenbrietzen, Luckenwalde, Baruth, im Osten durch Golssen und Dahme, im Süden durch den Lauf der Elster und Elbe zwischen Schweinitz, Wittenberg und Roſslau begrenzt. Gegen Westen verläuft sich seine Erhebung so allmälig, daſs es schwer ist zu sagen, ob die Gegend von Zerbst, Loburg und Ziesar ihm noch zuzurechnen oder von ihm abzutrennen sei. Freilich kann die Grenze auch im Osten nicht mit groſser Schärfe gezogen werden und man könnte wohl die Hochflächen, welche von Dahme gegen Kalau, Spremberg und Muskau fortsetzen, mit dem höher gelegenen Terrain in Verbindung bringen, das sich von hier ab östlich zwischen der Neiſse und Oder ausbreitet und auf diese Weise wieder eine Verbindung zwischen dem Flemming und den Trebnitzer Bergen jenseit der Oder bildet. Wie der Flemming zu bedeutenderer Höhe erhoben ist, so sind auch seine Grenzen besonders im Norden und Süden schärfer bezeichnet, als die der Lüneburger Haide. Die schwarze Elster und die Elbe, besonders die letztere, haben, aus höheren Gegenden herabkommend, ihre nordwestliche Richtung an diesem Walle unterbrechen müssen und sind genöthigt worden sie in eine fast rein westliche zu verwandeln. Sie haben dabei den südlichen Abfall des Flemming zum Theil fortgewaschen und drängen sich an einem steilen oft 50—60 Fuſs hohen Uferrande, den sie immer auf's Neue wieder unterwaschen und zerreiſsen, von der Elstermündung an bis hinter Roſslau fort. Wenn der südliche Rand der Höhe hierdurch sehr scharf bestimmt ist, so tritt der nördliche dadurch deutlicher hervor, daſs in seiner Nähe die bedeutendsten Erhebungen der ganzen Hochfläche liegen. Der Hagelsberg bei Belzig erhebt sich nach einigen Angaben über 700 Fuſs, nach andern nahe gegen 700 Fuſs über die Ostsee, der Gollenberg bei Baruth erreicht 552 bis 558 Fuſs Höhe; und die Schmögelsdorfer Höhen bei Treuenbrietzen werden zu 523 Fuſs angegeben. Der höchste Theil des ganzen Gewölbes liegt in der Nähe der letzterwähnten Höhen zwischen den Dörfern Kroppstedt, Lobesen und Schmögelsdorf ungefähr in der Mitte zwischen Treuenbrietzen und Wittenberg und führt, da die ganze Fläche wohl über 400 Fuſs hoch zu liegen scheint, auch den Namen der hohe Flemming. Wäre dieser bedeutende Rücken bei dem Bau der Eisenbahn von Berlin nach Wittenberg nicht im Wege gewesen, so hätte man die Bahn in grader Linie von Potsdam über Beelitz und Treuenbrietzen legen können, allein durch ihn wurde man genöthigt, den Weg über Jüterbogk und Zahna einzuschlagen, weil hier der höchste Punkt nur 350 Fuſs über der Ostsee, d. h. 225 Fuſs über dem Bahnhof in Berlin gelegen ist. Oestlich von dieser Bahnlinie beginnt der sogenannte niedere Flemming, der im Mittel nur 250 bis 300 Fuſs Höhe zu haben scheint, aus dem aber zwischen Luckenwalde und Golssen sich der Gollenberg als eine bedeutende Erhebung, die weithin sichtbar ist, hervorhebt. Die Niederung nördlich von diesem Berge liegt nur 160 bis 180 Fuſs hoch und er erhebt sich daher gegen 400 Fuſs über die nahe dabei liegenden Wiesen und Sümpfe, welche sich zwischen Baruth und Luckenwalde ausdehnen. Im Allgemeinen ist der nördliche Rand des Flemmings steiler als der südliche, und wer von Treuenbrietzen oder Belzig einmal nach Wittenberg gewandert ist, hat dies wohl deutlich bemerken müssen. Je mehr der Rücken sich gegen Westen und Osten verflacht, desto mehr geht dieser Charakter verloren und die Gegend zwischen Zerbst, Loburg, Ziesar und Burg hat nur das Ansehn einer fast ganz gleichförmig ausgebreiteten Ebene. Etwas anders gestaltet sich die Oberfläche gegen Osten, wo zahlreiche Thäler und Niederungen, in denen kleine Seen und Teiche mit stagnirendem Wasser erfüllt sind, vielfach die allgemeine Hochfläche unterbrechen. Doch läfst sich die Fortsetzung derselben gegen S.O., wie vorhin erwähnt wurde, immer noch verfolgen und die Höhen um Spremberg und Muskau, die gegen Osten immer mehr ansteigen und im Rückenberg bei Sorau eine Höhe von 719 Fufs erreichen, zeigen eine neue Anschwellung des Bodens als Fortsetzung des Flemming, wenn diese sich auch nicht so scharf als der Flemming gegen ihre Umgebung abgrenzt. Leider hat man keine Messungen über die Höhe der wasserreichen Gegenden zwischen Lübben, Luckau, Liebenwerda und der oberen Elster. Hier, wo südlich von der Elsterniederung das anstehende ältere Gestein schon vielfach zu Tage kommt, kann man nur ungefähre Schlüsse über die mittlere Höhe des Landes darnach machen, dafs man den Stand der Elster bei Ruhland zu 240 Fufs kennt. Hiernach würde die mittlere Höhe des Plateau's über 300 Fufs zu setzen sein, was recht gut damit stimmt, dafs man weifs, wie gegen Spremberg und Muskau die mittlere Höhe 400 bis 450 Fufs beträgt. Allmälig hebt sich so das Terrain noch weiter gegen Osten, so dafs es um Sorau gegen 500 Fufs erreicht und in dem vorerwähnten höchsten Punkte bis über 700 Fufs ansteigt. Zwischen dem Bober und der Oder, in der Gegend von Sagan, Sprottau und Glogau gestaltet sich die Fortsetzung dieser Erhebung zu einer Hügelgruppe, die den Namen der Katzenberge führt und als ein schmaler höherer Streif die Verbindung gegen S.O. zu den Trebnitzer Bergen bildet. Die Oder, welche von Oppeln bis gegen die Mündung der Katzbach hin gegen N.W. geflossen ist, wendet hier plötzlich um und geht in rein nördlicher Richtung bis kurz vor Glogau, wo die Bartsch sich mündet. Sie hat hier eben jenen Landrücken durchbrochen, welcher zwischen den Katzenbergen und Trebnitzer Bergen liegt. Diese Trebnitzer Berge werden im Osten durch den Lauf der Prosna, im Norden durch die Niederungen der Bartsch, im Westen durch die Oder und im Süden durch die Oder und Weida begrenzt. Die Städtchen Reichthal, Grabow, Mixstadt, Adelnau, Trachenberg, Herrnstadt, Köben, Steinau, Parchwitz, Auras, Hundsfeld bei Breslau, Bernstadt und Namslau bezeichnen die Umgebung. Der höchste Theil, der bis zu 960 Fuſs ansteigen soll, liegt zwischen Oels und Mielitsch, ungefähr in der Mitte zwischen der Oder und Prosna, von Osten nach Westen gerechnet, und von ihm fällt das Terrain sowohl gegen Westen über Prausnitz, Stroppen und Winzig als gegen Osten über Poln. Wartenberg und Kempen allmälig ab. Im Allgemeinen scheint auch hier wie beim Flemming der Nordabfall steiler als das südliche Gehänge zu sein, nur unterscheidet sich diese Erhebung von jenem Rücken wesentlich dadurch, daſs sie weder die bedeutende Längsausdehnung desselben, noch weniger seine ansehnliche Breite besitzt. Gegen Osten schlieſst sich die Hochfläche des Schildberger Kreises an diesen Rücken an und verbindet ihn allmälig mit dem Plateau von Oberschlesien und Polen, das in der Tarnowitzer Höhe bis zu 1070 Fuſs ansteigt.

Wenn in dieser Weise der Charakter der südlichen Höhenzüge zwischen der Nordsee und Polen sich als der gleichförmiger nicht zerrissener Gewölbe bezeichnet, so unterscheiden sich von demselben, wie schon früher bemerkt wurde, die nördlichen Erhebungen sehr wesentlich. Der Jütisch - Schleswigsche Landrücken, welcher sich auf der Ostseite der dänischen Halbinsel ungefähr von Norden nach Süden erstreckt, trägt zwar den allgemeinen Charakter der nordischen Höhen nicht so ausgesprochen als die übrigen an sich, weil er auf seiner östlichen Seite vielfach durch die Einwirkung des Gewässers zerstört und verändert worden ist, aber er läſst doch noch deutlich erkennen, daſs seine Hochfläche vielfach von Thälern und Vertiefungen ursprünglich durchsetzt wurde, weil es dadurch nur allein dem Meere möglich geworden ist, so tiefe Einschnitte, so weit eindringende Busen zu bilden, als z. B. die Fjorde von Veile, von Kolding, von Hadersleben, von Apenrade, Flensburg und Schleswig. Wahrscheinlich gehören die dänischen Inseln zum Theil den Erhebungen dieses Landrückens zu, und nur die lang andauernde Einwirkung der zerstörenden Kraft der Meereswellen hat jenen Zusammenhang unterbrochen und verwischt, der im Allgemeinen wohl noch sichtbar, im Einzelnen aber nicht leicht zu verfolgen ist; die Rücken im Süden der Ostsee dagegen, welche mit ihrer nächsten Umgebung bis zu einem höheren Niveau erhoben wurden, so dafs sie schneller der zerstörenden Einwirkung des Meeres entzogen wurden, zeigen von der Eider an einen ununterbrochenen und gleichförmigen Zusammenhang. Von Oldenburg über Kiel und Itzehoe zieht sich der holsteinisch - meklenburgische Rücken zwischen der Elbe und Ostsee fort, und das ganze Holstein und Meklenburg, die Priegnitz und Ukermark, so wie der südliche Theil von Vorpommern gehören bis zur Oder zu diesem Höhenzug. Er erstreckt sich abweichend von dem vorigen in der Richtung von W.N.W. gegen O.S.O. und zeigt besonders in seinem östlichen Theile mannigfaltige Spalten und Vertiefungen, die ihn in einer Richtung rechtwinklig auf dem Streichen seines Zuges durchsetzen. Diese ursprünglichen Spalten sind mit stehenden Wässern erfüllt, sind Seen, und die meisten derselben, welche in der Mitte der Hochfläche liegen, haben ihre bedeutendste Ausdehnung von N. nach S. Der Ratzeburger und Schweriner See, die Myritz, Tollense und Uecker sind, so wie viele andere, schlagende Beispiele hierfür. Zwischen diesen Vertiefungen, welche mit süfsem Wasser erfüllt sind, finden sich die höchsten Punkte vertheilt, unter denen nach der Angabe von Brückner der höchste der Helpteberg bei Woldegk ist, der 616 Fufs Höhe hat, nächstdem der Ruhnerberg bei Marnitz in 592 Fufs und der Mühlenberg bei Rollenhagen mit 478 Fufs Höhe. Für die mittlere Erhebung des Landes sind die Angaben von Wichtigkeit, dafs die Quellen der Havel im Dambecker See zu 226 Fufs Höhe, der Marktplatz von Fürstenberg zu 210 Fufs, Neustrelitz zu 273 Fufs, Stargardt zu 241 Fufs, die Kirche von Peckatel zu 330 Fufs, der Marktplatz in Woldegk zu 407 Fufs und die Kirche zu Stargardt zu 385 Fufs angegeben werden. Die Myritz liegt in 211 Fufs Höhe, der Plauer See in 209 Fufs, der Schweriner See in 123 Fufs, der Pinnower See in 88 Fufs und der Flemhuder See in 27,5 Fufs. In einigen Gegenden breitet sich der Höhenzug mehr zu einer gleichförmigen Fläche aus, die man im Mittel zwischen 200 und 300 Fufs über die See setzen kann, während er an anderen Stellen von wellenförmigen Hügelreihen und kuppenartigen Höhen durchzogen wird, die ohne eine bestimmte Richtung über ihn zerstreut sind. Die zu Hunderten dazwischen vertheilten Seen, die von einem Durchmesser weniger hundert Fufs bis zu einer Längserstreckung von mehreren Meilen wechseln (der Schweriner See hat 3 Meilen Länge, die Myritz 5 Meilen), finden ihren Abflufs meist durch kleine Gewässer, die entweder nach Norden zur Ostsee oder nach Süden zum Gebiet der Havel und Elbe gehen. Es ist wohl eigenthümlich und beachtenswerth, dafs kein einziges dieser Wässer seinen Lauf gegen Osten zur Oder nimmt, sondern dafs alle, mehr oder weniger deutlich parallel dem Oderlauf, rechtwinklig auf der Hauptrichtung der Erhebung nach Norden oder Süden abfliefsen. Bei der hohen Lage der vorerwähnten Seebecken, wie z. B. der Müritz und dem tief eingeschnittenen Lauf der Elbe und ihrer Nebenflüsse müfste man erwarten, dafs diese Seebecken im Laufe der Zeit allmälig trocken gelegt worden wären, allein obgleich der Stand ihres Gewässers sich wohl im Laufe der Zeit wesentlich erniedrigt hat, so sind die Vertiefungen doch zu bedeutend gewesen, als dafs sie durch den wenig eingeschnittenen Lauf der Bäche und Flüsse hätten entwässert werden können. Hier liefert sich der Beweis deutlich, dafs diese Einsenkungen oder Spalten wie man es nennen will Folgen der Bewegung und Erhebung des Erdbodens sind, da ihr Niveau so bedeutend unter das der umgebenden Hochflächen herabsinkt, dafs diese tiefen Löcher durchaus nicht durch die Bewegung des ehemals diese Gegenden bedeckenden Meeres gebildet sein können. Nach Norden sowohl als nach Süden fällt das Terrain wie es scheint ziemlich gleichförmig ab und das Elbthal einerseits, so wie die Niederung von Vorpommern andererseits grenzen nirgends scharf gegen den eigentlichen Höhenzug ab.

Ganz in demselben Charakter breitet sich der Höhenzug von Pommern zwischen der unteren Oder und Weichsel aus, nur ist die Richtung eine veränderte, da sie von W.S.W. gegen O.N.O. geht. Zahlreiche Seen, deren Hauptausdehnung rechtwinklig auf dem Streichen des Rückens von N.N.W. nach S.S.O. geht, durchziehen seine höheren Theile und fliefsen wie bei dem vorigen gradlinig von der Höhe gegen das Netzethal oder die Ostsee herunter. Doch unterscheidet er sich von dem meklenburgischen Landrücken dadurch, dafs er von W. nach O. sich mehr und mehr erhebend in seinem östlichen Theile bei den Städtchen Schönberg und Stargardt die bedeutendsten Erhebungen bildet, welche zwischen den Gebirgen Deutschlands, Skandinaviens und dem Ural liegen. Der Thurmberg bei Schönberg erreicht nach den sorgfältigsten Messungen, welche im Jahre 1842 angestellt wurden, die Höhe von 1022 Fufs über dem Meere. Das Städtchen Schönberg selbst liegt 5 Meilen in ungefähr südwestlicher Richtung von Danzig entfernt und hat nach sorgfältiger Bestimmung die Höhe von 770 Fufs. Gleich im Westen von Danzig erhebt sich das Terrain sehr bedeutend und erreicht schon eine Meile von der Stadt die mittlere Höhe von 300 Fufs, von hier an steigt es gleichmäfsig bis zu dem Thurmberge auf jede Meile um ungefähr 100 Fufs und breitet sich in einer mittleren Höhe von 5 — 700 Fufsen noch weiter gegen Westen aus. Die schmalen Seen, welche hier unter dem Namen der Radaune, Rodnitz u. a. zwischen der Hochfläche vertheilt sind, haben zum Theil einen niedrigern Stand, wie denn die Radaune zu 504 Fufs über dem Meere bestimmt ist. Gegen Osten fällt das Terrain steil und plötzlich ab und wenn die Ufer der Weichsel zwischen Bromberg und Dirschau auch noch eine mittlere Höhe von 2—300 Fufs besitzen mögen, so setzt die bedeutende Erhebung des Landrückens doch nicht in dieser Richtung fort, sondern bricht in einer ungefähr nordsüdlichen Linie gegen Osten ab. Von der nördlichsten Spitze von Pommern bei Toppadel über Putzig, Danzig und Dirschau zeigt sich ein steiles Gehänge, das zwischen Toppadel und Zoppot vom Meere und von hier bis zu der Gegend von Montau von den Weichselniederungen begrenzt wird. Wenn man nun gar keine Ursache hat diese Niederungen für etwas anderes als für die Anschwemmungen des Flusses zu halten, so wird es wahrscheinlich, dafs in ehemaliger Zeit das Meer von Toppadel bis Montau auf eine Strecke von circa 15 Meilen in einer scharfen graden Linie den pommerisch-preufsischen Landrücken begrenzte.

Im ähnlichen, jedoch nicht mehr so scharf bezeichneten Charakter zieht sich der ostpreufsische Landrücken in etwas mehr nach Osten geneigter Richtung von der Gegend zwischen Thorn und Marienburg weiter gegen Osten. Er verbindet sich hier mit den Hochflächen von Kurland und Litthauen, unter deren oberster Decke von Sand und Lehm ausgedehnte Massen von anstehendem Gestein vorhanden sind, die eine Formbildung nicht gestatten, wie wir sie bisher bei den bis zu unbekannter Tiefe aus lockeren Bildungen bestehenden Höhenzügen kennen gelernt haben. Eine aufserordentliche Zahl von Seen bezeichnet auch in Preufsen wieder den eigentlichen Rükken und sie haben ebenfalls wie die vorerwähnten ihre Hauptausdehnung von N.N.W. gegen S.S.O. Die bedeutendsten Höhen erreichen der Schlofsberg bei Neidenburg 530 Fufs, die Kirche in Hohenstein 513 Fufs, das Schlofs in Ortelsburg 452 Fufs, das Schlofs in Rhein 460 Fufs, die Kirche in Klaussen 451 Fufs, das Amt in Drigallen 436 Fufs und die Kirche in Lyk 466 Fufs. Von stehenden Gewässern scheint das höchst gelegene der grofse Maransensee in 428 Fufs, nächstdem der Lyker See in 416 Fufs und der Spirding See in 388 Fufs. Die Seen entwässern sich in ähnlicher Weise wie die pommerschen gegen N. und S., zum Flufsgebiet der Weichsel und zur Ostsee, aber es erreicht die ganze Erhebung weder die Höhen des pommerschen Landrückens, noch grenzt sie sich so scharf und bestimmt wie dieser gegen Osten oder Westen ab. Nur gegen S. und N., gegen die Niederungen des Narew und die Nebenflüsse der Weichsel, so wie gegen das Terrain, das südlich von Königsberg vom frischen Haf bis gegen den Niemen bei Kowno zieht, begrenzt sich die allgemeinere Erhebung deutlich und scheidet sich von dem schmalen inselförmig erhobenen Terrain, welches zwischen dem Niemen und Pregel von Osten nach Westen sich ausbreitet und in der bernsteinreichen Küste des Samlandes weit in die Ostsee vorspringt.

Das Tiefland, welches sich nun zwischen den so geschilderten Höhenzügen und den russischen Rücken, die in bestimmter Linie vom Waldai gegen Süden ziehen, ausbreitet, kann recht eigentlich die sarmatische Tiefebene genannt werden. Polnische Stämme bewohnen den bei weitem gröfsesten Theil dieser Fläche und wenn deutsche Bevölkerung und Sprache die ursprünglichen Einwohner auch mehr und mehr von W. nach O. zurückgedrängt haben, so zeigen doch die zahlreichen Ortsnamen, welche sich auf icz und ie endigen, dafs slavische Stämme einstmals dies ganze Tiefland, wie wir es früher umgrenzt haben, vom Flufsgebiet des Dniepr bis zur Elbe bewohnten. Die östlichen Theile mit ihren fast völlig horizontalen Mooren und Sümpfen sind der höchstgelegene und einförmigste Theil des ganzen Tieflandes, aber diese Einförmigkeit hört auf, sobald man jenseit der Weichsel in Gegenden kommt, welche näher von den nördlichen und südlichen Landrücken eingeschlossen werden. Es scheint als hätte die Bewegung, welche das Emportreiben jener wellenförmigen Rücken hervorbrachte, auch noch das näher zwischen ihnen liegende Terrain erreicht und dadurch in diesem verschiedene Erhebungen und Zerreifsungen hervorgebracht, die ohne bestimmte Richtung oder Regelmäfsigkeit und ohne bedeutende Erhebung im Ganzen den Gegenden Abwechselung verleihen, ohne sie weder mit den südlichen oder nördlichen Rücken, noch mit dem östlichen Flachlande vergleichbar zu machen. Es sind tafelförmige Ausbreitungen, über die hin und wieder einige Hügel hervorstehen, im Allgemeinen niedriger als die Höhenzüge, welche sie umgeben, aber doch noch hoch genug, um von tiefer liegenden Seebecken und Flufsthälern durchfurcht zu erscheinen. Solcher Art sind die Provinzen Posen und die Mark Brandenburg in ihrem mittleren Theile.

Einet man nun das so entworfene Bild des ostdeutschen Tieflandes, so stellt es sich, wie schon oben erwähnt, als ein Dreieck dar, dessen südliche Seite von einigen gleichmäfsig fortsetzenden, wenig zerrissenen Landrücken gebildet wird, während die Nordseite zahlreich zerspaltene Höhenzüge trägt, zwischen denen ein Flachland sich ausbreitet, das im Osten den Charakter einer sumpfigen Ebene, im Westen den einer mehrfach unterbrochenen hügeligen Hochfläche trägt. Von Süden und Osten strömen in dieses Tiefland die Gewässer der polnischen und deutschen Gebirge herab, drängen sich an den südlichen Wällen entlang, bis sie Gelegenheit finden dieselben zu durchbrechen und in das mittlere Tiefland zu gelangen, und folgen dann entweder dem allgemeinen Gefälle gegen N.W. oder suchen und finden einen kürzeren Ausweg zwischen den nördlichen Rücken hindurch, auf dem sie zum Meere enteilen.

II. Systematische Uebersicht nach den geologischen Formationen.

Im Allgemeinen wird die grofse Landstrecke der norddeutschen Tiefebene, die mehr als 15000 Quadratmeilen umfafst, nur von losen Gesteinsbildungen bedeckt, Sand, Thon und Mergel von zahlreichen Rollsteinen begleitet sind die vorwaltenden Materialien, die man an der Oberfläche findet, indessen verlieren sich doch hin und wieder einzelne Massen anstehenden Gesteins zwischen die lockeren Bildungen, und besonders in der Nähe der im Süden anstehenden deutschen Gebirge, so wie auf den dänischen Inseln und an der deutschen Küste der Ostsee ist dies nicht selten. Die meisten dieser Punkte sind als Ausläufer der weiter verbreiteten älteren Gebirgs- und Festland-Massen zu betrachten, wahrscheinlich sogar in der Tiefe mit jenen unmittelbar zusammenhängend. In solcher Weise treten einzelne Berge von Granit, Grauwacke, Kieselschiefer und Porphyr in Sachsen und der Lausitz weiter gegen Norden hervor und ebenso gehören die Juragesteine aus der Gegend von Cammin in Pommern und die Kreidebildungen von Rügen, Möen und Seeland dem grofsen schwedisch-finnischen Gebirgssystem an. Allein auch aufser diesen Punkten kommen noch andere feste Gesteine aus dem aufgeschwemmten Lande hervor, die als völlige Inseln zu betrachten sind, da sie weit von den vorerwähnten, südlich oder nördlich anstehenden Gebirgen entfernt sind und mit ihnen in keinem direkten Zusammenhang erscheinen. Hierher gehören die Insel Helgoland, die Gesteine von Lüneburg, die Kalklager von Altmirsleben und Rüdersdorf, die Gypse von Seegeberg, Speerenberg, Wapno und Inowraczlaw und die in der Tiefe erbohrten Juragesteine von Chiecocineck bei Thorn. In Meklenburg und in der Ukermark kommen auch einzelne Kreidepunkte vor, von denen es jedoch nicht immer erwiesen ist, ob es wirklich anstehende Lager oder nur grofse verschwemmte Blöcke sind.

Bemerkenswerth erscheint es, dafs man nirgends Felsmassen gefunden hat, welche krystallinischen Gesteinen oder älteren neptunischen Formationen, als denen der Triasperiode, angehörten. Jene Gesteine, welche, nach allen bisherigen Erfahrungen, die eigentlichen Rippen unseres Erdpanzers ausmachen: Granit, Gneufs und Glimmerschiefer, Thonschiefer und Grauwacken sind, wie es scheint, nur in gröfseren Massen vereint so hoch aufgerichtet worden, dafs sie noch jetzt frei aus den umgebenden Schichten vorweltlicher Trümmer hervorragen, jederzeit ganze Gebirgsstöcke zusammensetzend, und nicht in vereinzelten Kuppen aus ringsum tieferem Terrain plötzlich heraustretend. Auch die Gesteine der Steinkohlen und Zechsteinbildungen, die sich fast immer dicht an Kerne jener ältesten Massen anlehnen, sie in schmäleren oder breiteren Bändern umziehend, sind bisher in der norddeutschen Ebene nicht aufgefunden worden, aber von der Triasperiode an bis zu den jüngst vergangenen Zeiten finden sich Absätze aus jeder der grofsen geologischen Epochen, wenn auch mitunter nur in geringer Ausdehnung, an ihrer Oberfläche verbreitet.

A. Trias-Formation.

1. Die Insel Helgoland.

Die Nordsee enthält nur eine Insel und diese Insel heifst Helgoland. Was sonst noch am Rande des Niederdeutschen Flachlandes der dänischen Halbinsel oder an den Küsten von England und Norwegen von isolirtem Festlande vorkommt, das sind nur zufällig von den Rändern der gröfseren Continentalmassen abgetrennte Stücke, aber keine eigentliche, selbständige Inseln, die ohne Verbindung mit dem nächst gelegenen Festlande sich frei aus dem Gewässer erheben.

Zwar zieht sich von Helgoland gegen S.O. eine seichtere Meeresstelle, die nur bis zu 80 Fufs Tiefe herabgeht, gegen die Mündung der Elbe hin; aber diese Tiefe ist für die Nordsee doch schon eine bedeutende zu nennen, da die mittlere Tiefe derselben in diesen Gegenden nicht viel über 100 Fufs beträgt. Unter 54° 13′ 20″ N.B. und 25° 43′ O.L. nordwestlich vor der Mündung der Elbe erhebt sich Helgoland als eine Felsen-Insel aus dem umgebenden Gewässer. Es ist fast ganz gleich weit (sieben Meilen ungefähr) von den Küsten bei Jever, bei Cuxhafen und bei Gröning, nördlich von der Eider, entfernt. Die Insel besteht aus zwei Theilen, der eigentlichen Insel und der östlich davor liegenden Düne. Diese Düne ist nur eine Anhäufung des von der eigentlichen Insel losgerissenen Sandes, an einer Stelle wo Klippen, die zum Theil früher über die Oberfläche des Wassers hervorragten, eine solche Anhäufung gestattet und begünstigt haben. Die Insel selbst bildet ein Dreieck von Felsen, die oben zusammenhängend und eben, sich im Mittel 200 Fufs über das Meer erheben und so steil und unzugänglich sind, dafs man nur an einer Stelle der südöstlichen Seite und auch hier nur vermittelst einer Treppe auf ihre Höhe gelangen kann. An dieser östlichen Seite befindet sich auch ein kleines Vorland, das von der Fluth nicht erreicht wird und einen Theil der Wohnungen, die sogenannte Unterstadt, trägt, an allen andern Stellen werden die Felsen von jeder Fluth bespült und nur die Ebbe gestattet es auf kurze Zeit ihren Rand zu besuchen. Die Massen, aus denen die Insel besteht, werden beständig vom Wasser benagt und wunderbare Klippen mit Grotten und Thoren ragen aus dem Uferrande hervor. Das Vorland stand ehemals durch einen Rücken mit der Düne in Verbindung, aber dieser Rücken, der noch im Anfang des vorigen Jahrhunderts die Höhe der Fluth überragte, so dafs man die Düne jederzeit trockenen Fufses erreichen konnte, wurde durch die Gewalt der besonders von W. heftig andringenden Wogen allmälig so weit zerstört, dafs jetzt eine Untiefe von 16 bis 20 Fufs seine Stelle einnimmt. Früher gehörten auch die östlichen Klippen zum festen Lande und noch im Jahre 1570 war die Wittekliff fast so hoch als die Insel Helgoland selbst. Sie bestand theils aus Kalkstein, theils aus Gyps, beide Felsarten wurden hier reichlich gebrochen und noch im 17ten Jahrhundert nach dem Festlande verkauft. Erst 1711 wurde das letzte hervorragende Stück der Klippe vom Meere zerstört. Jetzt ist das Riff sehr zerrissen, von mehreren tiefen Furchen durchzogen, aber noch etwa 400 Fufs breit. Es bildet eine Klippenreihe, die von der Spitze von dem nordwestlichen Ende der Insel auf der Ostseite bis zur Südspitze herumgeht. Auf dem höchsten Theile derselben liegt die Düne. An der Westseite liegen nur schwache Klippen, welche sich mit den von Osten durch Süden herangehenden Untiefen verbinden. Ein Profil der Insel und ihrer nächsten Umgebung von S.W. nach N.O. zeigt daher die Gestalt, welche auf Taf. I. Fig. 1. dargestellt ist.

Die Insel, so wie sie jetzt ist, besteht allein aus den Schichten des bunten Sandsteins. Es sind hauptsächlich rothe Sandsteine, die an der Luft in's Braune übergehen, durch Zwischenlagen von rothem Thon in einzelne Bänke getrennt. Man hat in ihnen zwei Abtheilungen unterschieden, eine untere, die hauptsächlich, so weit man sie untersuchen konnte, aus thonigen Schichten besteht und eine obere, die mehr eine Sandbildung ist. Die untere, von welcher das meiste, durch die von W. andringenden Wogen, denen sie gerade entgegensteht, fortgerissen ist, zeigt mächtige Bänke eines dunkel braunrothen mageren Mergels, der viel Glimmerschüppchen enthält und 15 bis 20 Fufs starke Bänke bildet. Dazwischen treten hin und wieder einige Sandsteinlager auf, mitunter sehr lose, nie stärker als 3 Fufs, eben so hellere, grünlichgraue Thonlager. Dieser Farbenwechsel ist im bunten Sandstein überall sehr gewöhnlich. Auf Klüften und in kleinen Höhlungen finden sich Krystalle von Kalkspath, so wie kleine Mengen von gediegenem Kupfer, Rothkupfererz, Kupferlasur und Malachit, ja selbst auch, obgleich sehr selten, gediegen Silber. Die obere Abtheilung besteht aus hellrothen, mehr kalkigen, dünner geschichteten Sandsteinen, die einen häufigen Wechsel von rother und hellgrüner Färbung zeigen. Doch hat im Allgemeinen Roth das Uebergewicht. Der gröfste Theil der über das Meer hervorragenden Masse der Insel besteht aus diesen festeren Schichten, die jetzt, wie es scheint, dem Andrang des Meeres sehr gut widerstehen. Man hat hieraus den Beweis führen wollen, dafs in historischer Zeit die Insel nicht wesentlich ihre Gestalt verändert habe, aber diese Annahme ist nicht gültig, sobald es ersichtlich, dafs zerstörte Theile der Insel aus anderem Material bestanden, als die noch vorhandenen. Dafs wesentliche Veränderungen in der Umgebung der Insel, besonders an den östlichen Klippen vorgegangen, wurde schon oben erwähnt; ähnliche Zerstörungen müssen auch die Insel selbst betroffen haben, wenn sie ehedem an der West- und Ostseite ein weicheres Material dem Meere darbot. Die ganze Masse der Sandsteine ist in der Richtung von N.W. gegen S.O. aufgerichtet und fällt mit 15 bis 20 Grad gegen NO. ein. Durch die Mitte der Insel setzt eine grofse Verwerfung, welche die östliche Seite um 40 Fufs höher hebt als die daran stofsende westliche. Kleinere Verwerfungen kommen noch viele vor, und es ist daher nicht wohl möglich die Mächtigkeit der ganzen Sandsteinmassen genauer anzugeben, doch mag sie wohl über 1000 Fufs betragen.

Die östlichen Klippen, an deren Südende die Düne liegt, zeigen eine regelmäfsige Reihenfolge von Gesteinen, wie sie an dieser Stelle sich erwarten liefsen. Aehnlich den Entwickelungen am Nordrande des Harzes folgt hier auf den bunten Sandstein zuerst Muschelkalk, dann mittlerer Jura, dann Hilsthon und darauf in bedeutender Entwickelung die weifse Kreide. Alle diese Bildungen haben ein östliches Einfallen und ein Streichen, das ungefähr von N.W. gegen S.O. geht.

Der Muschelkalk, der ein erbsgrauer dichter Kalkstein ist, zeigt die gewöhnlichen Versteinerungen, auch mitunter die durch Grünerdekörner ausgezeichneten Lagen, welche in seinen oberen Schichten vorzukommen pflegen. Er wird durch eine bunte, rothe und grüne Zwischenlage, von sandigem oder dolomitischem Mergel in eine obere und untere Abtheilung geschieden. Man hat diese Zwischenlagen für Keuper ansprechen wollen, aber es ist kein Grund dazu vorhanden, da auch an andern Stellen dieselbe Zwischenlage in unzweifelhaftem Muschelkalk vorkommt. Auch die Lagen über diesen Mergeln enthalten noch Leitmuscheln des Muschelkalks.

Ueber dem Muschelkalk folgt eine Schicht, welche von den Helgoländern Skit genannt wird. Ein braunlicher, plastischer Thon, aus dem aller Wahrscheinlichkeit nach die an der Düne manchmal gefundenen Versteinerungen stammen, welche dem mittleren Jura angehören, und zwar den Schichten, welche in Schottland, Schonen und Pommern und weiter östlich wieder auftreten. Sie entsprechen dem Oxford-clay und Kelloway-rok in England. Mitunter sollen auch Versteinerungen des Lias und der Schichten zwischen ihm und dem Skit vom Meere ausgeworfen worden sein, doch erscheint dies nicht gerade wahrscheinlich. Ueber diesem braunen Thon, d. h. weiter gegen Osten erscheint ein feinschiefriger dunkelgrauer Mergelthon, auf Helgoland Tök genannt, der zahlreiche Fischschuppen und mitunter auch Braunkohle enthält, und so bituminös ist, dafs er im Feuer mit schwacher Flamme einige Zeit brennt. Er erweist durch die häufig in ihm vorkommenden, zum Theil verkiesten Versteinerungen, dafs er ein Vertreter der untersten Kreidebildungen in England des Specton-clay oder der analogen Hilsbildungen im nordwestlichen Deutschland ist. Es ist dies einer der nördlichsten Puncte, an denen diese Schichten vorkommen, ungefähr in derselben Breite, als die Gegend zwischen Flamborough Head und Scarborough, wo sie in Yorkshire vom Festlande verschwinden. Ueber diesem Tök liegt die weifse Kreide, wie sie bei Lüneburg und auf den dänischen Inseln vorkommt. In den untersten Lagen ist sie gelb und kieselig, so dafs sie manchmal ganz hornsteinartig erscheint; in den oberen dagegen hat sich die Kieselerde als Feuerstein in einzelnen Knollen ausgeschieden, der in der reineren Kalkmasse inneliegt.

Ueber die Lagerung der Kreide führen sonst genaue Beobachter nichts Näheres an, wahrscheinlich ist sie nicht bekannt, doch läfst sich aus ihrer Verbreitung ein wichtiger Schlufs ziehen. Während die alten Schichten nämlich alle im Streichen des bunten Sandsteins diesem aufgelagert sind und nur auf der östlichen Seite erscheinen, bedeckt die Kreide nicht blos die Schichten der Juraformation, sondern sie umgiebt das ganze Riff der ältern Formationen auf allen Seiten. Daraus wird es wahrscheinlich, dafs Helgoland entweder schon als Insel oder, was noch wahrscheinlicher erscheint, als Untiefe im Meere zur Zeit der Kreidebildungen existirte, während es zur Zeit der Juraformation noch den ebenen Meeresgrund bildete, auf welchem sich der feine Schlamm absetzte, welcher als Skit oben beschrieben worden ist. Spuren jüngerer Bildungen als der Kreide finden sich nirgends.

Helgoland hat in geognostischer Beziehung die gröfste Aehnlichkeit mit der sogleich zu erwähnenden Gegend von Lüneburg und mit den Triasinseln, welche dem nördlichen Rande des Harzes vorliegen.

2. Lüneburg.

Genau in der Richtung, in welcher die Schichten von Helgoland erhoben sind, liegt, 25 Meilen südwestlich davon entfernt, das anstehende Gestein von Lüneburg. Die Stadt Lüneburg liegt auf dem nordöstlichen Abfall des oben beschriebenen Rückens, welcher den Namen der Lüneburger Haide führt, im Thale eines kleinen Flusses, die Ilmenau geheifsen. Die Ilmenau fliefst hier von Süden nach Norden und hat an der Stelle, wo die Stadt liegt, eine Weitung auf der westlichen Seite ausgewaschen. Die Höhen des Plateau's fallen allmälig gegen den Flufslauf ab und auf ihrem Gehänge stehen drei kleine Bergmassen isolirt hervor, welche in einer Reihe von S.W. gegen N.O. liegen und die Namen der Schildstein, der Kalkberg und der Zeltberg führen. Sie sind die Puncte, an welchen anstehende Gesteine vorkommen.

Der südwestlich vom Schildstein liegende Theil des Plateau's führt den Namen der Schnellenberger Höhen und fällt allmälig gegen den isolirten kleinen Felsen des Schildsteins ab, welcher eine Windmühle trägt. Er steht kaum 50 Fufs über die Umgebung hervor und wird nur dadurch besonders auffallend, dafs auf seiner Westseite ein jetzt verlassener Steinbruch liegt, der seine Masse in einer steilen Wand entblöfst hat. Zwischen ihm und dem 1000 Schritt nordwestlich folgenden Kalkberge liegt eine Fläche, aus welcher der Kalkberg sich auf 100 bis 150 Fufs Höhe erhebt. Auch an ihm liegen auf der Westseite bedeutende Steinbrüche, die steil abfallen, während er auf der Ostseite allmäliger in die Fläche gegen den Zeltberg verläuft. In dieser Ebene entspringt ein kleines Wasser, welches den nördlichen Stadtgraben speist und an dessen Rande treten wieder anstehende Gesteine auf, die auch an der ganzen Südseite des Zeltberges zu verfolgen sind. Beifolgendes Profil (Taf. I. Fig. 2.) kann die Verhältnisse anschaulicher machen. Die Gesteine, welche hier auftreten, sind: Anhydrit, Gyps, Dolomit, Muschelkalk, bunter Mergel, Kreide, schwarzer Thon und Geröllbildungen.

Am Schildsteine, welcher jetzt einen kleineren Hügel bildet als ehemals, weil viel von seinem Gestein seit wohl tausend Jahren als Baumaterial benutzt worden ist, tritt ein fester, körniger, hellgrauer Gyps auf, von sehr feinem krystallinischem Korn, der mit gröberen Körnern von gleich gefärbtem Anhydrit gemengt ist. Es ist ein sehr festes und dichtes Gestein, sehr abweichend von den weichen und lockeren Gypsmassen, welche man an vielen andern Puncten, wo der Gyps verbreitet ist, findet. Es enthält hin und wieder kleine Puncte oder Ueberzüge von Eisenrahm, so wie viele kleine, mitunter ganz klare, unverwitterte Krystalle von Borazit, bei denen die Tetraëderform stets vorherrscht. Kleinere Partien von Steinsalz in Adern und Nestern kommen, besonders in der Tiefe, vor. Auch soll in den tiefsten Stellen Chlormagnesium früher gefunden worden sein. Man meint, dafs dieser Gyps bis zu der alten Saline östlich fortsetze, was indefs mit dem Streichen der Schichten nicht ganz stimmen will. Der Gyps ist deutlich geschichtet und bildet dicke Bänke, die theils von N. nach S., theils von N.W. gegen S.O. streichen, in der Tiefe steil stehen oder einen Winkel bis 70 Grad gegen N.O. machen. An der Oberfläche scheinen Ueberkippungen stattgefunden zu haben, da man hier auch ein Einfallen gegen S.W. mit 40 Grad wahrnimmt.

Auf dem Gypse liegt zunächst ein hellgrauer bis schwärzlicher thoniger Kalk, der wieder von einem mergeligen, dolomitischen Stückkalk bedeckt wird, auf welchen wieder ein reinerer gelblichgrauer Kalk folgt, der durch eine häufig darin vorkommende Versteinerung sich als Muschelkalk erweist. Diese Kalksteinschichten fallen flach gegen Osten. Sie werden von salzigem Thon und von Sand bedeckt, die abweichend ihnen aufgelagert sind und zu viel jüngeren Bildungen gehören. Diese setzen fort bis zum Fufse des Kalkberges.

Der Kalkberg besteht aus einem körnigen Gypse, der leicht und locker mehr von der gewöhnlichen Beschaffenheit ist, als der des Schildsteins. Er ist theils weifs, theils hellgrau und hellröthlich und führt nicht selten sowohl auf Spalten als in Höhlungen Gypskrystalle und auch Gypsmehl. Boracite sind auf einem bestimmten Striche, der sonst wie ein Gang erscheint, nicht selten und hier immer mit vorherrschenden Würfelflächen. Aufserdem kommen auch dunkel rauchbraune um und um krystallisirte Quarze nicht selten vor, und Eisenrahm, so wie Spuren von Steinsalz, Bittersalz und Chlormagnesium. In der Tiefe mufs dieser Gypsstock noch weiter fortsetzen, denn gegen N.W. bezeichnen dies einige Erdfälle und gegen Osten ist er an mehreren Stellen in der Stadt angetroffen worden. Im Jahre 1013 wurde ein grofser Stadttheil durch einen Erdfall furchtbar zerstört. Auch gegen N.O. hat man ihn noch im Stadtgraben und an dem davor liegenden Grahlwall gefunden. Doch dies sind die obersten Lagen, die schon lose und unrein sind und besonders viel Dolomit enthalten. Im Hangenden folgt rauchgrauer und gelblichgrauer löcheriger Dolomit, der auf seinen Höhlungen viele kleine Krystalle von Arragonit enthält. Er ist mitunter stark bituminös, so dafs er beim Schlagen stinkt, und deutlich in Bänke von $\frac{1}{2}$ bis 1 Fufs gesondert, die von N.W. gegen S.O. streichen und mit 67 Grad gegen N.O. einfallen. In den oberen Lagen verlieren sie ihre dolomitische Structur und gehen in gelbgrauen Muschelkalk mit Kernen von Versteinerungen über. Es scheinen diese Schichten durch den Grahlwall hindurch in die Stadt fortzusetzen, und dort den sogenannten Windberg zu bilden. Sie werden bedeckt von einem rothen und grünen Mergel, der in einer Reihe von Thongruben aufgeschlossen ist. Er enthält einige dünne dolomitische Kalklager, in denen Versteinerungen des Muschelkalks vorkommen. Einige Schichten sind verhärtet und erhalten Kalkspath und Kupfergrün, andere sind sandig und glimmerig. Im Ganzen ist die Schichtenreihe ungefähr 800 bis 1000 Fufs mächtig. Sie scheint in die Stadt hinein fortzusetzen und auch auf der alten Saline hat man bei Grabungen zwischen dem Gyps und der

Kreide eine Thonlage gefunden, die hierher gehören könnte. Man hat diesen bunten Mergel für Keuper angesprochen, indessen kann man ihn auch, wie den ähnlichen auf Helgoland, als zum Muschelkalk gehörig, betrachten.

Am Zeltberge werden die bunten Lagen unmittelbar von schwarzem Thon bedeckt, aber in einiger Entfernung von ihm tritt weiter östlich die Kreide auf. Sie scheint hier eine Mächtigkeit von mindestens 200 Fufs zu haben, ist unten in dickere Bänke von 2 bis $2\frac{1}{2}$ Fufs, oben in schwächere von 1 bis 12 Zoll geschichtet, die theils von W.N.W. nach O.S.O., theils von N.N.W. zu S.S.O. reichen und mit 43 Grad gegen O. fallen. Das erste ist auf der westlichen Seite des Zeltberges, das andere auf der östlichen der Fall, und beide Beobachtungen haben wohl ihre Richtigkeit, da man sieht, dafs die Kreide hier, wie auf Helgoland, die älteren Bildungen auf der ganzen Ostseite mantelförmig umgiebt. Sie ist sowohl am östlichen Gehänge des Zeltberges, als der Stadt gegenüber, am rechten Ufer der Ilmenau, und südlich vor der Stadt und auf der alten Saline nachgewiesen. Am letzten Puncte zeigt sie ein steiles südwestliches Fallen und beweist damit, dafs man sich hier schon auf der Westseite der älteren Bildungen befindet.

Die ganze Reihe der bisher bekannten Schichten gehört der sogenannten weifsen Kreide an. Dies Gestein ist in den oberen Lagen weich und weifs, in den tieferen schwach gelblich oder röthlich und fester. Feuersteine in Platten und Knollen kommen darin vor und die bekannten Versteinerungen der oberen Kreide sind darin verbreitet.

Ueber der Kreide liegen am östlichen Zeltberge die jüngsten Geröllbildungen, welche die norddeutsche Ebene überhaupt bedecken, aber an andern Stellen tritt unter diesen, wie im westlichen Zeltberge, zwischen dem Kalkberge und Schildsteine, im Abfall der Schnellenberger Höhen, dem Schildsteine gegenüber und an mehreren Puncten der Thalränder, südlich und östlich der Stadt ein schwarzer plastischer Thon auf, der einer andern Tertiärepoche angehört. Es haben sich in ihm verschiedene Versteinerungen gefunden, welche es wahrscheinlich machen, dafs er zwar älter als die eigentlichen Geröllbildungen, doch in einer jüngeren Epoche gebildet worden ist, als die meisten der petrefactenhaltigen Thone, welche sich von Belgien bis nach Rufsland hinein vorfinden und den mitteltertiären Bildungen angehören. In dem oberen Theile wechselt er mit eisenschüssigem Sande, der sich in dem gewöhnlichen Sande verliert, welcher die Lüneburger Haide bedeckt und dem diese ihre berüchtigte Unfruchtbarkeit verdankt.

3. Altmirsleben bei Calbe.

Fr. Hoffmann führt in seiner Uebersicht der geognostischen Verhältnisse des nordwestlichen Deutschlands [1]) an, dafs unmittelbar über dem Mildebruch bei Calbe sich bei Altmirsleben ein niedriger Hügel in 136 Fufs Meereshöhe erhebt, welcher deutliche Spuren einer hier ausragenden Masse von Muschelkalk einschliefst. Offenbar hat Hoffmann den Punct selbst besucht, da er seine Höhe barometrisch bestimmt hat, nur ist es zu bedauern, dafs er uns keine ausführliche Nachricht über ihn und seine Umgebung giebt.

Einem meiner Zuhörer, Herrn Dannenberg, verdanke ich nachfolgende Notiz: Westlich von dem Dorfe Altmirsleben, zwischen Bismark und Calbe a. M., erhebt sich ein kleiner Hügelzug mit Muschelkalk, ganz isolirt. Der Muschelkalk streicht in der Richtung südost nach nordwest und hat ein Fallen nach Calbe a. M. zu, also westlich; er nimmt ein ungefähres Terrain von 8 bis 10 Morgen ein, wenigstens ist er in dieser Gröfse deutlich sichtbar. Er liegt in unregelmäfsigen Lagen. Gebrannt ist er gut, aber nicht sehr weifs.

Die Streichungslinie der Schichten von Helgoland und Lüneburg trifft zwar nicht genau hierher, indessen doch so ziemlich und bringt man mit diesem Vorkommen von Muschelkalk das Auftreten der Salzquellen bei Salzwedel in Verbindung, so pafst die Streichungslinie auf das nördlicher gelegene Salzwedel sehr wohl. Es ist kein Grund anzunehmen, dafs die Quellen von Salzwedel anderen Ursprungs seien als die von Lüneburg, von denen sie 8 bis 9 Meilen in der Streichungslinie entfernt sind und es ist daher wahrscheinlich, dafs auch an dieser Stelle in der Tiefe die Schichten der Triasformation anstehend seien.

[1]) p. 326 Anmerk.

4. Seegeberg.

Das Städtchen Seegeberg liegt am östlichen Abfall der sogenannten Seegeberger Haide, einer plateauartigen Erhebung im Mittelpunct von Holstein. Nördlich und östlich umgiebt dieselbe ein coupirtes von vielen Seebecken durchzogenes Land, südlich und westlich dagegen verliert sich die Höhe der Haide allmälig in das flache Land gegen Hamburg und gegen den untern Elblauf hin. Die höchsten Puncte des Landes liegen in dem an Seen reichen östlichen Theil und der Alsberg oder Kalkberg dicht bei Seegeberg, der sich bis zu 264 Fufs über die Ostsee und 186 Fufs über den nahe gelegenen Stipsdorfer See erhebt, ist einer der höchsten Puncte des Landes. Der Berg selbst, der wohl nicht mehr seine ursprüngliche Gestalt besitzt, da sie seit undenklicher Zeit durch grofse Steinbrüche verändert worden ist, gleicht einem zerrissenen Kegel, ähnlich manchen deutschen Basaltbergen.

Die Ausdehnung der Gypsmassen hat ungefähr eine kleine Viertelstunde im Umfang, ein weiteres Fortsetzen ist an der Oberfläche nicht sichtbar, obgleich noch einige Puncte in der Nähe liegen, an denen Gyps theils beobachtet, theils zu vermuthen ist.

Am Alsberge ist der Gyps verschieden, je nachdem er von dem inneren Kerne oder von der mehr äufsern Masse ist. Das Gestein der inneren Masse ist ein feinkörniger Anhydrit mit wenig Gyps, fast ohne Färbung, rings umgeben von einem körnig schuppigen Gypse mit weifser oder perlgrauer Grundfarbe, von dunkleren Streifen und Flecken durchzogen. Diese dunklen Streifen, die beim Gyps so häufig vorkommen, rühren fast immer von Bitumen und nicht von beigemengtem Thon her. Doch kommt hier auch sehr gewöhnlich ein dunkler Gyps vor, der viel von einem schwärzlichen bituminösen Thon enthält, und dieser zeigt erdigen Bruch, krummschalige Absonderungen und sehr geringe Festigkeit. Steinsalz ist bisher nur einmal bei Seegeberg gefunden worden, doch brechen so viele Salzquellen in der Umgegend hervor, dafs man an einem Vorkommen desselben in der Tiefe nicht zweifeln kann.

Gegen Süden und Westen fällt der Gyps des Alsberges

steil in die Tiefe und schneidet bestimmt gegen einen grauen tertiären Thon ab, gegen Norden und Osten aber wird er von einem dunkel rauchgrauen bituminösen, löcherigen Dolomit bedeckt, der auf den Klüften kleine Büschel von Arragonitkrystallen trägt. Das ganze Gestein gleicht bis auf die dunklere Farbe dem Dolomit vom Schildstein bei Lüneburg aufserordentlich und man darf daher wohl erwarten, dafs es wie dieser dem Muschelkalk zuzurechnen sei. Er liegt auf dem Gypse in deutlichen Bänken und zeigt ein nordwestliches Einfallen.

Dieser dolomitische Kalk kommt auch an einem andern Puncte nordöstlich vor, wo am Rande des Stipsdorfer Sees die sogenannten Kalkhausberge noch ein Vorkommen enthalten. Es wird dies jedoch schon seit langer Zeit nicht mehr ausgebeutet und man findet nur noch Bruchstücke in Gruben, welche auf der Höhe des Hügels liegen. Der Gyps erscheint dem des Lüneburger Kalkberges ganz ähnlich und der Dolomit gleicht dem vorerwähnten vollkommen, nur ist er etwas heller. Aufser diesen beiden Punkten finden sich noch zwei Erdfälle in dieser Gegend, der eine östlich von Hipsdorf, der andere östlich vom Kalkhausberge, welche vermuthen lassen, dafs hier auch noch Gyps unter der Oberfläche verborgen sei und Bohrversuche bei Stipsdorf haben bunten Mergel gezeigt.

5. Lübtheen.

Im Jahre 1825 entdeckte man südöstlich von dem Städtchen Lübtheen in Meklenburg zwischen den Dörfern Probst-Jesar und Trebs ein Gypslager, das von nicht unbedeutender Mächtigkeit zu sein scheint. Es findet sich hier in der Niederung, welche nicht selten den Ueberschwemmungen der nahen Elbe ausgesetzt ist, ein isolirter Sandhügel von nicht geringem Umfange, welcher sich ungefähr 30 Fufs über die angrenzende Ebene erhebt. Man hatte den Sand dieses Hügels seit Jahren dazu benutzt, um das umgebende Moorland dadurch zu erhöhen und ertragreicher zu machen und auf diese Weise einem grofsen Theil des Hügels schon mehr als die Hälfte seiner Höhe genommen. Bei Fortsetzung dieser Arbeiten entdeckte man endlich um Weihnachten 1825 eine von W. nach O. fortstreichende Masse von festem Gestein, das als Gyps erkannt wurde. Durch eine Reihe von 13 Bohrversuchen ermittelte sich die Ausdehnung der an mehreren Puncten unter dem Sande erreichten Gypsmasse zu 2000 Quadratklaftern.

Stellenweise hatte man das Gestein erst in einer Tiefe von mehr als 50 Fuſs unter dem Sande gefunden und es wurde daher im Gypse selbst angesetzt, um seine Mächtigkeit zu ermitteln. Bis zu 40 Fuſs Tiefe blieb man hierbei im gleichförmig fortsetzenden Gestein, dann erreichte man eine mächtige Kluft von ungefähr 10 Fuſs Tiefe, und darunter stieſs man wieder auf Gyps, der bis zu 150 Fuſs 10 Zoll ununterbrochen anhielt. Man bohrte von hier noch 4 Fuſs tiefer in einer andern Gebirgsart, die in dem Bohrbericht graues oder Aschengebirge genannt wird und hiernach, wie nach den geförderten Bohrproben, ein bituminöser Kalkstein derselben Art wie die oben erwähnten Gesteine von Lüneburg und Seegeberg zu sein scheint.

Der Gyps ist nach der Beschreibung durchaus ungeschichtet, körnig und locker, grobkörniger als der gewöhnliche Gyps von Lüneburg. Fraueneis traf man nur in einzelnen nicht groſsen Partien darin und von Boracit, wie ausdrücklich bemerkt wird, keine Spur. Hin und wieder kamen dagegen einzelne Stücke von schwärzlich gefärbtem Kalkstein vor und solche schwärzliche Färbung zeigte sich auch in wellenförmigen Schichten und Streifen in der ganzen Masse verbreitet.

Es scheint, daſs die Gewinnung des Gypses mit verhältniſsmäſsig bedeutenden Schwierigkeiten verknüpft ist, da er gegen den Gyps von Sperenberg, dessen weiter unten erwähnt wird, den Preis nicht zu halten vermag, indem schon in Parchim, das nur 7 Meilen von Lübtheen, aber mehr als 30 Meilen von Sperenberg entfernt ist, der Gyps von letzterem Orte billiger zu kaufen sein soll, als der einheimische.

6. Rüdersdorf.

Drei und eine halbe Meile östlich von Berlin tritt jenseit des Dorfes Tasdorf, südlich von der Chaussée, welche nach Müncheberg führt, im Westen des Dorfes Rüdersdorf, abermals ein vereinzelter Punct von Triasbildungen aus den allgemeinen Bedeckungen jüngerer Schichten hervor.

Das aufgeschwemmte Land, das sich in einem ziemlich gleichförmigen Plateau, nördlich vom Spreethale zwischen Frankfurt und Berlin ausbreitet, wird zu mehreren Malen von schmalen aber tiefen Spalten durchsetzt, welche ziemlich rechtwinklig auf der Richtung des Spreelaufs eine nach beiden Seiten abfallende Verbindung zwischen diesem und dem Flufsgebiet der Oder bilden. Die östlichste solcher Spalten zieht sich von dem Oderbruch, westlich von Seelow über Lietzen und Falkenhagen nach Petershagen und Briesen. In der Nähe der gröfseren Thäler bilden sich darin kleine Bäche mit starkem Gefälle, die Mühlen treiben, während weiter aufwärts eine Reihe von schmalen kleinen Seen darin ausgebreitet sind, die besonders bei Lietzen und Falkenhagen den Zug dieser Spalte bezeichnen. Bekannter noch ist die breite Vertiefung, welche den Namen des rothen Luches führt und dadurch die Aufmerksamkeit der Geographen auf sich gelenkt hat, dafs aus demselben moorigen Grunde die Zuflüsse einerseits als Stobber zur Oder, andererseits als Löcknitz zur Spree gehen. Noch weiter westlich beginnt oberhalb des Städtchens Straufsberg, südlich von dem grofsen Walde, der das Blumenthal genannt wird, eine ähnliche Vertiefung, welche sich gegen Süden fortsetzt und den Straufsberger See mit dem grofsen Stienitz-See und dem Kalksee verbindet, welcher letzterer durch einen schmalen Kanal mit dem Spreethale zusammenhängt. Der Stienitz-See, welcher $\frac{1}{2}$ Meile lang und $\frac{1}{6}$ Meile ungefähr breit ist, erfüllt zum Theil ein ungefähr von N.N.O. gegen S.S.W. streichendes, schmales Thal, dessen südlicher Theil jetzt trokken liegt und von der Berlin-Frankfurter Chaussée bei dem Dorfe Tasdorf durchschnitten wird. An der Ostseite dieses Thales erhebt sich das Gehänge etwas bedeutender, als auf der westlichen Seite, und bildet eine Hochfläche, welche zum Theil mit dem allgemeinen östlichen Plateau zusammenhängt, zum Theil aber durch ein tiefes, dem vorigen parallel gerichtetes Thal, als dessen unmittelbare Fortsetzung der Kalksee erscheint, von der übrigen Landmasse abgetrennt wird. Da der Abflufs des Stienitz-See's, obgleich seine Richtung westlich am Kalksee vorübergehen würde, sich doch durch eine Biegung mit diesem verbindet, so wird hierdurch ein Rücken von der allgemeinen Plateaumasse abgetrennt, welcher die Hauptmasse des hier auftretenden festen Gesteins enthält. Es liegt derselbe demnach zwischen dem südlichen Ausläufer des Stienitz-See's und dem nördlichen Ausläufer des parallel gerichteten Kalksee's. Dieser Rücken, so wie seine Fortsetzung gegen Nordost, führt den Namen der Rüdersdorfer Kalkberge, ein Name, den er nur der Wichtigkeit des Kalkvorkommens verdanken kann, denn im Allgemeinen erhebt er sich nur wenig über die mittlere Höhe des Plateau's, die auf 200 bis 240 Fuſs zu setzen ist. Nach den Barometermessungen von Dechen liegt das Thal des Stienitz-See's bei Tasdorf circa 140 Fuſs, der höchste Punct des vorerwähnten Rückens der Arnimsberge circa 250 Fuſs, die Windmühle von Rüdersdorf 240 Fuſs hoch. Für letzteren Punct geben indessen Hoffmann 280 Fuſs, Berghaus 297 Fuſs Höhe an. Die bedeutendste Erhebung der ganzen Umgegend liegt nach Hoffmann im Scholzenberg, welcher nordöstlich von den Arnimsbergen schon zu der allgemeinen Hochfläche gehörend, 283 Fuſs erreichen soll.

Das vorherrschend hier auftretende Gestein ist ein mächtiges Lager von Muschelkalk, unter dem die oberen Thone und Gypse des bunten Sandsteins zum Vorschein kommen. Das ganze Lager streicht ungefähr von NO. gegen S.W., eine Streichungslinie, die von auſserordentlicher Wichtigkeit wird, wenn man beachtet, daſs sie nicht mehr wie die von Helgoland und Lüneburg mit der Erhebungslinie, welche im nördlichen Deutschland sonst vorherrscht, zusammenfällt, sondern jener Richtung sich anschlieſst, die in den pommerschen und preuſsischen Landrücken mit dem Rande der scandinavischen Gesteine parallel geht. Doch ist die Streichungslinie nicht ganz grade, sondern biegt sich im Verlauf von O.N.O. durch N.O. bis zu N.N.O. Ebenso wichtig und merkwürdig erscheint es, daſs neben diesen Massen älteren Ursprungs keine jüngeren Gesteine, wie bei den vorher erwähnten Puncten sich abgelagert finden. Bei Helgoland folgten Jura- und Kreidebildungen auf die Gesteine der Triasgruppe, bei Lüneburg und Seegeberg die Kreide allein, aber nur bei Rüdersdorf hat man trotz der sorgfältigsten Nachforschungen nur die jüngsten Schichten des aufgeschwemmten Landes in der Umgebung dieser älteren Insel gefunden.

Dafs das Kalklager als eine Insel oder Untiefe sich im Meere befand als die jüngsten Geröllbildungen verbreitet wurden, kann man deutlich an den Stellen wahrnehmen, wo grobe Sand- und Geröllmassen dasselbe bedecken. Dort sind die obersten Lagen des Kalkes und einzelne Blöcke ganz in der Weise abgerundet, wie man es überall am Meere sehen kann, wo Kalklager stetig der Einwirkung des Wellenschlages ausgesetzt sind.

Das Fallen der Schichten ist mit 20 Grad Neigung im Mittel gegen N.W. gerichtet und wenn daher jüngere Flötzbildungen vorkommen, so mufsten sie zunächst im Hangenden gesucht werden. Aber ein Bohrloch, welches man jenseit des Stienitzthales im N.W. der Arnimsberge ansetzte und bis auf einige hundert Fufs Tiefe niederbrachte, hat nur die Schichten des aufgeschwemmten Landes, aber keine Spur von anstehendem Gestein ergeben. So scheint das Lager mit diesem Thale in Westen abzuschneiden, während es im Norden durch den Stienitzsee begrenzt wird. Im Osten bildet die Fortsetzung des Kalksee's zum Theil die Grenze, die sich von hier ziemlich gleichmäfsig in der Streichungsrichtung fortsetzt. Im Grofsen und Ganzen hat seine Ausdehnung an der Oberfläche eine spindelförmige Gestalt, gegen N.O. und S.W. spitz auslaufend, so dafs die nördlichsten bekannten Puncte etwas jenseit der Chaussée zwischen Tasdorf und Herzfelde liegen, die südlichsten am Westrande des Kalksee's.

Die Mächtigkeit der ganzen Kalkmasse beträgt nach den sorgfältigen Bestimmungen, welche von Seiten der Bergbeamten ausgeführt sind, 340 Fufs, von denen jedoch nicht alle Theile bauwürdig sind.

Die obersten Lagen treten in den nördlichen Theilen am deutlichsten auf, wo sie in der Umgebung eines kleinen See's, des Kriensee's, aufgedeckt sind. Es sind Kalksteine von erbsgelber Farbe mit grünen Puncten untermischt, welche eine Zwischenlage von bläulichgrauen und braunrothen dolomitischen Mergeln enthalten. Aehnliche Gesteine finden sich bei Lüneburg und man hat sie dort, um der rothen Mergelmassen willen mit den Schichten des Keupers parallelisiren wollen. Am Kriensee beweisen deutliche und charakteristische Muschelkalkversteinerungen, dafs diese Lager durchaus nicht von der Hauptmasse des ganzen Gebirges getrennt werden dürfen. Die Kalksteine bilden Bänke von verschiedener Mächtigkeit, die jedoch nicht leicht 3 Fufs übersteigen. Der Stein ist in der Grundmasse sehr dicht, hat jedoch mitunter kleine Löcher.

Die mittleren Lagen des ganzen Flötzes sind die mächtigsten und diejenigen, auf denen der lebhafteste Betrieb stattfindet. Sie enthalten sehr starke Bänke und liefern daher sowohl brauchbare Werkstücke, als auch grofsen Abraum der zum Kalkbrennen sehr tauglich ist. Sie sind durch zwei sehr grofse und mehrere kleine Steinbrüche aufgeschlossen, zu denen bedeutende Kanäle, deren einer sogar 300 Schritt lang ist, die gröfsten Schiffe, welche die Spree und Oder befahren, bis mitten in den Bruch führen. Dadurch wird der Transport sehr billig und daher geht der Kalk von Rüdersdorf im Osten bis Posen und Bromberg und im Westen bis Hamburg. Zu oberst finden sich in der mittleren Abtheilung thonige rauchgraue Lagen, in denen untergeordnet kleine reinere Kalklagen von ½ bis 1 Fufs mit zahllosen Steinkernen von Versteinerungen enthalten sind. Unter dieser Abtheilung wechseln rauchgraue und erbsgelbe Kalklagen von ½ bis 2 Fufs Dicke wiederholt mit einander und setzen bis zu einer sehr eigenthümlichen Schicht fort, welche von den Arbeitern den Namen der schaumigen erhalten hat. Sie ist 2 bis 3 Fufs mächtig und enthält viele Versteinerungen, deren Schaalen durch eine poröse Kalkmasse verbunden sind. Die Oeffnungen im Kalkstein sind rund und völlig leer. Mitunter verwittert die Kalkmasse ein wenig und dann lassen sich die in Kalkspath verwandelten Schaalen der Versteinerungen vortrefflich auslösen. Nicht weit unter dieser Bank folgt die Hauptlage des ganzen Flötzes, eine Bank von 6 bis 8 Fufs Mächtigkeit. Sie liefert die meisten Werkstücke. Der Stein ist dunkelerbsgelb, uneben im Bruch und fein porös. In dieser Lage kommen besonders die unter dem Namen Stylolithen bekannt gewordenen Ablösungen vor und zwar finden sie sich meist einige Zoll über der unteren Sohle. Darunter folgen mehrere starke Bänke von 2 bis 5 Fufs Mächtigkeit, die bei den Arbeitern besondere Namen, wie die kuglige, motzige, madige, muschlige, gnatzige Lage, führen.

Unter den stärkeren Bänken beginnt die untere Abtheilung, die deutlich die Charaktere des Wellenkalks trägt. Die oberen Lagen sind noch gelb, die unteren blaugrau und sehr dünngeschichteten Thonlagen wechseln mit dem Kalke und auf Klüften findet sich nicht selten Coelestin. Die ganze Reihe von Schichten hat eine bedeutende Mächtigkeit und unter ihr treten dann Gyps und blaugrüner und rothbrauner Mergel auf, die zu der oberen Abtheilung des bunten Sandsteins gehören.

In diesen Schichten hat man ein Bohrloch bis zu fast 900 Fufs Tiefe niedergebracht, ist aber damit immer in den Schichten des oberen bunten Sandsteins geblieben. Da es nicht grade wahrscheinlich ist, dafs diese Bildungen hier eine so bedeutende Mächtigkeit besitzen, so hat man das Bohrloch vermuthlich grade auf der Verwerfungskluft, im Liegenden der Flötze, angesetzt, auf der sowohl die Lagen des stehengebliebenen, als des verstürzten Sattelflügels aneinander stofsen und daher diese scheinbare Mächtigkeit hervorbringen. Der Gyps, der hier bis zu 30 Fufs stark angetroffen wurde, mitunter aber auch nur dünne Lagen von Fasergyps bildet, ist hellgrau, theils körnig, theils mehr späthig, in allen Eigenschaften den entsprechenden Gypsen anderer Gegenden gleich. Kleine Sandsteinbänke treten mit ihm auf. Salzgehalt zeigte sich mitunter im Bohrloche, aber Steinsalz wurde nicht gefunden [1]).

7. Sperenberg.

Gerade südlich von Berlin, in einer Entfernung von 6 Meilen liegt das kleine Dorf Sperenberg und westlich davon ein schmaler halbmondförmiger See, welcher zum Theil hart an den Rand eines Hügels herantritt, der in der Nähe des Dorfes den Namen der Weinberg führt. Wo der See an seiner Nordseite den Hügel berührt, befindet sich ein Gypsbruch, welcher

[1]) Leider besitzen wir seit den höchst schätzbaren Beiträgen von Kloeden vom Jahre 1828 keine specielle Arbeit über Rüdersdorf. Mein verstorbener Freund Overweg hatte eine Monographie begonnen, aber seine grofse Reise, die ihn uns geraubt, unterbrach diese Arbeit. Eine vollständige Suite aller Rüdersdorfer Gesteine, die er mir als Geschenk zurückgelassen hatte, befindet sich in der Universitäts-Sammlung zu Marburg.

auf ungefähr 1500 Schritte anstehendes Gestein entblöfst hat; der See liegt in ungefähr 165 Fufs Höhe, während der höchste Punct des Hügels 251 Fufs nach den Messungen von Mädler erreicht. Der Gypsbruch nimmt nur einen kleinen Theil des Berges ein und hat ungefähr 160 Fufs Länge, 80 Fufs Breite und 64 Fufs Höhe. Das Gestein ist im Ganzen regelmäfsig geschichtet und streicht von S.O. gegen N.W. bei einem Fallen gegen N.O. unter einem Winkel von 5 bis 12 Grad. Die Hauptlagen sind 10 bis 12 Fufs mächtig, aber durch feinere Flötzklüfte in dünnere Schichten von 1½ bis 2 Fufs Stärke getheilt. Vielfach wird das ganze Lager von Klüften durchsetzt, die fast vertikal stehen, und meist von Süden gegen Norden oder von S.W. gegen N.O. gehen. Die schmalsten sind kaum 1 Zoll stark, die weitesten 3 bis 4 Fufs. Sie sind theils mit Thon, theils mit Sand ausgefüllt, in welchen beiden gröfsere und kleinere Geschiebe eingemengt sind und die damit deutlich beweisen, dafs diese offenen Spalten von oben herab mit der allgemeinen Bedeckung erfüllt worden sind.

Der Gyps ist dunkelgrau und grob krystallinisch. Zahllose Krystalle von 1 bis 2 Zoll Länge sind theils büschelförmig, theils unregelmäfsig zusammengehäuft und werden nie von körnigen oder schuppigen Massen begleitet. Er weicht dadurch ganz von allen älteren Gypsarten ab und gleicht weder den Gypsen der Zechstein-, noch der Trias-Formation. Vielleicht könnte er den Tertiärbildungen angehören, doch spricht dafür nur dieser negative Grund, denn irgend ein Zusammenhang des Gypslagers mit anderen Tertiärbildungen hat sich bisher noch nicht herausgestellt. Der Gypsbruch wird sehr stark betrieben, da der Gyps wie der Rüdersdorfer Kalk über einen grofsen Theil der norddeutschen Ebene verführt wird. Ein merkwürdiges Vorkommen von Gypskrystallen [1]) hat sich in einer der mit Sand erfüllten Spalten gezeigt, indem sich dort mit Sand erfüllte Krystalle ähnlich wie die des sogenannten krystallisirten Sandsteins von Fontainebleau gebildet haben. Nur macht eine Eigenthümlichkeit diese Krystalle noch interessanter, dafs nemlich der feine Sand und Thon in den klareren der-

[1]) Ich habe dasselbe schon im Jahre 1841 in den Verhandlungen der Naturforscher-Versammlung zu Braunschweig näher beschrieben.

selben in einem Kreuz verbreitet ist, dessen Enden auf die Seitenflächen der Säule von 111 Grad zulaufen, welche bei allen diesen Krystallen nur sehr untergeordnet, rauh und unvollkommen ausgebildet auftritt. Hier ist also bei der Krystallisation die fremde, hindernde Substanz in die Richtung vertheilt worden, welche bei der Begrenzung überhaupt die am wenigsten wichtige Rolle gespielt hat.

8. Elmshorn.

An der Eisenbahn, welche von Hamburg nach Kiel führt, zwischen den Marktflecken Elmshorn und Uitersen steht ein rother Thonmergel zu Tage, der den Boden der ganzen Umgebung roth färbt. Man besitzt zwar durch die bisherigen Beobachter noch keine genaue Beschreibung dieses Mergels, aber er wird als dem von Lüneburg und von Helgoland fast ganz gleich angegeben. An einigen Stellen ergeben Bohrungen, dafs er 60 bis 100 Fufs tief, weich und plastisch ansteht, obgleich er an andern sandig wird und ein festes Gestein bildet. Fasergyps kommt in Trümmern darin vor und näher gegen Pinneberg soll bei dem Bau der Eisenbahn auch ein Gypsstock angetroffen worden sein, von dem jedoch nach Beendigung der Bahn nichts mehr zu entdecken war. Nachweisbar tritt in bedeutender Ausdehnung zu beiden Seiten der Eisenbahn ein schwarzer schiefriger bituminöser Kalkstein auf, der einem Dolomit sehr ähnlich sieht, aber doch nur wenig Talkerde enthält. Er wechselt in einiger Tiefe mit losen, erdigen Massen, wie man sie im Thüringer Zechstein findet und dort Asche nennt. Nähere Nachrichten über diese Localität sind nicht vorhanden. Das ganze Vorkommen zeigt eine ganz deutliche Analogie zu den Gesteinen vom Zeltberge bei Lüneburg und es ist für jetzt wohl natürlich mit denselben zu parallelisiren.

9. Schabüll.

Nördlich von Husum an der Nordsee-Küste kommt ein roth und grüner Thonmergel zu Tage, der durch eine Ziegelgrube aufgeschlossen ist. Er wird nach unten zu ganz grün und enthält zahlreiche Bruchstücke eines gleichgefärbten Gesteins (ob Thon, Kalk- oder Sandstein ist nicht bekannt geworden), das in weiterer Tiefe ausschliefslich herrscht, so dafs der Ziegler die Grube hat verlassen müssen. Der Thon und das feste Gestein sollen gewissen Gesteins-Varietäten von Helgoland sehr ähnlich sein und es wäre daher nicht unmöglich, dafs diese Masse auf Helgoland ihren eigentlichen Ursprung hätte.

10. Wapno.

Bei Wapno, einem kleinen Dorfe südlich von dem Städtchen Exin, das südlich vom Netzethal unterhalb Nakel liegt, findet sich in einem flachen Hügel, auf dem eine Windmühle steht, ein reiner Gyps. Er ist feinkörnig bis dicht, theils weifs, oder hellaschgrau, theils mit dunkleren Streifen gebändert. Undeutlich geschichtet und leider nur an einem kleinen Steinbruch entblöfst, scheint er von W.N.W. gegen O.N.O. zu streichen, bei südöstlichem Einfallen. Ob er nur auf diesen kleinen Hügel beschränkt ist, oder weiter fortsetzt, ist nicht ausgemacht, doch findet man noch einige Hundert Schritt östlich von ihm viele Gypsstöcke auf den Aeckern zerstreut. Indessen kommen in der Umgegend keine Erdfälle vor, die eine weitere Verbreitung andeuten würden. Ueberall sieht man die allgemeine Bedeckung von Lehm und Sand ununterbrochen fortsetzen.

Nicht ganz unmöglich erscheint es, dafs in dem Hügel, welcher das Städtchen Exin trägt, sich ein ähnlicher Gypsstock befinde, da derselbe ganz isolirt steht und der Hauptbrunnen von der Stadt ein schwach salziges Wasser giebt. Doch ist auf so geringe Anzeichen noch kein Schlufs mit Wahrscheinlichkeit zu ziehen.

11. Inovraclaw.

Das Städtchen Inovraclaw liegt auf einem isolirten Hügel im westlichen Theile der Knjarischen Ebene, welche sich vom linken Weichselufer zwischen Plosk und Thorn bis gegen den grofsen Goplo-See (4 geogr. Meilen von Süden nach Norden lang) und den Lauf der aus ihm entspringenden Netze ausbreitet. Der Hügel erhebt sich unmittelbar aus der umgebenden Fläche und mag circa 60 Fufs über dieselbe hervorragen.

Er ist überall mit Lehm bedeckt, auf dem an einigen Stellen der eigenthümliche schwarze Boden von Knjarien, der den berühmten Knjarischen Waizen hervorbringt, 1 bis 1½ Fuſs mächtig aufliegt.

In der obersten Bedeckung fanden sich bei einem Besuch der Gegend auch auf der südwestlichen Seite in der Gegend, wo früher eine Salpetersiederei gestanden hat, mehrere Brocken von Gyps. Der Gyps war dunkelgrau, theils sogar schwärzlich, hin und wieder mit rothen Flecken, dabei feinkörnig und sehr fest. Er hat durchaus das Ansehen eines ältern, entweder Zechstein- oder Trias-Gypses. Man hat das Vorkommen von anstehendem Gypse in diesem Hügel beim Graben eines Brunnens oben auf der Höhe in 53 Fuſs Tiefe entdeckt und ihn auch später in einem Bohrloche gefunden, das man auf dem Marktplatze einsetzte, um wo möglich süſses Wasser für die Stadt zu gewinnen, die ohne Quellen ist. Man hat hier 371½ Fuſs tief gebohrt und dabei eine Salzquelle von 3½ Procent gefunden. Zuerst fand man Dammerde und Thon mit Gypsstöcken bis 110 Fuſs, dann Gyps. Eine andere Salzquelle soll auch eine Meile östlich von hier bei Slonsk am Rande des Parchaniebruches hervorbrechen, und andere Salzquellen speisen die 4 Meilen weiter nach Osten am Rande der Weichsel gelegene Saline Ciechocinek, doch ist noch keineswegs erwiesen, daſs diese verschiedenen Quellen desselben Ursprungs sind. Ueber Tage ist nichts Anstehendes von Gyps zu sehen und auch in der Umgegend ist eine weitere Verbreitung desselben bisher nicht entdeckt worden.

B. Jura-Formation.

1. Kammin.

Seit alten Zeiten kannte man in Pommern zwischen dem Strande der Ostsee und dem Dorfe Fritzow am rechten Ufer der östlichsten Odermündung, welche die Divenow genannt wird, ein kleines Vorkommen von Mergelkalk, auf das zu Ende des vorigen Jahrhunderts ein Kalkofen angelegt und ein Steinbruch eröffnet wurde. Später kam noch ein zweiter Steinbruch dazu, doch Brüche und Ofen sind wieder eingegangen und nur noch ein Paar halb verschüttete kleine Gruben lassen das Material erkennen, das früher hier benutzt worden ist. Schulz indessen, der diese Brüche noch gesehen hat, als sie im völligen Betriebe waren, giebt darüber ziemlich genügende Auskunft. Man fand in beiden einen weifslichen oder hellgrauen, matten, oolithischen Kalk, der in seiner obersten 6 bis 7 Fufs starken Lage sehr weich, nach unten zu etwas fester war, und so in einigen Varietäten, mitunter etwas gelber durch Eisen gefärbt, bis 20 Fufs Tiefe anhielt. Hier folgte eine festere Lage, zwar auch noch mit erkennbaren Körnern, aber doch sehr dicht, in scharfkantige Stücke zerspringend, dunkler grau, in 2 Fufs Stärke. Diese Schicht wurde besonders zum Kalkbrennen benutzt. Das Streichen der gesammten Schichten war von N.N.W. zu S.S.O. mit 5 bis 6 Grad östlichem Fallen. Darunter fand sich Thon mit Sand gemischt, nach den damaligen Vergleichen, ganz wie der Thon und Sand am nahen Strande. Bruchstücke ähnlich der untersten Lage fanden sich auch in einem kleinen Hügel gegen N.W., der Kaiserberg genannt.

In neuester Zeit hat Gumprecht verwandte Puncte in der Streichungslinie dieses Vorkommens bei den Dörfern Klemmen, Boeck, Zarnglaff und Schwanteshagen aufgefunden, die in südöstlicher Richtung 4 Meilen ungefähr von Fritzow entfernt liegen. Die Kalke hier sind nur zum Theil oolithisch, zum Theil auch dicht, zwar nicht genau dieselben Arten des Gesteins, doch im Allgemeinen sich den vorigen anschliefsend und ihnen auch durch die darin vorkommenden Versteinerungen bestimmt zuzurechnen. An beiden Puncten kommen besonders häufig Steinkerne vor, eine Erscheinung die beweist, dafs Wasser später, als der Stein bereits erhärtet war, doch ehe sich die Thierschalen mit Kalk durchdrungen hatten, durch ihn hindurch ging und dieselben auflöste. Indessen sind nicht alle Schalen so zerstört, auch einige sogar der zarteren Arten sind erhalten, wahrscheinlich die, welche die geringste Menge thierischen Leims enthielten. Aufser diesem Kalkstein-Vorkommen findet sich im Westen des Fritzower Berges, also im Liegenden desselben, an drei verschiedenen Puncten bei dem Dorfe Soltin, auf der Insel Gristow und in der Stadt Kammin anstehendes Gestein, das von dem vorerwähnten wesentlich abweicht. Es ist zumeist ein brauner, mürber, ockeriger Sandstein, der nur hin und wieder feste Stellen zeigt. Schichtung ist nirgends deutlich. Aus der äufseren Beschaffenheit schon könnte man muthmafsen, dafs man es mit Schichten des braunen Jura zu thun hätte, was auch durch die bei Soltin und auf Gristow vorkommenden Versteinerungen vollkommen bestätigt wird. Es sind Lagen, welche die Versteinerungen Kelloway-rock enthalten und mit diesen stimmt auch die Zusammensetzung vollständig überein. Ebenso kann man nach den organischen Resten und nach der Gesteinsbeschaffenheit den Kalk von Fritzow als untere Portlandlagen und den südlichen als einen Uebergang von diesen zum oberen Korallenkalk betrachten.

Nicht unbeachtet darf es bleiben, dafs die Streichungslinie des Fritzower Kalks mit der Richtung der Küste von Stubbenkammer auf Rügen bis Swinemünde auf Usedom zusammenfällt und dafs ferner 15 Meilen nördlich von Kammin die Insel Bornholm liegt, auf der dieselben braunen Schichten der mittleren Juraformation auftreten, welche zuletzt beschrieben wurden.

2. Ciechocinek.

Anderer Art und, wie es scheint, ohne Zusammenhang mit dem Juragestein von Pommern ist das mächtige Vorkommen von oberem Jurakalk an der Weichsel, oder vielmehr unter derselben, welches durch die Bohrversuche auf Salz auf der Saline Ciechocinek bis zu einer Tiefe von circa 1200 Fufs aufgeschlossen worden ist.

Das Dorf dieses Namens liegt 3 Meilen in S.S.O. von Thorn am Rande des Weichselthals, das durch das Plateau der Kujavischen Ebene gebildet wird. Es treten hier Salzquellen, wie schon oben erwähnt wurde, zu Tage und um wo möglich stärkere Quellen zu erbohren, wurde im Jahre 1841 von Seiten der polnischen Bank ein Bohrloch angesetzt, das im Herbst des Jahres 1844 in 1172 Fufs Tiefe stand. Dasselbe ist nach dieser Zeit nicht mehr lange fortgesetzt, sondern in circa 1200 Fufs Tiefe aufgegeben worden. Die Resultate dieses Bohrversuches waren folgende: bis zu 69 Fufs Tiefe fand man Sand und Gerölle, dann 2 Fuſs schwarzen Thon, dann 4 Fuſs weiſslichen Thon, darauf bis circa 100 Fuſs weiſsen Kalkstein in Brocken oder dünneren Lagen, die im Bohrloch nachbrechen und dann von 100 Fuſs an weiſsen Kalk mit häufig einliegenden Feuersteinknollen. Zuletzt stand das Bohrloch in einem grauen löcherigen Dolomit, der so locker war, daſs im Tage 11 Zoll gebohrt werden konnte. Es kamen Gesteinsbrocken von mehr als einem Zoll Durchmesser im Löffel herauf, und in diesen mitunter deutliche Reste von Versteinerungen, welche bewiesen, daſs man sich im Dolomit des oberen Jura befand. Die Salzquellen hatten sich ein wenig verstärkt, waren aber seit circa 600 Fuſs Tiefe nicht stärker geworden, und so hat man die Arbeit verlassen, da keine Aussicht vorhanden war, die eigentliche Lagerstätte des Salzes zu erreichen.

Es erscheint nun wichtig zu bestimmen, ob diese hier vorkommende, mehr als 1000 Fuſs mächtige Masse von Ober-Jura den eben erwähnten pommerschen Gesteinen anzuschlieſsen oder den in Polen verbreiteten Bildungen des weiſsen oberen Jura zuzurechnen sei. Die Ausläufer des polnischen Jura bei Lesczice und Kalisch liegen ersterer in 13, letzterer in 18 Meilen Entfernung, die nächsten Juragesteine in Pommern sind dagegen 38 Meilen in gerader Linie entfernt. Nächstdem ist die groſse Mächtigkeit des Jura an der Weichsel wohl ähnlich der des Jura in Polen, aber nicht zu vergleichen mit dem schwachen Lager von 22 Fuſs oolithischer Kalke in Pommern. Endlich schlieſsen sich die Kalke und Dolomite von Ciechocinek, als wahre Repräsentanten des Korallenkalks wohl an die polnischen Vorkommnisse, nicht aber an die oolithischen Portlandschichten von den Kamminer Gegenden, ebenso sind die Versteinerungen durchaus verschieden. Kurz es kann, bei unpartheiischer Betrachtung, kein Zweifel darüber sein, daſs man es hier mit einer Insel oder mit einem vorgestreckten Arme der südlich verbreiteten polnischen Jurabildungen zu thun hat. Es ist diese Erscheinung um so auffallender als sonst zu dieser Zeit in den Gewässern, welche das nordost-europäische Tiefland bedeckten, gar keine Absätze solcher Art vor sich gegangen sind, sondern von den Gegenden an, die westlich vom Laufe der Ems liegen bis über die Elbe hinaus, wo Jurabildungen bekannt sind, und von der nördlichsten Spitze von Schottland, über Schonen und Bornholm hin, bis nach Pommern hauptsächlich solche Schichten vorkommen, welche, unter einander verglichen, als verschiedene Entwickelung der untern Abtheilung des Mittel-Jura (Oxford-clay und Kelloway-rock) und als obere Abtheilung des Ober-Jura (Portland-stone) betrachtet werden müssen.

Eine so grofsartige Entwickelung des eigentlichen oberen Jura oder Korallenkalk (Coral-rag) wie bei Ciechocinek findet sich in diesen Gegenden nirgends. Sie tritt aber auch weiter gegen Osten nicht wieder auf, sondern hier in Kurland (bei Popilani an der Windau), in Litthauen und im übrigen Rufsland treten, wie durch die grofsartigen Untersuchungen von Murchison, Verneuil und Kaiserling dargethan worden ist, nur solche Juragesteine auf, welche dem unteren Mittel-Jura entsprechen [1]. So wird es dann nicht unwahrscheinlich, dafs diese grofse Masse von oberem Jura ein isolirtes Korallenriff, oder der nördliche Zweig eines grofsen südlichen Riffes ist, an welchem sich diese Kalksteine im offenen Meere absetzten, obgleich an den meisten westlichen und östlicheren Küsten keine Bildungen solcher Art stattfinden konnten. Se-

[1]) Die Verbreitung gerade dieser Juraschichten, die fast ohne Variation in den Absätzen und organischen Resten von der Nordspitze von Schottland bei Brora (siehe Murchison's klassische Arbeit) durch Schonen und Rufsland hindurch, bis jenseit des Ural in 64 Grad Breite, so wie südlich von ihm, am Emba und auf dem Wege von Orenburg nach Bochara vorkommen, und die merkwürdiger Weise ganz mit derselben Flora und Fauna bei Cutsch an der Mündung des Indus wieder auftreten, ist eine der aufserordentlichsten geognostischen Thatsachen. Es wird durch sie wahrscheinlich, dafs eine grofsartige arctische Strömung in den Zeiten der Juraperiode existirte, welche vom nördlichen Eismeer aus an Schottland, Skandinavien und dem Ural vorüberging, über Mittel-Asien bis zum Meerbusen von Cutsch sich ergofs und auf diese Weise, vom 64sten bis zum 24sten Grade nördlicher Breite, so ähnliche Verhältnisse im und am Meere hervorbrachte, dafs dieses vermochte Absätze mit denselben oder höchst ähnlichen Thieren und Pflanzen unter so verschiedenen Breiten hervorzubringen.

hen wir doch auch heut zu Tage noch Korallenriffe im offenen Meere auftreten, obgleich sich an den zunächst gelegenen Küsten keine Spuren ähnlicher Bildungen entwickeln können. Ich erinnere an die Male- und Lacca-Diven und die nahe gelegene Küste von Vorder-Indien.

C. Kreide-Formation.

Dänisch-deutsche Kreide.

Es bleibt jetzt noch eine Reihe von Puncten zu erwähnen, an denen Gesteine der Kreideformation im Flachlande zerstreut vorkommen, die aber zu zahlreich und zu schwer abzugrenzen ist, als dafs die einzelnen Vorkommen hier ausführlich beschrieben werden könnten.

Wer einmal auf einer geologischen Karte die Verbreitung der Kreidebildungen in Europa übersehen hat, wird sich bald davon überzeugt haben, wie leicht verständlich es ist, dafs diese Bildungen im südlichen Europa so wesentlich von denen im nördlichen abweichen. Zwei ganz getrennte Meere, die sehr verschiedene Küsten bespülten, und mit sehr verschiedenen Theilen des Oceans in Verbindung standen, haben an ihren Rändern oder in ihren Becken Absätze hervorgebracht, die in ihrer Zusammensetzung, wie in den organischen Resten, die sie enthalten, so sehr von einander verschieden sind, dafs es der sorgfältigsten Untersuchungen bedurft hat, um bestimmte Anhaltspuncte für die Vergleichung der in beiden zu gleicher Zeit gebildeten Schichten zu gewinnen. Das südliche dieser Meere, das wir zum grofsen Theil noch jetzt als das Becken des Mittelländischen Meeres kennen, stand wahrscheinlich gegen Westen und Osten, vielleicht auch gegen Süden, mit den warmen Theilen des grofsen Oceans in Verbindung. Es bespülte den Atlas und die spanischen Inseln, die Pyrenäen und den Centralkern von Frankreich, Sardinien und Corsika, so wie die langgezogene Insel der Alpen, den südlichen Rand der Karpathen, die Gebirge von Siebenbürgen, den Balkan, den Taurus und die älteren nordafricanischen Gebirge. Während hier die südeuropäischen Kreidebildungen vor sich gingen, mit ihren mächtigen Rudistenzonen, die in der Mitte stehen zwischen Korallenriffen und Austerbänken, wurden Absätze ganz anderer Art in einem nordeuropäischen Kreidemeer gebildet. Dieses nördliche Meer breitete sich zwischen Schottland und Scandinavien aus, bedeckte den östlichen Theil von England, füllte das Becken zwischen der Bretagne, dem Centralplateau von Frankreich und den Ardennen, umgab die belgischen Küsten, trat in den westphälischen Busen von Münster hinein und bespülte die Küstenkette des Wesergebirges und den Nordrand des Harzes. In Sachsen fand es einen Eingang nach dem Kessel von Böhmen, dessen nördlichen und östlichen Theil es erfüllte, während es über die Lausitz fort nach Schlesien und Polen sich verbreitete, wo es die älteren Bildungen der Karpathen berührte und endlich im Westen und Osten des südrussischen Granitplateau's, das schwarze Meer, so wie den Kaukasus und das caspische Meer erreichte. Im Norden begrenzten es die Ausläufer des Ural, die mittelrussischen Kohlenbildungen und die Uebergangsgesteine der russischen Ostseeprovinzen, die sich wieder an die Insel Gothland und Süd-Schweden anschliefsen. Dieser schmale Meeres-Arm, welcher sich von dem nördlichen Eismeer bis zum schwarzen und caspischen Meere erstreckte und an keiner Stelle offene Communicationen mit den westlichen und südlichen Meeren hatte, daher den Bewegungen der Ebbe und Fluth, so wie dem Zuflufs warmen Gewässers nur in beschränktem Maafse zugänglich war, mufste nothwendigerweise ganz andere Absätze zu derselben Zeit hervorbringen, als das vorher beschriebene südwestliche Meer. Das erkennt man auch fast überall auf das bestimmteste, und nur in den südöstlichsten Gegenden hat vielleicht auf der Südseite des Kaukasus eine Vermittelung stattgefunden.

In den Absätzen dieses nördlichen Kreidemeeres lassen sich wieder einzelne lokale Entwickelungen von einander unterscheiden und als solche würden ungefähr die folgenden zu bezeichnen sein: 1) die englischen Bildungen, 2) die französischen, 3) die belgisch-westphälischen, 4) die hannoverisch-harzer, 5) die sächsisch-böhmisch-schlesischen, 6) die karpathischen, 7) die russischen, 8) die dänischen. Die sechs erstgenannten

Localitäten liegen auf der Westseite dieses Meeres-Armes, nur die beiden letzten auf der Ostseite. Die Schichten, welche die dänischen Kreidebildungen ausmachen, legen sich zunächst auf die Juragesteine von Schonen, Bornholm und Kammin, breiten sich aber von denselben weithin aus, so dafs alle dänischen und nordöstlich-deutschen Kreidevorkommen zu dieser Gruppe vereinigt werden müssen.

Die Entwickelung der Kreideformation ist hier eine durchaus eigenthümliche, die sich zwar zunächst an die nordwestlichen deutschen Localitäten anschliefst, aber doch auch höchst wesentlich von denselben, so wie von der Entwickelung in England abweicht. Die untersten Schichten, welche den Hilsbildungen entsprechen würden, die doch noch auf Helgoland vertreten sind, fehlen hier ganz, auch die mittlere Abtheilung, der Grünsand, ist nur an zwei Puncten östlich von Ystadt in Schonen und auf Bornholm deutlich vertreten, dagegen die obere Abtheilung, die eigentliche Kreide und ihre Mergel, bedeutend entwickelt. Dänische Geologen unterscheiden: 1) Grönsand og Graakrit, 2) Saltholmskalk, 3) Skrivekrit, 4) Blegekrit og Limsteen. Diese Reihenfolge von Schichten legt sich gürtelförmig um die älteren Bildungen her, so dafs die jüngsten Blegekrit und Limsteen den äufsersten Bogen bilden, der durch das mittlere Jütland und durch Seeland geht. Doch treten auch westlich von dem Vorkommen der Blegekrit noch viele Puncte von Kreide und von Mergeln auf, so dafs bis gegen den Rücken von Lüneburg hin viele vereinzelte Puncte sich finden. So kommt die Kreide an vielen Orten in Schleswig, Holstein und auf den westlichen dänischen Inseln, in Meklenburg, Pommern und sogar noch in der Mark Brandenburg zum Vorschein. Die westlichsten Puncte, von denen sie bekannt ist, sind Helgoland, Lüneburg und Itzehoe, die südlichsten Vipperow an der Müritz und Potzlow in der Uckermark, die östlichsten liegen zwischen Wollin und Gülzow in Pommern. Bemerkenswerth ist, dafs diese östlichsten Puncte immer noch auf der Westseite der Juragesteine von Kammin und Gülzow bleiben, so wie auch östlich von Bornholm keine Kreidegesteine mehr bekannt sind, so dafs demnach diese Localitäten der Juragesteine das nordeuropäische Kreidebecken im Osten abgeschlossen zu haben scheinen.

Ausführliche Nachrichten über die einzelnen Vorkommen hat man nicht, nur weiſs man jetzt von manchen, welche früher für anstehendes Gestein gehalten wurden, daſs sie keine fortsetzende Lager, sondern nur auſserordentlich starke Schollen von Kreide sind, die im aufgeschwemmten Lande, in Sand und Lehm eingebettet liegen. Von bestimmt anstehenden sind besonders bemerkenswerth das Lager bei Breitenburg und Lägerdorf zwischen Itzehoe und Elmshorn in Holstein, die Meklenburger Vorkommen bei Doberan und in der Nähe des Müritz- und Malchiner See's, dann eine Reihe von N.W. gegen S.O. verbreiteter Puncte an der Grenze von Meklenburg und Pommern, so wie gegen Rügen zu, sodann die Kreide von Rügen, die der Inseln Usedom und Wollin an der Mündung der Oder, und endlich die Kreidemergel zwischen Wollin und Gülzow auf der östlichen Seite des Stettiner Haffs. Ob der südlichste bekannte Punct von Kreidemergel bei Potzlow in der Uckermark ein wirklich anstehendes Lager ist, oder nur ein vertriebener Block, läſst sich zur Zeit nicht bestimmt ausmachen, da ein Bau darauf nicht mehr stattfindet und natürliche Aufschlüsse, auch bei sorgfältigsten Nachforschungen, dort nicht zu finden sind. Nach älteren Nachrichten wird es jedoch wahrscheinlich, daſs man es mit einem wirklichen Lager zu thun habe. Die gesammten deutschen Kreidegesteine lassen sich in drei verschiedene Abtheilungen bringen: 1) in untere graue Kreide (ob Graakrit von Forchhammer steht die Frage), Grew-Chalk, Craie tufeau, Pläner, 2) in weiſse Kreide mit Feuersteinen Upper-chalk, Craie blanche, 3) in Kreidemergel ohne Feuersteine.

Die graue Kreide ist, so viel bekannt, nur an der Nordküste der Insel Wollin vorgekommen. Dort ist das Ufer steil und hat Abhänge von 30 bis 40 Fuſs Höhe, an denen zwischen der Häringspackerei am Jordan-See und Misdroy die Kreide zweimal 20 bis 30 Fuſs mächtig zu Tage kommt. Sie ist blaugrau, sehr weich und zeigt keine Schichtung, mitunter enthält sie Schwefelkies und Bruchstücke eines dünnen Inoceramus, aber weder andere Versteinerungen noch Feuersteine.

Die weiſse Kreide hat im Allgemeinen den bekannten Charakter der völligen Feinkörnigkeit und der matten weifsen Farbe, aber dabei bald gröfseren, bald geringeren Zusammenhalt und eine theils in's Graue, theils in's Gelbliche ziehende Farbe. Daher ist sie auch nur ausnahmsweise eine wirkliche Schreibkreide, von schneeweifser Farbe und leicht zerreiblich. Sie enthält immer Feuersteine, die zum Theil in Knollen, zum Theil in Platten vorkommen und dabei in der Regel in einer bestimmten Lage zwischen den reinen Kalkschichten liegen. Man kann die Entwickelung dieser weifsen Kreide am vollkommensten an den steilen Küsten von Rügen und von der Insel Möen sehen. Der östlichste Punct von dem die Kreide mit Feuersteinen bekannt ist, liegt bei dem Dorfe Lebbin am Vietziger See auf der Westseite der Insel Wollin. Der südlichste Punct bei Potzlow in der Ukermark zeigt eine hellgraue weiche Kreide mit plattenförmigen Feuersteinen, und die westlichen Puncte sind wie schon oben erwähnt wurde Helgoland und Lüneburg. In Meklenburg liegen die südlichsten Vorkommen bei Vipperow und Roggentin am Müritzsee.

Die unteren Kreidemergel ähnlich den Mergeln im nordwestlichen Deutschland, so wie im Lauenburgischen, an dem Malchiner See in Meklenburg und bei Finkenwalde unweit Stettin treten in der Nähe der Juragebilde in Pommern auf. Auf der Insel Gristow im Kamminer Bodden finden sie sich in unmittelbarer Nähe der dortigen Juragesteine, doch ohne dafs man eine deutliche Auflagerung beobachten könnte, auf dem Festlande von Pommern liegen sie ungefähr 2 Stunden westlich von den Jurakalken bei Gülzow. Es sind gelblichweifse, ziemlich feste, erdige Massen, die mitunter einen Stich in's Graue haben. Sie zeigen einen unebenen Bruch und viele kleine schwarze Körner, die quarziger Natur sein sollen. Feuersteine fehlen durchaus, allein es ist eine grofse Menge Kieselsubstanz durch die ganze Masse des Kalksteins verbreitet, so dafs dieselbe beim Auflösen eines Stücks in Säuren skelettartig zurückbleibt. Diese Gesteinsbeschaffenheit, so wie die vorkommenden Versteinerungen parallelisiren diese Mergel vollkommen denen von Haltern bei Osnabrück und von Coesfeld bei Münster. In Dänemark scheinen diese Gesteine nicht vorzukommen.

Am Kühlungsberge bei Doberan soll ein Sandstein anstehen, der für Grünsand oder für Plänersandstein angesprochen worden ist, der aber nach Anderer Meinung auch tertiär sein könnte. Es ist ein dunkelgrauer Sandstein, der einem Kalkstein so sehr ähnlich sein soll, dafs die Leute in dieser Gegend schon mehrfach versucht haben ihn zu brennen. (Es ist einmal eine Versteinerung darin gefunden worden, die einem Tentaculiten ähnlich sah. Sollte dies etwa ein Stiel eines Encriniten gewesen sein? Dann möchte das Gestein vielleicht Dolomit sein und dem Muschelkalk zugehören, oder war es vielleicht ein Dentalium, dann würde man erwarten müssen, dafs das Gestein tertiär sei??) Es ist durch ein Bohrloch von circa 100 Fufs Mächtigkeit aufgeschlossen worden. Das Streichen der Lagen war N.O. zu S.W. bei einem Fallen von 25 Grad gegen S.O., also ungefähr parallel den Küsten von Rügen bis Lübeck, in deren Mitte dieser feste Punct gelegen ist. Eine Salzquelle kommt einige Meilen südlich bei Neuenkirchen zum Vorschein.

Vereinzelt vorkommende Blöcke von Kreide sind mitunter von so bedeutender Ausdehnung, dafs es verzeihlich erscheint, wenn sie bei ihrer Auffindung zuerst für wirkliche Lager gehalten worden sind. So fand sich im Hobbersdorfer Holze, im nordöstlichen Holstein [1]), am nördlichen Abhange des Pariner Berges, der ungefähr 400 Fufs Höhe besitzt, in circa 300 Fufs über dem Meere, ein Kreideblock von 86 Fufs Länge, 80 Fufs Breite und bis 12½ Fufs Dicke. Die Ausdehnung und Mächtigkeit wurde durch Bohrungen und Schürfungen möglichst genau ermittelt. Hiernach ist die Kreide nicht anstehend, sondern nur ein Geschiebe, welches in zwei grofse Stücke zerbrochen ist, die 1½ Fufs voneinander getrennt liegen. Die Oberfläche des Kreideblocks ist überaus knollig und traubig. Frisch gebrochen ist die Kreide feucht, gelblich weifs, mit gelben Schweifen und bogenförmig concentrischen Streifen durchzogen, im trocknen Zustande verschwinden diese Zeichnungen und die Masse wird rein weifs. Sie ist fest und zähe, so dafs sie sich nur schwer mit einer Hacke und einer spitzen eisernen Stange brechen läfst. Feine Risse durchziehen den ganzen Block nach allen Richtungen, so dafs sich wohl kaum ¼ Fufs ohne dieselben findet. In der

[1]) Bruhns Zeitschrift der deutsch. geolog. Gesellschaft Bd. I. p. 111.

ganzen Masse sind Feuersteine ziemlich regellos verbreitet, nur an einer Stelle scheint ihre Ablagerung schichtenförmig zu sein. Es kommen Feuersteine von 1½ Fuſs Durchmesser darin vor, alle sind aber zerbrochen. Ausnahmsweise findet man nur noch einige ganze Knollen, die dann in der Regel sehr klein sind. Die Feuersteine sind offenbar an ihrem Lagerplatz zertrümmert, denn man kann aus den unzähligen gröſsern und kleinern Splittern, zwischen welche Kreidemasse eingedrungen ist, noch die Gröſse und Form der früheren Knolle ziemlich deutlich erkennen.

Die Zusammensetzung des Bodens, welcher den Kreideblock umschlieſst, ergiebt sich aus nachfolgendem Bohrregister:

Gelbgrauer Sand mit Geschieben	2 Fuſs
Kreide	10 -
Hellgrauer feiner Mergel	2 -
Gelbbrauner sandiger Mergel mit Feuersteinsplittern	2 -
Hellgrauer feiner Quarzsand	9 -
Hellbrauner grober Quarzsand (Quelle)	½ -
Feiner gelbbrauner Mergel	1 -
Feiner graublauer Mergel mit Feuersteinsplittern .	1½ -
Grauer sehr sandiger Mergel mit Feuersteinen, Korallen, Braunkohlen (? wohl nur verwittertes Holz), und anderen Geschieben und Einschlüssen . .	28 -
	56 Fuſs.

Zehn Ruthen von der Kreide entfernt wurden in allen vier Himmelsgegenden Bohrlöcher bis zu 20 und 30 Fuſs Tiefe eingetrieben, die ein ähnliches Schichtenverhältniſs, aber Kreide nur in kleinen Knollen als Einschlüsse des Mergels zeigten. Ein weiteres Vorkommen der Kreide hat sich, jedoch in kleinerem Maſsstabe südöstlich in der Pariner Koppel gefunden. Sie liegt hier stark zerklüftet in gewundenen Schichten von höchstens 2 Fuſs Mächtigkeit mit Mergel im Sande. Aehnliche vereinzelte Brocken sind von Meklenburg und Pommern mehrfach bekannt geworden, wie denn auch kleinere Blöcke im aufgeschwemmten Boden in dem nördlichen Theile des Flachlandes sehr verbreitet angetroffen werden.

D. Tertiär-Formation.

1. Braunkohlen.

Leopold von Buch hat in einer am 20sten November 1851 in der Academie der Wissenschaften zu Berlin gelesenen Abhandlung gesagt: „Es giebt nur eine Braunkohlenformation in Europa" und diese kühn scheinende Behauptung dadurch gerechtfertigt, dafs er nachgewiesen hat, wie einige Pflanzengattungen und Arten in allen bisher näher bekannten Braunkohlenlagern vorzukommen pflegen.

Er führt diese Leitblätter, wie er sie nennt, aus südlichen Gegenden von Monte Promina bei Sebenico in Dalmatien, vom Rande des Apennin bei Sinigaglia, aus den Gypsen von Stradella bei Tortona, vom Monte Bolca im Veronesischen an; ferner aus den östlichen Alpen vom Radoboy, aus Sotzka in Steiermark, von den Quellen der Wocheiner Sau, von Parschlug bei Bruck an der Mur, und von Häring zwischen Kufstein und Rattenberg in Tyrol; dann aus den westlichen Alpen von Aix in der Provence, von Lausanne und Vevay am Genfer See, vom Eritzthal bei Thun, vom Emmenthal, vom Entlibuch und vom hohen Rhonen am Albis und von Rapperswyl am Züricher See. In deutschen Localitäten finden sich ähnliche oder dieselben Pflanzenreste bei Oeningen, zwischen Constanz und Schaffhausen, bei Lobsan und Weifsenburg im Elsafs, im Mainzer Becken und in der Wetterau, in allen hessischen Braunkohlen, im Westerwald und am Niederrhein, bei Jena, Eisleben und Halle, bei Altsattel und Bilin in Böhmen und bei Stroppen in Schlesien. Hieran schliefsen sich endlich die Braunkohlen, welche mit den mächtigen Steinsalzlagern von Wieliczka und Bochnia in Gallizien vorkommen.

Oswald Heer [1]) giebt eine interessante Schilderung der Waldflora, welche, nach den, am hohen Rhonen gefundenen Blättern bestanden haben mufs, indem er sagt: „Hier treten wir in einen Wald, der fast ganz aus Cypressen gebildet wird; Cypressen, von denen eine Callitris dem Sandarackbaum des

[1]) Ein populärer Vortrag über die Pflanzen an dem hohen Rhonen. Zürich 1847. (Siehe L. v. Buch Braunkohlen p. 10).

nördlichen Afrika ganz gleich steht; eine andere Taxodium erinnert an das ganz ähnliche Taxodium distichum der Vereinigten Staaten; eine dritte führt uns sogar bis nach Japan; freundliche Laubbäume wechseln mit diesen dunkeln Cypressen; es begegnen uns eine grofse Zahl von Ahorn, zehn Weidenarten zum Theil mit auffallend grofsen Blättern, viel immergrüne Eichen und daneben Nufsbäume, Storax und Ebenholz. Vaccinien und Farren wuchsen in ihrem Schatten, und aus Sümpfen erhoben sich Rohrkolben, die jetzt stellenweis mit Wasserschnecken ganze Steinmassen erfüllen." Aber während man sich auf diese Weise nach den Pflanzenresten, die sich vorfinden, ein Bild, so unvollständig es immer noch sein mag, entwerfen kann von der Flora, welche in der jüngst vergangenen Epoche einen Theil unsers Erdkörpers bekleidete, so liegen dagegen in den weiten Flächen des norddeutschen Tieflandes, über 4—5000 Quadratmeilen verbreitet, die Reste einer untergegangenen Pflanzenwelt, von der bisher noch kein deutliches Blatt, noch keine erkennbare Frucht aufser Tannenzapfen aufgefunden werden konnte. Offenbar müssen daher diese letzteren Kohlenbildungen unter ganz anderen Umständen vor sich gegangen sein, als die ähnlichen in den vorher erwähnten Localitäten. Wenn man sich erinnert, dafs in der Kreidezeit zwei wesentlich verschiedene Meerestheile die Absätze der Kreide hervorgebracht haben, so ist es natürlich, dafs man sich in der darauf folgenden Periode darnach umsieht, welche Absätze sich in denselben ferner gebildet haben könnten. Von der Erhebung der ersten Inseln von Uebergangsgebirge an, auf deren Ränder sich die Steinkohlenlager, die Bildungen der Zechstein-, Trias-, Jura- und Kreide-Formation allmälig abgelagert haben, sieht man die jüngeren Bildungen stets in immer weiteren und weiteren Kreisen sich über die zunächst älteren fortlegen, die früheren Absätze jedoch nicht berühren. Wer einen Blick auf die schöne geognostische Uebersichtskarte von Mittel-Europa thun will, welche Hr. v. Dechen herausgegeben hat, der kann sich leicht von der Wahrheit dieser Behauptung im Grofsen und Ganzen überzeugen. Jene ersten Inseln von Uebergangsgebirge, die für Mittel-Europa in Schottland, Irland, Wales, Cornwallis und der Bretagne, im Centralplateau von Frankreich, im Niederrheinischen Schiefergebirge, im Frankenwald, Fichtelgebirge, Erzgebirge, Böhmen und Mähren, im Harz u. s. w. bestanden, müssen daher in einer allmäligen Erhebung geblieben sein, die sie mehr und mehr aus dem allgemeinen Gewässer hervorhob und die Bildungen an ihrem Strande dadurch so weit trocken legte, dafs die Absätze späterer Perioden sich in der Regel nicht über die der vorhergehenden fortzulegen vermochten. Man kann dieses allmälige Ansteigen der zuerst erhobenen Massen eine continentale Hebung, im Gegensatz zu der localen Aufrichtung einzelner Gebirgsketten nennen und wahrscheinlich haben alle Theile unsers jetzigen Festlandes die Einwirkung beider Arten der Bewegung einmal erfahren. Wenn daher die continentale Hebung des Festlandes in regelmäfsigem Fortgange die jüngeren Bildungen bis zur Kreide immer mehr und mehr von den älteren Kernen entfernt hat, so dafs z. B. weite Strecken schon ganz von der Kreide befreit blieben [1]), so setzt sich diese merkwürdige Erscheinung nicht in die Tertiärzeit hinein fort. In dieser Epoche treten die Tertiärschichten nicht blofs an den Rändern der Kreidebildungen auf, sondern auch mitten zwischen den älteren Bildungen finden sie, und, wie es scheint, regellos Platz. Doch läfst sich auch hier der leitende Faden wohl finden, denn die Oberflächen-Verhältnisse bestimmten allein das Auftreten. Zwar liegen die Hauptabsätze von Tertiärschichten am Rande oder bedeckend auf den Ablagerungen der Kreide, so wie am Rande des Apennin und der Alpen, und in dem Becken von Paris und London, aber man findet auch Absätze mitten auf älteren Bildungen, wie in Frankreich im Thale der Loire und des Allier, in der Umgebung von le Puy, am Cantal, so wie bei Nantes und mitten auf dem Jura bei Vesoul. In Deutschland sind es die vorerwähnten Becken im Thale des Rheins zwischen Basel und Mainz, in Hessen und Thüringen, nördlich vom Harz und in dem nordwestlichen Theile von Böhmen, welche Tertiär-

[1]) Man kann in geraden Linien von Edinburg nach Plymouth, von Brest nach Montpellier, von Montpellier nach Aachen, von Aachen nach Brünn, von Brünn nach Linz, von Linz nach Halle, von Halle nach Basel und von Basel nach la Rochelle gehen, ohne auf dem Wege irgend einer Spur von Kreideschichten zu begegnen.

bildungen im Innern des damaligen Continents enthalten. Untersucht man diese Localitäten etwas näher, so sieht man, dafs es zur Zeit der Tertiärbildungen Vertiefungen waren, die entweder zurückgebliebene Salzwasserbecken aus der Jurazeit enthielten, ähnlich wie das Caspische Meer in der Jetztzeit, oder Seen, die durch schmale Kanäle in Zusammenhang mit den allgemeinen Meeresgewässern standen. Keines dieser Vorkommen giebt einen schlagenden Beweis dafür, dafs nach der Kreideperiode eine theilweise Senkung des Festlandes stattgefunden habe, so dafs in der folgenden Periode Gegenden vom Meere bedeckt worden seien, die in der vorherigen freigeblieben waren, denn man sieht nie eine directe Verbindung der grofsen marinen Tertiärbildungen mit diesen continentalen, sondern man wird vielmehr darauf hingewiesen, dafs die Kreidebildungen Meeresabsätze waren, die nur am Strande gröfserer Meerestheile oder in grofsen Buchten und Becken vor sich gingen, die aber nicht in höher gelegenen kleinen Buchten und Brackenwasserbecken sich ansammelten, welche den allgemeinen Gewässern nicht direct offen standen. Freilich genügt auch diese Erklärung noch nicht ganz, aber immer bleibt sie vorzüglicher, als die Annahme zahlreicher localer Senkungen einzelner Landstriche, für die nur die Analogie unbestimmter Beobachtungen zu sprechen scheint. Im nördlichen Deutschland sieht man die Braunkohlen und jüngeren Schichten nur in solchen Becken auftreten, in denen keine Gesteine der Kreideepoche abgesetzt wurden. So im oberrheinischen Becken, wo Juraschichten die nächst jüngsten sind, in der hessischen Triasmulde, wo nur an wenigen Stellen Spuren von Lias (und mittlerem Jura) sich finden, auf dem Uebergangsgebirge im Westerwalde, an die Trias-, Kohlen- und Uebergangsbildungen im Kölner Busen angelagert, in den kleinen Jura- und Triasmulden im Norden und Osten des Harzes, auf den Triasschichten von Thüringen, zwischen den Porphyren von Halle, Torgau, Wurzen und den Triasgesteinen südlich von Halle, und so auch in dem böhmischen Becken, wo der nordwestliche Theil nicht von den östlich sich verbreitenden Kreidebildungen erfüllt wurde. Es ist eine auffallende Erscheinung, dafs auch überall, wo im nordeuropäischen Kreidemeer bedeutende Absätze von

Kreidegesteinen gebildet worden sind, darüber keine Ablagerungen von Braunkohlen vorkommen. So fehlen sie fast ganz in England und im Pariser Becken, in Belgien, in dem grofsen westphälischen Busen zwischen Elberfeld und Osnabrück, am Nordrande des Wesergebirges, in dem Kreidebecken zwischen Hannover, Braunschweig und Quedlinburg, im östlichen Böhmen und in Niederschlesien. Auch über den dänischen und den dazu gehörenden deutschen Kreideablagerungen findet man keine Spuren der Braunkohlenformation. Es läfst sich nur eine Erklärung für diese sehr auffallende, aber nicht zu läugnende Thatsache aufstellen, dafs nämlich da, wo Kreidebildungen in einiger Mächtigkeit ältere Becken und Küsten erfüllt und bedeckt haben, diese Stellen in der nachfolgenden Tertiärperiode, wenn auch noch vom Meere bespült, doch nicht tief genug unter Wasser lagen, um Ansammlungen von Treibholz zu gestatten. Denn dafs die Braunkohlen-Anhäufungen von Treibholz entweder in Süfswasserbecken und in Meeresbuchten oder im tieferen offenen Meere waren, kann wohl nicht mehr bezweifelt werden. Daraus erklärt sich auch der Mangel an wohl erhaltenen Pflanzenresten in den Braunkohlenschichten der norddeutschen Ebene, denn diese Bildungen sind im tieferen offenen Meere vor sich gegangen, und die hier versunkenen Stämme mufsten wohl bei dem weiteren Transport die feineren Theile eingebüfst haben, die man da noch wohlerhalten findet, wo sie nicht weit von ihrer Wohnstätte begraben wurden.

Leopold v. Buch [1]) hat mit gewohntem Scharfblick diese Erscheinung im Kölnischen Becken schon beobachtet und erklärt, wo in den Braunkohlen am Rande dieses Meerbusens zahlreiche und wohlerhaltene Blätter sich finden, in der Mitte dagegen nur Hölzer und kleine, cocos-ähnliche, sehr feste Früchte vorkommen. Nach diesen Unterschieden könnte man daher die sämmtlichen Braunkohlenbildungen in drei Abtheilungen, in Süfswasser-, Busen- und Meeresbildungen trennen, bis jetzt ist jedoch eine solche Trennung noch nicht ganz sicher durchzuführen und nur das kann mit Bestimmtheit behauptet werden, dafs die Braunkohlen, von denen hier specieller zu

[1]) Lagerung der Braunkohlen. Auszug aus den Sitzungsberichten der Academie der Wissenschaften zu Berlin 1851.

handeln ist, zu den Meeresbildungen gehören müssen. Dafs die Braunkohlenlager der norddeutschen Ebene eine wirkliche Meeresbildung sind, wird zwar durch den Mangel wohlerhaltener Pflanzenreste wahrscheinlich, aber erst erwiesen dadurch, dafs man an den damaligen Küsten des Festlandes keine Ablagerungen derselben findet, sondern erst in einiger Entfernung vom Ufer. Es ist zwar die Auflagerung der Tertiärformation auf älteres Gestein nicht auf vielen Puncten zu beobachten, aber wo dies bisher möglich war, da finden sich zwar Sande, welche dieser Bildung zuzugehören scheinen, aber keine Braunkohlen selbst. Es scheint hiernach, dafs die Ablagerung der Pflanzenmassen in einer mäfsigen Entfernung vom damaligen Festlande begonnen und sich auf eine weite Strecke in's offene Meer hinaus verbreitet hat. Doch hat diese Anhäufung von Pflanzen auch eine Grenze gegen Norden gehabt, denn man sieht am gegenüberstehenden Ufer dieses Meeres-Armes, an der Küste von Schonen und Bornholm, nirgends eine Spur derselben, obgleich hier vielleicht auch das Vorkommen der Kreideformation hinderlich gewesen sein kann, aber auch in Holstein und Jütland, wo durch Bohrungen bei Glückstadt noch eine Spur von Braunkohlen, bei Oldeslohe und in Jütland nur schwarzer Thon entdeckt worden ist, können diese Absätze nur als verschwindende Spuren, nicht als Vertreter einer vollständigen Entwickelung der Braunkohlenformation betrachtet werden.

Es ist nicht möglich mit Bestimmtheit die Gesteine anzugeben, welche in der norddeutschen Ebene die Braunkohlenformation zusammensetzen, da man bisher an zu wenigen Stellen, wo die Kohlen entwickelt vorkommen, dieselben bis auf das unterliegende Gestein durchsunken hat. Es bleibt daher nur möglich anzugeben, was in unmittelbarer Nähe der Kohlenablagerungen und unter denselben gefunden worden ist und die Wahrscheinlichkeit darüber auszusprechen, was sonst noch dazu gehören möchte.

Im Allgemeinen kann man sagen: Alle Braunkohlen liegen im Sande, denn was man bisher in fast allen Fällen unter ihnen, mit ihnen und über ihnen gefunden hat, war hauptsächlich Sand. Auch hat man da, wo keine Kohlen vorkommen, doch die ganze Bildung durch eine mehr oder weniger bedeutende Sandschicht vertreten gesehen. Zwar möchte dieser Ansicht mitunter widersprochen werden und Thon oder Letten als Begleiter der Braunkohlen angeführt werden, und warum sollte auch nicht einmal eine Ausnahme von der Regel vorkommen, aber es ist den Angaben dieser Art selbst bei bewährten Beobachtern nicht unbedingter Glaube beizumessen, da man bisher fast immer den äufserst feinen Sand der Braunkohlenformation, besonders wenn er mit ein wenig Kohle oder Thon gemischt war, um seiner Plastizität willen, für Thon oder Letten angesprochen hat. Nur in den östlichen Gegenden der norddeutschen Ebene, an der Warthe besonders, kommt es vor, dafs einige kleine Braunkohlenflötze im Thone liegen, dies sind aber doch nur abgetrennte Massen, denn die mächtigeren Hauptlager liegen, wie sonst überall auch hier im Sande. Mitunter findet sich einmal, wenn dieser Sand sehr mächtig wird, ein kleines Thonlager darin, wie z. B. in den Rauenschen Bergen bei Fürstenwalde, aber dies gehört durchaus zu den Ausnahmen. Mischungen von Sand, Thon und Kohle kommen, wie schon vorher erwähnt, auch vor, doch fehlt der Sand nie ganz, und man hat daher diese Gemenge, zu denen manchmal auch das sogenannte Alaunerz zu rechnen ist, das noch Schwefelkies enthält, als Varietäten einer allgemeinen Sandablagerung und nicht als selbstständige Lager zu betrachten. Der Braunkohlensand ist ein reiner Quarzsand. Nur Glimmer und Kohlentheilchen kommen untergeordnet in kleinen Mengen ihm beigemengt vor, kein anderes Mineral ist bisher in ihm beobachtet worden. Der Quarz ist theils farblos, theils weifs und mehr oder weniger durchsichtig, nie von einer gelblichen Färbung, die für manche andere Gemenge so bezeichnend ist. Die Körner sind abgerieben, rundlich von $\frac{1}{4}$ Zoll bis zur Staubkorngröfse. Man kann nach der Gröfse des Korns zwei Arten des Sandes unterscheiden, von denen der eine von Mohnkorngröfse und darüber, die unteren Lagen der Braunkohle, der andere viel feinere, dessen Körner oft kaum erkennbar sind, weshalb er auch häufig für Thon gehalten wird, den oberen Schichten angehört. Der untere ist bisher nur an den wenigen Puncten beobachtet worden, wo man die tieferen Kohlenflötze entdeckt hat, der obere dagegen, welcher um seines feinen Korns und der daher rührenden Plastizität willen, den Namen Formsand erhalten hat, ist überall als Begleiter der Kohlen, mitunter auch ohne sie als einziger Vertreter der ganzen Formation, gefunden worden.

Der untere Sand, der theils aus farblosen, theils aus weifsen Körnern besteht, zeigt im Ganzen gesehen eine graue Farbe, die durch kleine Kohlentheilchen bald mehr, bald weniger in's Braune übergeht. Er führt keinen oder nur sehr wenig weifsen Glimmer in ganz kleinen Blättchen und fast nie Thon. An einigen Stellen wird er sehr grobkörnig. Der obere Sand, Formsand, läfst bei seiner aufserordentlichen Feinheit eine nähere Bestimmung der einzelnen Körner nicht gut zu, doch sind sie Quarz und scheinen theils farblos, theils weifs zu sein. Oft ist er stark mit Kohlenstäubchen gemengt, oft ganz davon durchdrungen und seine Farbe geht daher von weifs durch hellgelb und chocoladenfarben in allen Nüancen von gelblichbraun bis zum Schwarz über. Oft wechseln die Farbentöne in ganz dünnen, wenn auch nicht ganz parallelen Streifen und bringen eine zierliche Bänderung hervor. Glimmer fehlt nie, ist aber der Menge nach sehr verschieden. Er bildet ganz kleine Blätter oder Schüppchen, die kaum die Gröfse eines Nadelknopfs erreichen. Er ist immer weifs und meist undurchsichtig, was von einer beginnenden Zersetzung herzurühren scheint [1]). Thon scheint gewöhnlich nicht darin zu sein, und nur in gewissen Lagen, welche dann auch besonders kohlereich zu sein pflegen, tritt er auf. Diese Lagen werden von den Bergleuten gewöhnlich Letten genannt. Die Letten sind schwarz, oft mit einem Stich in's Braune. Nur wenn sie sehr sandreich sind, d. h. also thonige Formsande, behalten sie eine hellere Färbung. Je thonreicher, desto fester erscheinen sie. Sandige Letten pflegen geschichtet, mitunter sogar schiefrig zu sein, thonige werden massig. Der Glimmergehalt geht mit dem Sande zusammen. Zuweilen liegt der Glimmer auf einzelnen

[1]) Es ist auffallend, dafs während der meiste Glimmer in krystallinischen Gesteinen schwarz ist, aller in neptunischen Gesteinen vorkommende weifs erscheint. Wahrscheinlich ist dies eine Folge einer theilweisen Zersetzung, bei der die Structur noch nicht aufgelöst wurde.

Flächen so dicht an einander, dafs er den vorwaltenden Bestandtheil auszumachen scheint, doch ist dies der wirklichen Masse nach eben so wenig, als bei den meisten Glimmerschiefern, der Fall. Treten bedeutende Mengen von Schwefelkies in den Letten auf, so werden sie dadurch als Alaunerz brauchbar und solche Alaunerde oder Alaunerze sind häufig Begleiter der Braunkohlen. Reine Thonlager sind grofse Seltenheiten und bisher sind nur zwei Stellen dicht bei einander in der eigentlichen Ebene bekannt geworden, wo im Formsande ein Lager von reinem Thon vorkommt. Er ist chocoladenbraun, heller und dunkler, sehr fest und fein und kalkfrei. An einigen Stellen ist der die Kohlen bedeckende Formsand in einen festen Sandstein verwandelt, jedoch nicht immer in ganzen Bänken, sondern manchmal nur in einzelnen Knollen und Blöcken, welche frei in der losen Sandmasse liegen. Solche Blöcke hatte man im Anfang des vorigen Jahrhunderts bei Freienwalde gefunden und geglaubt durch sie ein Lager anstehenden Gesteins entdeckt zu haben, bis sorgfältige Untersuchungen ergaben, dafs man es nur mit vereinzelten Concretionen zu thun hatte. Auch an einigen andern Puncten hat man gröfsere und kleinere Stücke von Sandsteinen im Formsand gefunden, die nur durch Zusammenbacken desselben entstanden sein können und in der Lausitz am linken Elster-Ufer sogar eine zusammenhängende Sandsteinbildung, welche desselben Alters zu sein scheint.

Die Braunkohle der norddeutschen Ebene unterscheidet sich im Allgemeinen nicht von den Braunkohlen anderer Gegenden, in denen dieselbe durch Anhäufung und Verwesung von Pflanzen entstanden ist, ohne dafs sie späteren Veränderungen durch den Einflufs feuerflüssiger Gesteine ausgesetzt gewesen ist. Sie gleicht daher den Kohlen von Sachsen und Thüringen, vom Niederrhein und der Wetterau, aber sie unterscheidet sich von den Kohlen von Böhmen, Hessen und vom Westerwalde, die mit den Basalten in Berührung gekommen sind. Doch gleicht sie auch den nächstgelegenen, den sächsischen nicht ganz und weicht von diesen besonders durch den Mangel an Formkohle ab. Man kann, wenn man will, bei ihr folgende Varietäten unterscheiden:

1) Moorkohle. Dunkelbraun bis schwarz [1]), mit ebenem Bruche, der mitunter in das flachmuschlige übergeht, fester und schwerer als die gewöhnlichen Braunkohlen, schimmernd im Bruch, mitunter fast fettglänzend. Dabei ist sie spröde und zerspringt daher leicht in eckige Stücke. Sie hat am meisten Aehnlichkeit mit sehr festen Torfarten, wie sie im östlichen Theile der norddeutschen Ebene viel vorkommen. Bituminöses Holz ist in der Moorkohle sehr selten.

2) Erdkohle. Dunkelbraun bis schwärzlichbraun, etwas weniger spröde als die vorige, mit unebenem bis ebenem Bruche, matt, höchstens schimmernd, beim Verbrennen einen bernsteinähnlichen Geruch entwickelnd, stets bituminöses Holz führend. Nicht selten Schwefelkies und Gyps enthaltend, mitunter kleine gelbliche Harzpünctchen, die jedoch kein Bernstein sind. Bildet hauptsächlich die Flötze der oberen Abtheilung, welche im Formsande liegen.

3) Blätterkohle. Lichtbraun, von blättrigem Gefüge, auf den Schichtflächen manchmal Spuren von Pflanzenresten (Blätter?), matt. Riecht beim Verbrennen wie die vorige, enthält auch mitunter Harzpuncte. Auf den Gruben bei Grüneberg sich findend.

4) Formkohle. Lichtbraun, locker bis staubartig, völlig erdig, in der Regel Gyps enthaltend. Soll ein Zersetzungsproduct der Erdkohle sein und daher fast nur in unmittelbarer Nähe der Oberfläche vorkommen.

In Bezug auf die Heizkraft scheint die Moorkohle die vorzüglichste zu sein, darauf folgt die Blätterkohle, dann die Erdkohle und endlich die Formkohle. Letztere ist fast ganz unbrauchbar und besitzt keineswegs die guten Eigenschaften vieler sächsischen Formkohlen. Die verbreitetste dieser Kohlenarten ist die Erdkohle. Zu erwähnen ist hier noch das bituminöse Holz, das theils mit deutlicher Structur, theils als Pechkohle vorkommt, von welcher letzteren es nachgewiesen ist, dafs sie mitunter aus gewissen bituminösen Hölzern entsteht, wenn diese an die Luft gebracht werden.

Die Braunkohlenbildungen der norddeutschen Ebene ma-

[1]) Feucht erscheinen alle Kohlen viel dunkler als sie im trocknen Zustande sind.

chen daher in ihrer Gesammtheit eine einfache und geschlossene Gruppe von Gesteinen aus, welche hauptsächlich aus Sand und Kohlen besteht. Chronologische Abtheilungen von strenger Scheidung zu machen, würde künstlich und nicht natürlich sein, und man darf nur sagen, dafs eine obere feinsandige und eine untere grobsandige Abtheilung da zu unterscheiden sind, wo die ganze Gruppe besonders entwickelt vorkommt, dafs aber da, wo sie zusammenschrumpft, feine Sande ohne Kohlen sie auch allein vertreten können.

Diese feinen Sande sind daher auch das eigentliche Grundgestein der Formation, es ist eine weitverbreitete Sandbildung, und das Vorkommen der Braunkohlen ist nur ein untergeordnetes, lokales. Ueberall, wo Kohlen vorkommen und genauer untersucht worden sind, hat sich der Sand viel mächtiger, als die Kohle gefunden, so dafs auch in Bezug auf die Quantität der Massen der Sand bei Weitem vorwaltet. Wenn aber an einigen Stellen, wie schon oben angeführt wurde, kleine Kohlenlagen sich auch in einer über der Sandbildung liegenden Thonbildung finden, so ist damit keineswegs bewiesen, dafs dieser Thon zur Braunkohlenformation oder umgekehrt die Braunkohlen zu dem Thone gehören, sondern es hat sich nur gezeigt, dafs im Thone eben so, wie in dem darunter liegenden Sande, Pflanzenreste angehäuft worden sind. Immer mufs aber eine wesentliche Aenderung in den Verhältnissen der Erdoberfläche vor sich gegangen sein, wenn eine mächtige und weit verbreitete Sandbildung abgeschnitten und eine allgemeine und bedeutende Thonschicht in der nächstfolgenden Zeit verbreitet worden ist. Und darum mufs die sandige Braunkohlenformation von den nächst darauf folgenden Thonbildungen als eine Abtheilung getrennt werden, wenn es auch höchst wahrscheinlich ist, dafs beide der Zeit nach unmittelbar auf einander gefolgt sind.

Die Lagerung der Braunkohlen ist in den meisten Fällen, wo sie bisher untersucht wurde, eine verwickelte, obgleich es scheint, dafs sie auf weite Strecken hin auch eine sehr gleichförmige sein kann. Man beobachtet nämlich in den Kohlen zwischen der Elbe und Oder sehr verwickelte Lagerungsverhältnisse, während die Kohlen an der Warthe und Weichsel dagegen horizontal zu liegen scheinen. Ueber die letzteren Gegenden hat man freilich nur wenige Beobachtungen, aber Versuche auf Braunkohlen an der Warthe bei Wronke, Bohrversuche für die artesischen Brunnen in den Festungswerken von Posen und in Bromberg, so wie die ersoffenen Versuchsbaue auf Kohlen bei Fordon an der Weichsel scheinen hierfür zu sprechen. Ein bestimmtes Resultat ist hierdurch nicht gewonnen, es möchte sogar die Wahrscheinlichkeit dafür sprechen, dafs die Lagerungsverhältnisse hier, denen der westlichen Gegenden ähnlich seien, aber die bestimmte Aussage des Bergmannes, der die Versuchsbaue bei Wronke geleitet hat und behauptet, dafs sie dort völlig horizontal liegen, so wie die Uebereinstimmung im Niveau der Kohlen bei Fordon und in Bromberg, obgleich beide Puncte doch anderthalb Meilen von einander entfernt sind, ist von wesentlichem Gewicht. Die Kohlen von Bromberg und Fordon liegen 30 Fufs unter dem Weichselspiegel, dieser aber 90 Fufs über der Hafenschleuse von Weichselmünde, also 60 Fufs über der Ostsee, die Kohlen in Posen und mit ihnen die artesischen Quellen sind erbohrt in 180 Fufs unter dem mittleren Stand der Warthe, und da der Warthespiegel bei Posen circa 240 Fufs über dem Meere angenommen werden kann, so würden auch diese Lager in 60 Fufs über der Ostsee sich befinden. Uebrigens könnte es wohl sein, dafs in der weiten Fläche der norddeutschen Ebene der mittlere Theil, der von den älteren Küsten weiter entfernt ist, ungestörte Lager von Braunkohlen enthielte, während die dem anstehenden Gestein näher liegenden Absätze aus ihrer ursprünglichen Lage geschoben wurden. Denn es ist eine auffallende Erscheinung, dafs die Kohlenlager der Mark nie in horizontaler Lage, sondern immer in vielfachen Sätteln und Mulden mit zahlreichen Verwerfungen sich finden. Und doch sieht man nirgends constant erhobene Massen, welche durch die fortgesetzte gleichmäfsige Richtung ihrer Schichten eine Spaltenbildung in den tieferen Massen andeuten; oder auch nur eine Spur von krystallinischen Gesteinen, die als hebende Ursache die Lagerung der Braunkohlen verändert haben könnten. Der Basalt, welcher in Hessen, Böhmen und der Lausitz die Braunkohlen durchbricht und nachweisbar das einzige plutonische

Gestein ist, das später als die Braunkohlenbildung aus dem Erdinnern hervorgekommen ist, tritt nicht in der norddeutschen Ebene auf, kommt nicht einmal an ihren Rändern vor und so mufs man denn die gestörte Lagerung der Braunkohlenbildungen für die Folge seitlicher Verschiebungen halten, die nicht als unmittelbare Folge vertikaler Hebungen zu betrachten sind.

Das schreckliche Erdbeben, welches 1783 einen grofsen Theil von Calabrien verwüstete, zeigte die merkwürdige Erscheinung, dafs die lockeren Schichten der tertiären Formationen, welche in dem Gebirgsbusen von Gioja verbreitet sind, sich auf weite Strecken von dem älteren Gesteine ablösten und, mannigfaltig zusammengeschoben und verworfen, den erstaunten Blicken der Menschen eine neue, gänzlich veränderte Landschaft darboten. In ähnlicher Weise mag es geschehen sein, dafs, bei der Erhebung des norddeutschen Tieflandes, aus dem bedeckenden Gewässer, die nicht fest gewordenen Lager des Braunkohlengebirges von den höher gelegenen Massen festen Gesteins abgerutscht und zu mannigfachen Mulden und Sätteln zusammengeschoben worden sind. Die Plastizität der Sandmassen, in welchen die Kohlen dieser Gegenden zumeist liegen, mag solche Vorgänge besonders begünstigt haben. Wahrscheinlich ist es, dafs nur die Braunkohlenbildungen von dieser Bewegung betroffen wurden, denn die darüberliegenden jüngeren Absätze scheinen sie mit abweichender Lagerung zu bedecken. Freilich ist es schwer, diese Thatsache im lockeren Gebirge nachzuweisen, aber sie erscheint dadurch besonders wahrscheinlich, dafs man an vielen Stellen, wo die Braunkohlen bedeutend erhoben sind, keine Spur der unmittelbar darauf folgenden Thonbildung findet, obgleich die später verbreiteten Geröllmassen die Braunkohlen bedecken. Es läfst diese Thatsache, welche in den Rauenschen Bergen bei Fürstenwalde, in der Gegend von Frankfurt und an andern Puncten beobachtet ist, nur die Annahme zu, dafs diese Puncte, wie die Kreide-Inseln der Ostsee und wie der Muschelkalk von Rüdersdorf, zu hoch im Meere lagen, zu nahe der Oberfläche, um den Absatz eines feinen Thonschlammes zu gestatten, während doch in einer späteren Zeit Geröllmassen diese Stellen bedecken konnten.

Die Verbreitung der Braunkohlenformation ist, wie es scheint, eben so grofs, als das norddeutsche und polnische Becken überhaupt. Von der Wasserscheide zwischen Don und Wolga auf der einen, Düna und Dniepr auf der anderen Seite, bis zu den Höhen des Lüneburger Rückens; von den sächsischen Bergen, der Lausitz, Schlesien und Polen bis nach dem nördlichen Jütland. Wenn auch an manchen Puncten, wie auf der dänischen Halbinsel keine Kohlen mehr vorkommen, so sind doch die Sande oder Thone vorhanden, welche die Vertreter dieser Formation sind. Am Niemen zwischen Grodno und Kowno, am Putziger Wieck bei Danzig, gehen die Kohlen zu Tage und wenn man zu diesen Puncten in Osten und Norden, die westlich und südlich bekannten nimmt, so wird eine Oberfläche von mindestens 1500 Quadratmeilen von diesen Bildungen bedeckt.

2. Septarien - Thon.

Nachdem durch eine geognostische Untersuchung der preufsischen Provinz Posen die ausgedehnten und mächtigen Thonmassen bekannt geworden waren, welche von den Thälern der Warthe und Weichsel durchschnitten werden, führte das Vorkommen von Kalknieren, welche in Polen sehr verbreitet sind, in den Thongruben von Hermsdorf bei Berlin zu der Entdeckung von Versteinerungen in diesen Bildungen, welche deutlich darauf hinwiesen, dafs diese Thonlager denen von Hannover, Holland und Belgien zunächst verwandt und wie diese ein ungefähres Aequivalent der London - Thone seien. Man hat seit dieser Entdeckung noch viele Puncte, besonders zwischen Elbe und Oder aufgefunden, wo dieselben Thone mit denselben Versteinerungen vorkommen, so dafs man jetzt mit Bestimmtheit annehmen darf, dafs diese Bildungen im westlichen Theile der norddeutschen Ebene sporadisch sich finden, im östlichen aber, besonders von der Oder an, constant verbreitet sind.

Die norddeutschen Thone sind derselben Art wie die Bildungen, welche man in Belgien besonders bei Tongern, Boom und Baesele findet und nach diesen Localitäten Système tongrien und rupélien genannt hat. Nyst hat die darin vorkommenden Versteinerungen bekannt gemacht und vergleicht die Bildung nach denselben mit dem London - Thone. Indessen hat man später bewiesen, dafs die Versteinerungen nicht völlig mit denen des London-Thones übereinstimmen, und daraus gefolgert, dafs diese Thonbildungen dem Alter nach von dem London-Thon getrennt werden müfsten. Man vergifst, dafs in den späteren Epochen der Erdbildung nicht mehr jene aufserordentliche Gleichheit der Zustände im Meere geherrscht hat, welche früher meist zu gleicher Zeit gleiche Thierformen erscheinen liefs, und man bedenkt nicht hinreichend, dafs je länger, je mehr sich die Mannigfaltigkeit der Geschöpfe verbreitet hat, welche jetzt nur in ganz kleinen Kreisen gleiche Formen in derselben Epoche zur Erscheinung bringt. Doch soll hiermit auch nicht gesagt sein, dafs eine absolute Gleichalterigkeit des Londoner mit dem belgischen und norddeutschen Thone angenommen werden müfste, sondern es soll behauptet werden, dafs die belgischen und norddeutschen Thone im Grofsen und Ganzen als Vertreter der Londoner Thonlager anzusehen sind.

Der Thon dieser Bildungen ist nicht ganz gleich an den verschiedenen Stellen, wo er vorkommt. In den Gegenden zwischen Elbe und Oder, wo er meist keine bedeutende Mächtigkeit erreicht, ist die Beschaffenheit eine gleichförmige, an der Warthe und Weichsel aber, wo er bis 100 Fufs Mächtigkeit und darüber erreicht, lassen sich bestimmt zwei Abtheilungen davon unterscheiden. Die obere zeigt einen zerklüfteten oder bröcklichen Thon, dessen Lagen sich beim Abstechen in viele kleine, keilförmige Stücke lösen, die an der Oberfläche glatt und glänzend sind. Es zeigen die kleinen Stücke von 1 bis 2 Zoll Länge und Breite und ½ bis 1 Zoll Dicke, sogenannte Rutschflächen oder Spiegel, wie sie sich im Thone öfter finden, und in dieser Eigenthümlichkeit liegt ein Grad von Beweglichkeit dieses Thones, der sonst beim Thon nicht vorzukommen pflegt. Trockene Massen desselben rutschen nämlich ebenso leicht, als ob sie halbflüssig wären, während von Wasser durchzogene fest und sicher stehen bleiben. Die Adhäsion, durch das Wasser auf den Kluftflächen vermittelt, hält die einzelnen Stücke aneinander, wo das Wasser aber fehlt, rutschen die glatten Stücke an und über einander fort. Dieser Thon ist meist gelblichgrau und enthält oft kleine Nieren von Kalk, die in rundlichen Knollen von ¼ bis 2 Zoll Durchmesser, in ihm vertheilt sind. Unter ihm tritt ein dunkel bläulichgrauer, fester, seifiger

Thon auf, der zusammenhängend und gleichförmig, oft eine bedeutende Mächtigkeit erlangt. Er ist aufserordentlich fein und plastisch und gleicht in allen Eigenschaften sehr dem Thon, welchen man Argile plastique zu nennen pflegt. Auf der Grenze zwischen beiden Thonarten sieht man in den Warthegegenden, wo sie besonders entwickelt und durch das tiefe Flufsthal aufgeschlossen sind, ein Lager von Kalkstein auftreten. Doch setzt dieses Lager nicht constant fort, sondern wird an andern Stellen durch nierenförmige Ausscheidungen vertreten, welche in diesen Thonlagern, vom Londoner Becken an bis weit nach Polen hinein, bekannt sind. Man hat sie Septarien genannt, weil sie gewöhnlich die Gestalt von Kugelabschnitten haben. Sie bestehen aus einem sehr dichten, gleichförmigen thonigen Kalkstein, der durch einen aufserordentlich ebenen, in's Muschlige übergehenden Bruch ausgezeichnet ist. Im unveränderten Zustande hat er eine blaugraue Farbe wie alle kohlensaures Eisenoxydul enthaltenden Kalksteine, die aber durch lufthaltiges Wasser in eine ockergelbe übergeht. Mitunter enthält er kleine Körner von Schwefelkies. Meist sind die Septarien im Inneren zerborsten und von vielen Klüften durchzogen, die ungefähr gerade gegen die Oberfläche gerichtet sind. Diese Klüfte sind meist mit einer 3 bis 4 Linien dicken Rinde von Kalkspathkrystallen in der Form eines schärferen Rhomboëders, überzogen, auf dem manchmal noch Krystalle von Schwefelkies aufsitzen. Gewöhnlich pflegt der Schwefelkies, der an manchen Stellen in diesen Thonen häufig ist, nicht in dem Kalksteine vorzukommen, sondern nur neben ihnen im Thone, in besonderen kleinen Nieren. Er ist nicht überall vorhanden, findet sich aber hin und wieder von London bis in die Gegend von Kiew. Wo er vorkommt fehlen auch Krystalle von Gyps nicht, die im Thon bei seiner Verwitterung entstanden sind. In England werden die Septarien zur Darstellung von Cement benutzt, in der norddeutschen Ebene hat man, wie es scheint, noch nirgends einen Versuch mit ihnen gemacht, obgleich sie sich wohl eben so gut als die englischen zu dieser Fabrikation eignen werden, da sie die nöthige Menge von Thon und Eisenoxyd neben dem Kalke enthalten.

In die unteren Thone dringen weder die Kalklager noch

die Septarien ein, sondern sie halten sich immer im oberen, der mitunter auch kleine Lagen von Kohlen führt. Doch ist es auffallend, dafs wo diese in kleinen, bröcklichen Lagen von 1 bis 3 Fufs Stärke darin auftreten, niemals Kalklagen oder Septarien sich finden. Auch kommen nirgends bedeutende Kohlenflötze vor, so dafs die ganze Erscheinung, die nur auf einige Puncte an der Warthe und Weichsel und vielleicht an der Oder beschränkt bleibt, als eine lokale erscheint. Der untere Thon enthält nirgends Kohlen. Man hat weder bei Grubenbauten noch bei Bohrlöchern für artesische Brunnen, dergleichen gefunden, wohl aber folgen sie unter dem Thone im Formsande, wie schon oben erwähnt wurde.

Die Lagerung des Thones scheint fast überall eine horizontale zu sein. Er kommt, wie schon oben erwähnt wurde, hauptsächlich dort constant verbreitet vor, wo die Braunkohlenformation horizontal und im tieferen Niveau verbreitet ist. Er fehlt über den älteren Schichten, sobald sie während seiner Bildungszeit sich in bedeutender Höhe im damaligen Meere befanden. Es ist von besonderer Wichtigkeit, dafs er auf dem Muschelkalklager von Rüdersdorf sich nicht findet. Zwar mag er hin und wieder auch wohl mit und auf Braunkohlenbildungen gefunden werden, aber im Allgemeinen liegt er, wo jene erhoben sind, nur in abweichender Lagerung neben ihnen. Freilich sieht man im Thal der Warthe unmittelbar am Ufer des Flusses Lagen des oberen Thons mit Kalk oder Septarien, die sich nicht mehr in horizontaler Lagerung befinden, aber es sind diese Schichten offenbar nur abgerutschte Ränder des Thales, die sich beim Herabsinken verschoben haben, was die sonst unverständliche Angabe der Bergleute vollkommen erklärt, dafs die kleinen Kohlenlagen im oberen Thone stark geneigt vorkommen, während das untere stärkere Flötz vollkommen horizontal liegt. Zwar kann man von manchen Stellen, wo diese Thone vorkommen, wie z. B. von Hermsdorf, Joachimsthal u. a. nicht gerade sagen, dafs der Thon hier nachweisbar an tiefgelegenen Stellen abgesetzt sei, aber da die ganze norddeutsche Ebene später erst erhoben worden ist, so hat man darüber keinen Anhalt, ob dabei diese Stellen nicht bedeutender als andere heraufgeschoben worden sind. Man mufs demnach im Allgemeinen bei dem Satze stehen bleiben, dafs die Lager des Septarienthons nur die allgemeine und keine lokale Erhebung erfahren haben.

Organische Reste haben sich, wie schon oben erwähnt, an vielen Puncten in seinen Lagern gefunden, aber aus den Thonen jenseit der Oder hat man dergleichen noch nicht aufgeführt. Daraus kann man allerdings die Möglichkeit ableiten, dafs dies Thone anderer Art sein könnten, aber es bliebe eine Annahme ohne alle Wahrscheinlichkeit. Die völlig gleiche Beschaffenheit des Thons, das Vorkommen von Schwefelkies und Kalknieren, die Nähe gleichartiger Lager, welche Versteinerungen enthalten, machen es mehr als wahrscheinlich, dafs man in den polnischen Localitäten bei sorgfältigem Nachsuchen dieselben oder doch ganz ähnliche organische Reste auffinden werde. Darum aber die Identität zweier Gebirgsschichten anzweifeln, weil man in der einen noch keine organische Reste gefunden hat, das heifst, den mühsam gewonnenen Boden jetziger Geologie wieder in Frage stellen. Die Puncte, an denen solche mittel-tertiäre Thone, die im Grofsen und Ganzen hierher zu rechnen, bisher aufgefunden sind, ziehen sich von Lüttich, Antwerpen und Belgien über Holland und die Rheinmündung, wo sie in Ober-Yssel und Gelderland, so wie südlich bis in die Gegend von Düsseldorf sich verbreiten, nach den Grenzen von Westphalen. Ueber die älteren Schichten der Kreide verbreiten sie sich jedoch nicht, finden sich daher auch nicht im Becken von Münster, sondern kommen nur im nördlichen Flachlande vor. Zunächst am Rande des Deistergebirges, südlich von Hannover bei Bredenbeck, dann nördlich von Celle bei Walle unweit Bergen, dann bei Lüneburg und Dömitz an der Elbe, vielleicht auch bei Hamburg, Glückstadt und an andern Puncten in Holstein und Meklenburg. Ein merkwürdiges Vorkommen, über das schon viel geschrieben worden ist [1]), das der sogenannten Sternberger Kuchen, gehört ebenfalls hierher. Nur in runden Kuchen fast wie die Septarien vorkommende, versteinerungsreiche Sandsteine, denen des Kelloway rock ganz ähnlich, enthalten einen grofsen Theil der in den

[1]) v. Schlotheim, Graf Münster, L. v. Buch, Kloeden, Boll, Beyrich u. A. m.

beschriebenen Thonlagern vorkommenden Versteinerungen. Am Rande der älteren Triasbildungen des mitteldeutschen Continents und zum Theil auf ihnen findet sich der Thon von Görzig, Biere, Wester-Egeln, Oster-Weddingen, Königshorn und Pitzpuhl. Zwischen Elbe und Oder weiter östlich liegen die Localitäten von Kremmen, Hermsdorf, Joachimsthal, Freienwalde und Bukow und jenseit der Oder die Lager von Finkenwalde bei Stettin und die mächtigen Lager von Polen. An allen diesen Localitäten kommt nicht derselbe Thon vor, auch finden sich darin nicht immer dieselben organischen Reste, so dafs es wahrscheinlich wird, man habe es mit Abtheilungen zu thun, die etwas im Alter verschieden sind. Aber im Grofsen müssen sie alle zu einer Gruppe vereinigt werden, welche man die mitteltertiären Thone nennen könnte, denn sie sind alle jünger, als die eigentlichen Braunkohlen und alle älter, als die darauf folgenden nordischen Bildungen.

Ueber diesen Thonlagen kommt hin und wieder ein weifser sehr reiner Quarzsand vor, der kleine chloritische Körner und etwas weifsen Glimmer führt. Er enthält nur farblosen Quarz in Körnern, die theils etwas gröfser, theils kleiner als Mohnkörner sind, die grünen Körner werden manchmal sehr häufig, wie besonders in den westlichen Gegenden, aber der Glimmer bleibt immer nur sparsam darin. Selbstständig scheint er im Tieflande nicht aufzutreten.

3. Nordische Bildungen.

Die ganze Oberfläche der norddeutschen Ebene wird von einer Bildung bedeckt, deren eigenthümliche Zusammensetzung zugleich aus feinem und grobem Material schon lange die Aufmerksamkeit, selbst oberflächlicher Beobachter, erregt hat. Man sah von Holland bis in die Flächen von Rufsland hinein, das Land gleichmäfsig von Sand- und Lehmschichten gebildet, in welchen theils seltener, theils häufiger abgerundete Blöcke von Gesteinen vorkommen, deren Beschaffenheit nicht erlaubte ihren Ursprung weder an ihrem jetzigen Fundorte, noch in den zunächst gelegenen Gebirgen zu suchen. Bald entdeckte man jedoch eine grofse Uebereinstimmung dieser Irrblöcke mit schwedischen, sogar auch mit finnischen Gesteinen, und mit dem Auffinden der eigenthümlichen, versteinerungsreichen Kalke von der Insel Gothland, war der bestimmte Schlüssel gegeben, um den Ursprung der ganzen Bildung zu erklären. Es waren die Producte der Zerstörung schwedischer und finnischer Gebirgsmassen, welche über die Ostsee fort in das norddeutsche Tiefland verbreitet worden waren.

Man hat sich bis jetzt zu wenig mit diesen interessanten Bildungen beschäftigt, besonders hat man ihre Ausdehnung nicht hinreichend erforscht. Zwar findet sich auf der geologischen Karte des nordwestlichen Deutschlands von Fr. Hoffmann eine Linie, welche die südliche Grenze der Verbreitung nordischer Blöcke bezeichnet und ebenso hat auch Murchison auf seiner geologischen Karte von Rufsland eine solche südliche Grenze aufgetragen, aber es geben diese Linien nicht die Grenze nordischer Bildungen an, sondern sie verbinden nur die äufsersten Puncte, von denen das Vorkommen einzelner nordischer Blöcke noch bekannt geworden ist. Im nordwestlichen Deutschland z. B. ist es mehr als wahrscheinlich, dafs obgleich die einzelnen nordischen Blöcke bis nach Bielefeld sich verbreitet haben, doch die darunter vorkommenden Sand- und Lehmlagen keinen nordischen Ursprung besitzen, und für die eigentliche Anhäufung nordischer Bildungen möchten in jenen Gegenden wohl die Vorberge des Harzes und des Wesergebirges die Grenze bilden.

Genaue Untersuchungen am Flemming sowohl als in der Gegend von Posen haben gezeigt, dafs der Boden der südlicheren Gegenden in der Nähe älterer Gesteine, nicht selten nur an der Oberfläche eine dünne Lage von nordischem Flugsand mit Blöcken, darunter aber andere Bildungen enthält, welche nicht nordischen Ursprungs sind. Es ist nicht selten vorgekommen, dafs einzelne Blöcke weit über ihnen fremde Absätze fortgetrieben worden sind, und man darf daher die Angaben über die Verbreitung nordischer Blöcke nicht mit der Ausdehnung der nordischen Bildungen überhaupt zusammenwerfen. Immer bleibt das Feld, über welches sich die nordischen Bildungen ausbreiten, ein aufserordentlich grofses und es wird nicht leicht eine der jüngsten Bildungen eine so grofse Verbreitung aufzuweisen haben. Denn es ist unzweifelhaft, dafs im nördlichen Holland die nordischen Absätze die ganze Oberfläche zusammensetzen, ebenso wie sie noch jenseit der Dwina auftreten und sich gegen das Petschora-Land verbreiten. Die äufsersten Grenzen gegen Süden wurden vorhin schon angegeben, und so kann man ein Gebiet von circa 40,000 Quadratmeilen als davon bedeckt ansehen.

In ihrer ganzen Ausdehnung hat die Formation den gleichbleibenden Character einer Detritusbildung, nur ist dieser Detritus an manchen Stellen ein reiner Sand, an andern aber Lehm, d. h. ein Gemenge von Thon, Kalk und Sand, in dem Gerölle liegen. Der Sand, welcher dieser Formation angehört und nirgends fehlt, besteht zumeist aus abgerundeten Körnern eines gelblichen durchsichtigen Quarzes, zwischen dem Körner von fleischrothem noch ganz unzersetztem Feldspath inneliegen und mitunter einige kleine schwarze Körnchen, die wahrscheinlich Hypersthen sind. Glimmer fehlt darin, auch enthält er keinen milchweifsen Quarz, noch weniger schwarze Körner von Kieselschiefer. Er wird am allerbestimmtesten durch das Vorkommen des rothen Feldspaths characterisirt, der nirgends fehlt [1]) und schon mit unbewaffnetem Auge leicht zu erkennen ist. Meist bildet er unregelmäfsige, nicht ganz runde Körner, von hell fleischrother Farbe, die noch frisch und durchscheinend sind, mitunter ist er jedoch auch etwas verwittert, mehr weifslich und undurchsichtig. Für einen geübten Mineralogen ist auch die Farbe des Quarzes in hohem Grade bezeichnend, da sie immer jenes eigenthümliche helle Gelb mit einem Stich in's Graue hat, welches bei Quarzen aus Granit und Gneufs häufig vorkommt, wenn sie sich klar finden. Es unterscheidet sich diese Farbe sehr scharf und bestimmt von der milchweifsen Färbung, welche die Quarze aus Gängen des Thonschiefers und der Grauwacke immer besitzen.

Der Mangel solcher milchweifsen Quarze, so wie das Fehlen der Glimmerblättchen unterscheidet diesen nordischen Sand

[1]) Hunderte von Sandproben zwischen Weser und Weichsel zeigen dies unveränderlich. Der Unterschied gegen die älteren Sandarten hat sogar einmal in einem Criminal-Prozesse mit grofser Bestimmtheit feststellen lassen, aus welcher Gegend eine gewisse Sandprobe stammte.

auf das bestimmteste von den älteren Sanden der Braunkohlen und des Septarienthons. Durch diese Zusammensetzung erscheint die Farbe des nordischen Sandes immer erbsgelb, was ihn schon im Ganzen und Grofsen von den älteren Sanden unterscheidet. Aber nicht nur die Zusammensetzung, sondern auch die Gröfse des Korns trennt ihn von denselben, denn während letztere zumeist sehr feinkörnig sind, hat der nordische Sand meist Körner von Mohnkorngröfse. Seltner ist er feiner, selten in gröfseren Mengen gröber. Für das Auffinden der Braunkohlen ist der scharfe Unterschied der nordischen und der Kohlensande von besonderer Wichtigkeit, denn da die Sande der Septarienthone nicht häufig vorkommen, so ist man durch einen feinen weifsen glimmerreichen Sand fast immer auf das Auftreten der Braunkohlenformation hingewiesen.

Der Lehm ist ein Gemenge von Thon, Kalk und Sand, im frischen Zustande, wie nur selten, blaugrau, im verwitterten, wie fast überall, durch den Zutritt lufthaltiger Wässer braungelb gefärbt. Die Farbe ist heller oder dunkler ledergelb, mehr oder weniger in's Graue oder Braune ziehend. Im Bruch ist er erdig, völlig matt, trocken leicht zu zerbröckeln. Ist er thonreich, so ist die Farbe meist dunkler und dann eignet er sich besonders zum Brennen von Backsteinen, wie er denn in der ganzen norddeutschen Ebene das meiste Baumaterial liefert; ist er mehr kalkhaltig, so ist er heller, lockerer, oft von weifsen Mergelstreifen durchzogen, und dann ein gutes Düngungsmittel. Man hat durch dieses Mittel, anhaltend angewendet, die Aecker in vielen Gegenden der Mark Brandenburg aufserordentlich verbessert. Von den Bestandtheilen des Lehms herrscht bald der Thon, bald der Sand vor, so dafs es ganz unmöglich wird zu sagen, was sandiger Lehm und was lehmiger Sand sei, und weil daher Unterschiede der beiden Bildungen an der Oberfläche sich nie scharf angeben lassen, darum erscheint es schwierig, sogar mit Schärfe unmöglich, Grenzen zwischen Lehm und Sand auf Karten aufzutragen. Dazu kommt noch, dafs eine solche geologische Karte nur ein Bild der äufsersten Oberfläche geben würde, unter der schon in 3 bis 4 Fufs Tiefe ganz andere Verhältnisse stattfinden könnten.

Im Sande, wie im Lehm kommen Bruchstücke fremder

Gesteine vor, jene oben erwähnten Geschiebe oder Irrblöcke, die von der Gröfse einer Linse oder Erbse bis zu einem Durchmesser von 20—25 Fufsen sich gefunden haben. Klein und häufig dabei, so dafs sie einen Uebergang in Sand bildeten, finden sie sich jedoch nicht, sondern sie sind immer wesentlich gröfser, als die Sandkörner und nur einzeln zwischen ihnen zerstreut. Am häufigsten wechseln sie zwischen 2 Zoll und 2 Fufs im Durchmesser, denn sowohl die kleineren Stücke, welche, wenn sie häufig sind, Kies oder Grand genannt werden, als auch die gröfseren Blöcke, gehören schon zu den Seltenheiten. Wenigstens ist dies jetzt der Fall, obgleich wahrscheinlich früher, ehe der Strafsen- und Häuserbau dies Material benutzt hat, auch gröfsere Blöcke in gröfserer Zahl vorhanden gewesen sein mögen. Vielleicht wird einmal eine Zeit kommen, wo man einzelne dieser Blöcke, die jetzt noch manchen Acker fast unbrauchbar machen, als Merkwürdigkeiten zeigen wird. Mit den allergröfsten geschieht dies schon jetzt und der Markgrafenstein in den Rauenschen Bergen bei Fürstenwalde, der, als er noch ganz war, 24—25 Fufs im Durchmesser hatte, aus dessen gröfserem Theile die Schaale im Lustgarten zu Berlin gearbeitet ist, war als ein solches Landeswunder von Alters her berühmt.

In manchen Gegenden sind die gröfseren Gerölle zu mauerartigen Wällen angehäuft. Leider hat man diese Erscheinung noch nicht in vielen Gegenden verfolgt, aber aus dem nördlichen Theile der Mark, aus Meklenburg und Pommern kennt man sie. Der südlichste dieser Geschiebezüge geht aus der Gegend vom Goldberg in Meklenburg über Fürstenberg, Joachimsthal und Chorin nach Oderberg an der Oder; der in N.O. folgende beginnt bei Bützow in Meklenburg und zieht sich am Malchiner See vorbei, südlich von der Tollense über die Uker-Seen fort nach Schwedt; er läfst sich 20 Meilen weit ununterbrochen verfolgen; der nördlichste fängt südöstlich von Sülz an und hört zwischen Pasewalk und Ukermünde auf. In der Richtung des letzteren Zuges fallen ähnliche Vorkommen in der Nähe von Landsberg an der Warthe. Alle drei streichen völlig parallel mit einander zwischen W.N.W. und N.W. zu O.S.O. und SO. Dafs ähnliche Geröllager noch nicht mehr beachtet und verfolgt worden sind, hat seinen Grund darin, dafs sie meist unter der Oberfläche liegen; manchmal machen sie sich zwar an der Oberfläche durch das zahlreiche Vorkommen von Blöcken bemerklich, in andern Fällen aber sind sie ganz unter dem losen Sande oder im Lehme versteckt. Bemerkenswerth ist, dafs die Richtung der angeführten Geschiebewälle mit der Richtung der Flüsse und der Küste in Vorpommern zusammenfällt, was vielleicht darauf hindeuten könnte, dafs durch die ersteren ehemalige Strandlinien bezeichnet würden. Mitunter finden sich grober Sand und kleine Geschiebe zu Kieslagern vereinigt, die an manchen Stellen statt der Lehmlage aufzutreten pflegen, doch sind diese Anhäufungen immer nur auf einzelne Puncte beschränkt, so dafs man deutlich sieht, wie sie lokalen Ursachen, wie etwa der Bildung einer kleinen Bank im seichten Gewässer, ihren Ursprung verdanken.

Die mannigfaltigsten Gesteine setzen die Geschiebe zusammen, und bei dem ersten Anblick erscheint es schwer einen Ueberblick über die grofse Verschiedenheit zu gewinnen, indessen ordnen sie sich bald in gewissen Gruppen. Zunächst müssen krystallinische oder plutonische und geschichtete oder neptunische Gesteine getrennt werden, und dann unter den ersteren granitische, porphyrische, Augit- und Hornblendegesteine; unter den letzteren Uebergangs-, Jura-, Kreide- und Tertiärgesteine. Das Fehlen gewisser Gebirgsarten ist eben so characteristisch als das Vorkommen anderer, und daher mufs man anführen, dafs Klingstein, Trachyt, Basalt und Dolerit, so wie alle Varietäten dieser Gesteine fehlen und ebenso Gesteine aus der Zechstein- und Triasformation. Zwar finden sich unter den Geschieben mitunter einzelne Proben der angeführten Arten, aber diese gehören dann nicht zu den nordischen Bildungen, sondern stammen von Süden her.

Unter den krystallinischen Gesteinen ist das bei Weitem am häufigsten vorkommende der Gneufs. Man hat zwar gemeint, dafs der gröfste Theil der nordischen Geschiebe aus Granit bestände, indessen überzeugt eine genaue Untersuchung bald davon, dafs dies nicht der Fall ist. Granit und Gneufs sind einander oft so ähnlich, dafs der Unterschied nur an gröfseren Stücken sichtbar wird und darin zu finden ist, dafs beim

Gneuſs die Lage der Glimmerblättchen in paralleler Richtung sichtbar wird. Freilich bleibt dies Kennzeichen oft so versteckt, daſs es an Handstücken kaum zu erkennen ist. So hat man bisher die Schaale, welche in Berlin vor dem Museum steht, sowie die Säule am Schlosse daselbst für Granit angesehen und dennoch kann kein Zweifel obwalten, daſs beide aus Gneuſs bestehen. Im Allgemeinen kann man sagen, daſs die gröſsten Geschiebeblöcke aus Gneuſs zu bestehen pflegen. Groſse Mannigfaltigkeit herrscht in den einzelnen Gneuſsblöcken in Bezug auf Farbe, Korn und relatives Verhältniſs der einzelnen Gemengtheile, doch zeigen die meisten, sobald sie deutlichen Feldspath führen, diesen von röthlicher Farbe, fast immer ist der Quarz trüb weiſs und der Glimmer schwarz. Häufig kommt ein schwarzer Gneuſs vor, der bläulich rothe Granaten enthält. Er besteht aus vielem schwarzen glänzenden Glimmer, wenig blaſsgelblichem Feldspath und aus grauweiſsem Quarz, zwischen denen die Granaten von den kleinsten Körnern bis zur Gröſse eines Kindskopfs inneliegen. Dieser Gneuſs ist in der ganzen Mark verbreitet und in neuerer Zeit zu auſserordentlich schönen Platten und Vasen verschliffen worden.

Der Granit, welcher sich findet, variirt noch mehr in allen seinen Eigenschaften als der Gneuſs, bald führt er einerlei Feldspath, bald zwei verschiedene Arten, zumeist ist wohl der Feldspath röthlich und der Glimmer schwarz, aber nicht selten ist der Feldspath weiſs und der Glimmer braun oder gelb, nur der Quarz zeigt wenig Farbenwechsel, er ist immer gräulich, bald in's Blaue, bald in's Röthliche sich neigend. Am häufigsten sind dunkelröthliche Gesteine, die wenig schwarzen Glimmer enthalten. In einigen Gegenden scheint eine besondere Art von Granit mehr verbreitet, als an andern Stellen, wie z. B. in der Gegend von Prenzlow, wo so viele groſse Blöcke von rothem Granit vorkommen, daſs auf dem Kirchhofe der Stadt sehr viele Gräber mit groſsen 5 Fuſs langen und 3 Fuſs breiten Granitplatten bedeckt sind, die alle aus demselben Granit zu bestehen scheinen. Eine groſse Zahl von fremden Mineralien kommt in den Granitgeschieben vor, von denen jedoch die gewöhnlichen Begleiter des Granits am häufigsten sind, nämlich: Granat, Epidot, Turmalin und Hornblende, einige der seltener darin vorkommenden sind aber characteristisch für die Abstammung der Gesteine, wie Apatit, Spodumen, Orthit, Pyrorthit, Gadolinit und Zirkon.

Neben diesen beiden am meisten verbreiteten Gebirgsarten treten Diorit- und Hyperitgesteine noch sehr verbreitet auf, wenn sie auch nicht so zahlreich vorzukommen pflegen, als die vorerwähnten. Sie unterscheiden sich von den andern Gebirgsarten ganz besonders durch ihre dunklen Farben und ihr meist sehr feines Korn. Dagegen ist der Unterschied zwischen beiden Gesteinen nicht leicht festzuhalten, da Hornblende und Hypersthen, Oligoklas und Labrador wenig von einander verschieden sind. Im Allgemeinen kann man sich danach richten, dafs milchweifser, trüber, wenig blättriger Oligoklas den Diorit, und farbloser, glänzender in feinen Tafeln krystallisirter Labrador den Hyperit characterisiren. Aufserdem ist der Hypersthen selten so scharfblättrig, als die Hornblende und die letztere neigt sich in ihren Farben mehr in's Grüne, während die Hypersthengesteine rein schwarz oder etwas bräunlich sind. Beide Gesteinsarten werden von den practischen Geologen, d. h. den Steinklopfern an den Chausséen, sehr geschätzt, da sie wegen der aufserordentlichen Zähigkeit ihrer Masse besonders geeignet sind als Ambofs zum Zerschlagen der spröderen Gesteine zu dienen. Fast nie wird man einen solchen gröfseren Block neben den Haufen zerkleinerter Chausséesteine liegen sehen, der nicht schon von Weitem durch die schwärzliche Farbe seine Natur verriethe.

Nächstdem ist noch der Feldspathporphyr ein verbreitetes Gestein der Geschiebe, das gewöhnlich in einer dunkelbraunen Grundmasse blafsrothe Feldspathkrystalle, so wie kleine Quarze, eingeschlossen zeigt, nächst ihm Syenit, Hornblendeschiefer, Glimmerschiefer, Quarzfels, körniger Kalk und Augitporphyr. Wollte man ungefähr ein Zahlenverhältnifs für die relativen Mengen der krystallinischen Gesteine angeben, so würde sich 50 Procent Gneufs, 25 Procent Granit, 5 Procent Diorit und Hyperit und 10 Procent der übrigen Gesteine annehmen lassen. Im Ganzen 90 Procent aller Geschiebe.

Aufser den krystallinischen Gesteinen finden sich auch die Reste geschichteter, versteinerungsführender Gebirgsarten. Thonschiefer und Grauwacke sind selten, indessen kommen sie vor, häufiger und allgemeiner verbreitet sind Geschiebe von Kalkstein, welche der Uebergangsformation angehören. Schon im Aeufsern unterscheiden sie sich leicht von den ungeschichteten Massen, denn da jene aus mehreren Mineralien zu bestehen pflegen, die auf verschiedene Weise dem Einflufs des Wassers und der Luft widerstehen, so ist ihre Oberfläche in der Regel nicht glatt, die weicheren und gleichförmigeren Kalksteine dagegen zeigen immer ganz ebene Seiten und gleichmäfsig abgerundete Kanten. Diese Kalksteine, welche wohl der Zahl nach 3 — 4 Procent der gesammten Gerölle ausmachen, fehlen, obgleich gröfsere Blöcke davon eine Seltenheit sind, doch nie, besonders wenn man die kleineren Stücke sorgfältig untersucht. Wären nicht schon, wie oben erwähnt, schlagende Zeugnisse für die Abkunft der ganzen Formation von Norden vorhanden, so würden diese Kalksteine den unwiderleglichen Beweis davon liefern, denn theils sind sie völlig identisch mit den Gesteinen, welche auf der Insel Gothland vorkommen, theils gleichen sie den Uebergangskalken aus dem südlichen Schweden. Am verbreitetsten scheint, wenigstens zwischen Elbe und Weichsel ein blaugrauer Kalk von grofser Festigkeit, wie er auf Gothland die Hauptmasse der Insel ausmacht. Dieser Kalk enthält alle jene wohl erhaltenen und merkwürdigen Versteinerungen, welche von Gothland bekannt sind. Ein anderer Kalk, bald grau, bald roth gefärbt, der leicht nach seinen Schichtungsflächen sich spalten läfst, gleicht jenen Kalken, die von Schoonen als Platten ausgeführt werden. Er ist ausgezeichnet durch Orthoceratiten und Trilobiten, welche häufig in ihm vorkommen. Mitunter findet sich ein eigenthümlicher brauner oder gelblicher Kieselkalk, der in der Regel äufserlich verwittert ist, so dafs man nur im Innern einen Kern von blaugrauem sehr festem Gestein findet. Die Stücke sind meist auf der Oberfläche glatt und scharfkantig, trotzdem dafs die Rinde löcherig, weich und bröckelig ist. Diese Eigenthümlichkeit rührt daher, dafs aus dem kieseligen Kalk der Kalk ausgewaschen und nur ein Skelet von braunlicher Kieselmasse zurückgeblieben ist, das sehr porös erscheint und die Steinkerne und Abdrücke von Versteinerungen auf das Zarteste erhalten zeigt. Die Stücke sind manchmal auch völlig ausgewaschen, so dafs jeder festere Kern fehlt, und dann sehr leicht und scheinbar erdig, so dafs man sie schon für Mergel angesprochen hat. Hin und wieder finden sich unter den Geschieben rothe oder bunte Sandsteine, die an einigen Stellen, wie bei Trebus unweit Fürstenwalde und in der Gegend von Werneuchen sogar das herrschende Gestein unter denselben werden. Bei Trebus hatte man geglaubt, von diesem Vorkommen an der Oberfläche auf anstehendes Gestein schliefsen zu müssen, aber nähere Untersuchung zeigte, dafs dies nicht der Fall ist. Es ist ein bald gröberer, bald feinerer Sandstein von dunkelbläulich-rother Farbe, der manchmal auch weifse Streifen zeigt. Die Quarzkörner sind durch ein thoniges Bindemittel verkittet, das selten in grofser Menge auftritt, dann aber von hellrother oder weifslicher Farbe ist und damit den ganzen Sandstein wesentlich von dem Rothliegenden unterscheidet, dem man ihn hat zurechnen wollen. Es wird daher dieser rothe Sandstein wohl dem jüngern Sandstein der Grauwackengruppen, dem sogenannten Old red zuzurechnen sein, um so mehr als in Westmanland Sandsteine dieses Alters vorkommen, welche vollständig mit den norddeutschen übereinstimmen. Nach einigen Angaben sollen in Holstein, sowie in Meklenburg Geschiebe von Muschelkalk vorgekommen sein. In Holstein würde die Thatsache eher Wahrscheinlichkeit haben als in Meklenburg, aber in beiden Orten scheint es noch nicht völlig erwiesen, dafs der dort gefundene Muschelkalk wirklich von Irrblöcken herstammte. Geschiebe aus den Schichten der Juragruppe gehören an einigen Puncten nicht zu den Seltenheiten, im Allgemeinen aber kommen sie nur sehr vereinzelt vor. Es scheint, dafs sie in den nördlichen Gegenden häufiger sich finden, als in den südlichen, denn aus Preufsen, Pommern, Meklenburg, aus der Priegnitz, Uckermark und Neumark werden sie nicht selten angeführt, aber nie sind sie bisher in den südlichen Theilen der Mark oder in der Lausitz, selbst bei aufmerksamem Nachsuchen gefunden worden. Der Grauwackenkalk dagegen kommt überall vor. Der letztere liegt aber auch im Lehm, was von den Jurageschieben nicht wahrscheinlich ist, denn, wenn man absichtlich darauf achtet, so findet man sie nie in Lehmgruben, sondern nur im

Sande. So ist es auch in den Gruben am Kreuzberg bei Berlin, wo in der Lehmgrube keine Juragesteine vorgekommen sind, während man in den dicht darüber liegenden Kiesgruben sicher sein kann, bei jedem sorgfältigen Nachsuchen auf mehrere Blöcke derselben zu stofsen. Es steht diese Verbreitung im obersten Kies und Sande wohl mit der geographischen Lage der Puncte in Verbindung, von welchen diese Jurabrokken verbreitet worden sind. Denn, wenn man nicht zweifeln kann, dafs alle Geschiebe von den Hochgebirgen Schwedens und Finnlands stammen, so finden sich vor diesen Gebirgsstöcken im Süden vorliegend auch Puncte, welche Juragesteine enthalten, die mit den Rollsteinen der Ebene völlig übereinkommen. Wahrscheinlich sind daher die Jurageröfle bei dem allmäligen Aufsteigen des nordischen Continents erst später zur Verbreitung gekommen, als die Proben des höher gelegenen, grofsen Gebirgskerns, der aus Gneufs, Granit und Grauwackengesteinen besteht. Sie sind daher in dem flacher und kleiner gewordenen Meere auch nicht so weit nach Süden verbreitet worden, als die ersteren. Von solchen Puncten sind noch Popilani an der Windau und Bornholm für uns sichtbar. Popilani beweist seine Gleichheit durch die Versteinerungen, welche in dem dortigen Kalksteine vorkommen und bis in's Einzelnste mit denen der märkischen Findlinge stimmen, Bornholm aber durch das Gestein eines kalkigen, weifsen, Glimmerführenden Sandsteins, obgleich sich keine Versteinerungen darin finden. Selten kommen Jurablöcke von bedeutender Gröfse vor, der gröfste derselben, der 3½ Fufs Durchmesser hatte, ist in der Uckermark gesehen worden, meist wechseln sie zwischen 4 Zoll und 1 Fufs, denn ganz kleine, wie man sie beim Grauwackenkalk bis zu 4 und 3 Linien findet, kommen nicht vor. Das hat wohl seinen Grund darin, dafs das Gestein sehr leicht verwittert. Am häufigsten ist nämlich ein blafsgrauer Kalk, der vielen Sand und meist auch Reste von Muscheln, besonders von kleinen Zweischalern enthält. Frisch ist er hart und zähe, aber der eingemengte Sand, so wie ein Gehalt von kohlensaurem Eisenoxydul macht ihn der Zersetzung sehr zugänglich, indem sich Eisenoxydhydrat bildet und die freigewordene Kohlensäure den kohlensauren Kalk auflöst, so dafs nur ein lockeres Gemenge von Ocker, Sand und Muschelschalen zurückbleibt, das oftmals einen noch festen Kern von frischem Gestein umgiebt. Die Jurageschiebe enthalten in der Regel Versteinerungen, oft sehr viele und wohlerhaltene, die manchmal noch mit perlmutterglänzender Schaale vorhanden sind. Sie stimmen zunächst mit den im Kelloway-rock in England vorkommenden überein.

Von den Gesteinen der Kreideformation finden sich überall, wo nur Geschiebe vorkommen, die Feuersteine, ja sie bezeichnen diese Bildungen in Gegenden, die aufser ihnen keine andere Spur nordischer Gerölle enthalten. In Form und Farbe variiren sie sehr. Meist sind es Bruchstücke ehemaliger Knollen von unregelmäfsig ausgehöhlter, vieleckiger Gestalt, manchmal aber auch völlig abgerundete Gerölle von Kugel- oder Eiform. Theils haben sie eine blafsgraue oder graugelbe Farbe, theils sind sie fast schwarz. Am besten lassen sich alle verschiedene Farben, als Abänderungen dessen, was man rauchgrau nennt, zusammenfassen. Manchmal ist die Farbe der Oberfläche verändert, besonders in's Bräunliche und Gelbe, während das Innere grau geblieben ist. Mitunter haben sie eine weifse Rinde, die man fälschlich für Kreide gehalten hat, die aber verwitterter Feuerstein, also Kieselerde ist. Auffallend ist es, dafs die Feuersteine meist zertrümmert sind, was schwer erklärlich wäre, wenn nicht die oben angeführten Vorkommen in Schollen weifser Kreide die Erklärung hierfür gäben. Sonst finden sich noch Kalksteine der Kreidebildungen und von diesen besonders die festen grauen Varietäten. Je näher man den anstehenden Kreidegesteinen kommt, desto häufiger finden sich die Bruchstücke derselben. Auf den dänischen Inseln, Schleswig und Holstein sind sie sehr häufig, auch in Meklenburg und Pommern kommen sie gewöhnlich vor, aber je weiter nach Süden und Osten man sich entfernt, um desto seltener werden sie. Die grofsen Blöcke, welche in Holstein und Meklenburg nicht selten sind, müssen als Felsstücke betrachtet werden, welche, abgerissen vom ursprünglichen Fundorte, auf einige Entfernung fortgeflöfst worden sind. An der freien Luft haben sich solche Blöcke nicht erhalten, aber man hat sie an vielen Puncten im Sande unmittelbar unter der Oberfläche gefunden, in der Regel durch ihre Mächtigkeit zuerst zu dem Glauben verleitet, man habe ein Kreidelager entdeckt. Was in den südlichern Gegenden von Kreidegeröllen vorkommt, besteht besonders in weifsen oder blafsgelblichen Kalken von mattem, erdigen Bruch, die sehr zähe sind, nur wenig abfärben, viel härter sind als die Schreibkreide und schon durch diese Eigenschaften ihren starken Kieselgehalt verrathen; aufserdem kommen auch graue, thonige, mehr plänerartige Gesteine vor, die mitunter grüne Körner enthalten, wie der Grünsand, und immer wie die vorerwähnten Kalke, einen nicht unbedeutenden Kieselgehalt zeigen. Aufser den angeführten Gesteinen finden sich einige Versteinerungen aus der Kreide häufig, lose im Sand und Lehm, von denen besonders die Steinkerne einiger Seeigel-Arten in Feuerstein und die Belemnitenspitzen zu nennen sind. Erstere werden vom Volke gewöhnlich Krötensteine, letztere Donnerkeile genannt.

Aus der Tertiärformation, die in Nord-Europa, wie schon oben erwähnt wurde, nicht viel feste Gesteine geliefert hat, kommen nur zwei Gesteinsarten vor, welche erwähnt zu werden verdienten, nämlich ein brauner Sandstein und ein weifser, von letzterem ist es jedoch nicht bestimmt erwiesen, dafs er zu dieser Formation gehört. Der braune Sandstein, auch Braunsandstein genannt, ist auch unter dem Namen der Sternberger Kuchen bekannt, weil er sich in der Gegend des Städtchens Sternberg in Meklenburg besonders häufig und in der Gestalt rundlich flacher Geschiebe gefunden hat. Er ist theils graulich, theils gelblich braun, feinkörnig und durch Kieselmasse und Eisenoxyd ziemlich fest verbunden. Er führt in der Regel eine grofse Menge wohlerhaltener Versteinerungen, deren schon oben Erwähnung geschah, die ihn als nahe mit dem Septarienthon verbunden bezeichnen. Wo die Stelle zu finden sei, an welcher er ursprünglich angestanden, weifs man bis jetzt noch nicht. Doch hat man in neuester Zeit in der Nähe von Stettin ein ganz ähnliches Gestein anstehend gefunden.

Der weifse Sandstein ist sehr feinkörnig, von unebenem Bruche, nur aus weifsem meist durchsichtigem Quarze gebildet. Er ist gelblich oder graulich, weifs mit vielen dunkelbraunen oder schwarzen Flecken, die meist von Erbsengröfse sind, aber auch gröfser und kleiner vorkommen. Diese Flecken sind unregelmäfsig vertheilt und scheinen von einer bituminösen Substanz herzurühren. Er ist gewöhnlich sehr mürbe, so dafs man von scharfkantigen Stücken oft mit der Hand die Ecken abbrechen kann. Er scheint aus der Braunkohlenformation herzurühren. Aufserdem werden hierher wohl auch die thonigsandigen Sphärosiderite gehören, welche nicht selten unter den Geschieben, besonders in der Mark Brandenburg, vorkommen. Niemals findet man das Gestein auf der Aufsenfläche frisch, sondern immer mit einer mehr oder weniger dicken Schaale von sandigem Brauneisenstein, sogenanntem Thoneisenstein, umgeben. Wenn man diese Schaale absprengt und einen frischen Bruch des aufserordentlich festen und zähen Gesteins hervorbringt, so zeigt es auf diesem eine graue Farbe, die immer mehr oder weniger in's Olivenbraune spielt und gegen die Schaale hin oft concentrische braune Streifen zeigt. Die Grundmasse ist ein Gemenge von Kalk und kohlensaurem Eisenoxydul, in welches feiner Sand und häufig auch kleine weifse Glimmerblättchen eingemengt sind. Tritt Luft- und Kohlensäurehaltiges Wasser an das Gestein, so wird der Kalk und das Eisenoxydul gelöst und letzteres in Oxyd verwandelt. Es geht derselbe Procefs vor sich, dessen oben bei den Jurageröllen erwähnt wurde, aber da hier viel mehr Eisenoxydhydrat sich bildet, so bleibt der Sand nicht lose, sondern wird durch dasselbe zu einer harten Schaale verkittet. Da die Schaale jedoch nicht völlig wasserdicht ist, so dringt durch sie das Wasser immer wieder zu dem Kerne des Geschiebes heran und bildet neue Mengen von losem Sande und von Eisenoxyd, die sich zu neuen Lagen vereinigen. Warum absetzende Lagen, deren man oft viele übereinander sieht, sich bilden, und nicht eine gleichförmige Masse entsteht, ist nicht ganz klar. Manchmal bleibt ein Kern in den Schaalen, welcher wesentlich kleiner ist, als die Hülle und dann nennt das Volk dies: Klappersteine oder Adlersteine. Dergleichen wurden früher als Arzneimittel und Amulete geschätzt.

Noch viele Arten von Gesteinen, sowie manche interessante Mineralien kommen vereinzelt unter den Geschieben der Ebene vor, und das Studium derselben ist daher dem Anfänger in jenen Gegenden, wo es keine anstehende Gesteine giebt, sehr zu empfehlen, hier würde es indessen zu weit führen, sich auf dieselben einzulassen, um so mehr als sie Klöden höchst sorgfältig zusammengestellt hat.

Mitunter finden sich auch Knochen und Zähne grofser vorweltlicher Thiere im Sande und Lehm der nordischen Formation und diese sind manchmal noch so fest, dafs z. B. ein Elephanten-Backzahn lange Zeit in Potsdam als Pflasterstein gedient hat, bis Herr Klöden denselben erkannte und aus seiner unwürdigen Lage befreite. Es sind besonders Backen- und Stofszähne von Elephanten, so wie Knochen von denselben und vom Rhinoceros, welche nicht sehr selten aufgefunden werden. Sie erhalten sich in den feuchten Erdschichten sehr wohl, zerfallen aber in der Regel leicht, wenn sie an der Luft liegen und austrocknen.

Auch bituminöses Holz kommt häufig vor, ohne dafs man darum Ursache hätte, wie oft vermuthet worden ist, Braunkohlen in diesen Bildungen zu suchen. Ebenso findet sich der Bernstein in denselben Lagen aufserordentlich weit verbreitet. Oft ist er begleitet von einigem bituminösen Holze. Aus solchem Zusammenvorkommen hat sich der Glaube verbreitet, dafs der Bernstein zur Braunkohlenformation gehöre, allein es ist nicht schwer nachzuweisen, dafs dies durchaus nicht der Fall ist [1]).

Gehörte der Bernstein zur Braunkohlenformation, so müfste man zunächst erwarten, ihn in den Braunkohlen selbst zu finden. Es werden jetzt, wie oben angeführt, ungefähr eine Million Tonnen Braunkohlen jährlich allein in der Mark Brandenburg gewonnen, doch weder hier, noch in den übrigen Braunkohlen Deutschlands hat man bisher nirgendwo ein als Bernstein nachweisbares Harz gefunden. Allerdings kommen Harze in den Braunkohlen vor, so in der Gegend von Halle und

[1]) Siehe Göppert und Girard Zeitschrift der geologischen Gesellschaft 1850. Heft II. p. 74. In der neuesten Zeit hat die ausgezeichnete Arbeit von Göppert über die Bernstein-Flora den Glauben völlig zerstört, dafs der Bernstein irgendwie mit den Braunkohlen zusammenhangen könnte. Siehe Sitzungsberichte der Berliner Academie. 1853. p. 450.

Magdeburg, aber man hat in diesen Harzen schon längst erkannt, dafs sie kein Bernstein sind und sie daher Retinit genannt. Dahin gehören denn auch die Harze, welche in kleinen Körnern von $\frac{1}{2}$—3 Linien circa mitunter recht zahlreich in der Braunkohle der norddeutschen Ebene eingesprengt vorkommen. Man hat sie besonders deutlich bei Perleberg, Grüneberg und Muskau gefunden. Um einen bestimmten Anhalt für diese Behauptung zu haben, hat Herr Bunsen die Güte gehabt, noch während seines Aufenthalts in Marburg durch Herrn A. Streng eine Untersuchung von Bernstein und ihm verwandten Harzen machen zu lassen, deren Resultate Hr. Streng mir gefälligst zur Disposition gestellt hat:

1. Bernstein von Spandau bei Berlin:

Kohlenstoff . .	76,42
Wasserstoff . .	10,31
Sauerstoff . . .	13,27
	100,00.

2. Bernstein von Lemberg in Gallizien:

Kohlenstoff . .	73,62
Wasserstoff . .	9,00
Sauerstoff . . .	17,38
	100,00.

3. Retinit von Alten-Weddingen bei Magdeburg:

Kohlenstoff . .	82,80
Wasserstoff . .	10,60
Sauerstoff . . .	6,60
	100,00.

Sehr auffallend ist bei diesen Analysen der Unterschied in den Kohlenstoff- und Sauerstoffmengen beim Bernstein und beim Retinit. Während der Bernstein nicht 76,5 an Kohlenstoff erreicht, geht der Retinit bis fast 83, und während der erste über 13 Sauerstoff giebt, hat der letztere nur etwas über 6,5 bei ungefähr gleichen Wasserstoffmengen. Dafs indessen beide Harze Variationen in der Zusammensetzung bei verschiedenen Vorkommen, wohl auch bei verschiedenen Stücken zeigen werden, wird nach der Analyse des Bernsteins von Lemberg, welcher unter andern Verhältnissen, als der von Spandau vorkommt, schon wahrscheinlich. Doch bleiben die Unterschiede, besonders im Sauerstoffgehalt, grofs genug um verschiedene Gruppen von einander zu trennen.

Aufser den aufgeführten Elementar-Analysen, welchen die des Harzes aus den Braunkohlen von Perleberg nicht beigefügt werden konnte, da die Substanz nicht rein genug und in gehöriger Menge erhalten werden konnte, wurden einige Versuche gemacht, um das Dasein oder Fehlen der Bernsteinsäure in diesen Harzen festzustellen. Man destillirte hierzu einen kleinen Theil der Substanz, zog das Destillat mit Wasser aus und liefs den Auszug auf einem Uhrglase über Chlorcalcium abdampfen.

Der Bernstein von Spandau gab auf dem Uhrglase einen bedeutenden Rückstand, der den sehr characteristischen Geschmack der Bernsteinsäure zeigte. Beim Verdampfen des Rückstandes entstand der durchdringende, zum Husten reizende Geruch, welcher dem Dampf der Bernsteinsäure eigenthümlich ist. Der wässerige Auszug des Destillats aus dem Bernsteine von Lemberg liefs einen bedeutenden Rückstand, welcher den Geschmack der Bernsteinsäure ganz unverkennbar zeigte und beim Verdampfen denselben Geruch entwickelte, wie der Bernstein von Spandau. Der Retinit von Alten-Weddingen gab einen wässerigen Auszug des Destillats, der auf dem Uhrglase nur einen sehr geringen Rückstand hinterliefs, welcher ganz geschmacklos war und auch den Geruch der Bernsteinsäure nicht zeigte. Das Harz aus den Braunkohlen von Perleberg wurde möglichst rein ausgesucht und destillirt. Der Auszug des Destillats gab einen geringen Rückstand von bitterlichem, durchaus nicht der Bernsteinsäure ähnlichen Geschmack. Von dem Geruche derselben war beim Erhitzen keine Spur zu bemerken. Bei dem aufserordentlich eigenthümlichen Geschmack der Bernsteinsäure, der selbst von den kleinsten Quantitäten merklich wird, schlägt Bunsen vor, zur Prüfung eines fossilen Harzes auf Bernsteinsäure, eine ganz kleine Menge in einer Glasröhre zu erhitzen, einen Tropfen Wasser über das Sublimat laufen zu lassen und diesen auf die Zunge zu nehmen. Der Geschmack der Bernsteinsäure soll nicht zu verkennen oder zu verwechseln sein.

Nach den angegebenen Versuchen stellt sich heraus, dafs

das gelbe durchsichtige Harz in den Braunkohlen von Perleberg kein Bernstein ist und wahrscheinlich werden die ganz ähnlichen und ähnlich vorkommenden Harze von Muskau und Grüneberg ebenfalls kein Bernstein sein. Es wäre auch unbegreiflich, weshalb der Bernstein in den Kohlen so selten und nur in so kleinen Mengen vorkäme, während man doch jährlich viele tausend Pfunde in viel gröfseren Stücken aufser den Kohlenlagern findet. Man könnte hier das Vorkommen von Gold zum Vergleich anführen, das nur lose in grofsen Stücken und Mengen, aber nie so reichlich in anstehendem Gestein gefunden wird, aber das Beispiel pafst nicht ganz.

Wenn man genau nachforscht, an welchen Stellen und in welchen Schichten der Bernstein gefunden wird, so bestätigt sich das oben Gesagte. Stammte er aus den Braunkohlen, so wäre es natürlich, wenn er sich in den Gegenden am häufigsten fände, wo deren Lager zu Tage ausgehen, aber dies ist nicht der Fall. Er findet sich überall in der norddeutschen Ebene, sogar weit über dieselbe hinaus über ganz Deutschland und Frankreich verbreitet. Einzelne Vorkommen kennt man aus Spanien, Sicilien, England und Schottland, aus Rufsland, Sibirien bis Kamtschatka, China, Nordamerika, sogar aus Grönland und Madagascar.

Leider hat man bisher noch keine genaue Untersuchung seines Vorkommens in Preufsen, wo er sich, wie bekannt, in gröfster Menge findet [1]), daher kann man nur auf das fufsen, was an andern Stellen genau und zuverlässig beobachtet worden ist. Herr Göppert führt an, dafs er Fundorte von Bernstein in Schlesien kennt, in denen derselbe immer in den jüngsten Bildungen vorkommt. Was von seinem Vorkommen in der Mark Brandenburg, in Meklenburg und Pommern bekannt

[1]) Zwar sind recht schätzenswerthe Beiträge zur Kenntnifs seiner verschiedenen Fundstätten in Preufsen von Ayke, Berendt, Thomas u. A. vorhanden, aber noch keine Arbeit, welche mit Bestimmtheit nachweise, zu welcher Abtheilung die Sand- und Thonbildungen gehören, in denen er sich dort findet. Eine einfache Untersuchung des begleitenden Sandes würde hinreichen zu bestimmen, ob er den nordischen oder den älteren Schichten angehöre. Möchten diese Zeilen dazu mitwirken eine so leichte Untersuchung zu veranlassen.

geworden ist, bestätigt diese Beobachtung vollkommen. Er ist in diesen Gegenden meist in der obersten Sandbedeckung und nur ausnahmsweise in dem darunter liegenden Lehm gefunden worden. Ueberhaupt hat man zwar Angaben darüber, dafs Bernstein in Lehmgruben gefunden, aber keinen Nachweis, ob er in der Lehmlage selbst oder in der darüber liegenden Ackerkrume vorgekommen ist. Unbestreitbar ist es von allen Localitäten nachzuweisen, dafs er sich nicht in den Schichten der Braunkohlenformation gefunden hat. Im übrigen Deutschland, auch in Gegenden, welche nie von den Bildungen der norddeutschen Ebene berührt worden sind, findet sich Bernstein in den jüngsten Bildungen der Oberfläche.

Wenn man annehmen mufs, dafs die nordischen Bildungen eine Meeresbildung von Norden stammend sind, so mufs der Bernstein, welcher sich darin findet, entweder mit ihnen im Norden entstanden sein, oder er mufs von Süden stammen, von wo er zu gleicher Zeit wie die nordischen Bildungen in's Meer gelangte, oder endlich er ist während und nach ihrem Absatze auf oder in ihnen entstanden und bewahrt worden. Welcher von den erwähnten Annahmen der Vorzug gegeben werden müsse, ist jetzt noch nicht zu sagen.

Der Bernstein, wo er in der norddeutschen Ebene auch gefunden wird, hat immer dieselben Eigenschaften. Er ist theils klar, theils trüb und von blafsgelb bis dunkelbraun gefärbt. Wenn von weifsem oder schwarzem Bernstein gesprochen wird, so ist wohl damit nur ganz hellgelber oder sehr dunkelbrauner gemeint, was wirklich weifs oder schwarz ist, möchte wohl kein Bernstein sein. Nach den sorgfältigen Untersuchungen über die Natur des Harzes und die Beschaffenheit der pflanzlichen Reste, welche es oftmals eingeschlossen enthält, ist der Bernstein das Harz eines Nadelbaumes, theils aus dem Stamme, theils aus den Wurzeln ausgeflossen, welches durch langes Liegen in den feuchten Schichten der oberen Erdrinde einige Veränderungen in seiner Zusammensetzung und Beschaffenheit erfahren hat. Wie bekannt finden sich nicht selten sehr wohl erhaltene Insecten darin, deren Arten aber von den jetzt lebenden verschieden sind. Ein deutlicher Beweis, dafs der Bernstein während einer Epoche gebildet worden ist, von welcher der jetzige Zustand unserer Erdoberfläche wesentlich verschieden ist.

Alle bis hierher erwähnten Gesteine kommen sowohl in den Lehm- als in den Sandschichten der nordischen Formation vor, aber wenn man genauer auf die Lagerungsverhältnisse eingeht, so kann man sagen, dafs sie hauptsächlich der oberen Abtheilung beider zugehören.

In den meisten Localitäten trennt sich die ganze Bildung in drei Abtheilungen. Zu unterst liegt eine Sandschicht, darüber fort eine Lehmlage und diese wird wieder von einer Sandlage bedeckt. Der untere Sand ist meist ziemlich gleichkörnig, etwas gröber als der an der Oberfläche gewöhnliche, so dafs er Hirsekorngröfse und darüber hat, aber ganz ebenso zusammengesetzt als jener. Der Quarz ist gelblich, der Feldspath fehlt nie, und Glimmer kommt darin nicht vor. Geschiebe finden sich darin in der Regel nicht, höchstens sind kleine Gerölle, bis zu 6 Zoll, die sehr stark abgerieben erscheinen, an der Grenze des darauf liegenden Lehms zu sehen. Wie mächtig diese Schicht, ist nur an wenigen Stellen bekannt, denn an den meisten Puncten, wo man bis zu ihr herabgegangen ist, hat man sie nicht durchsunken. Im Mittel könnte man sie vielleicht auf 15—20 Fufs annehmen, doch ist sie nachweisbar an einigen Stellen nur 2—3 Fufs stark. Wenn das untere Niveau auch nicht genau bekannt ist, so weifs man von dem oberen doch mehr, da dieses die Grenze der Lehmbildung ist. Man kann ziemlich bestimmt annehmen, dafs der untere Sand und der Lehm scharf gegen einander abschneiden, und dafs sie sich nicht in einander verwaschen. An der Küste der Ostsee, wie an vielen Puncten in der Mark Brandenburg, ist dies sichtbar; obgleich allerdings auch Puncte existiren, wo die Lehmbildung überhaupt nicht bestimmt begrenzt auftritt und daher auch von einer untern Grenze nicht die Rede sein kann. In der Umgegend von Berlin scheint das Niveau, in welchem der untere Sand aufhört und die Lehmbildung anfängt, ein ziemlich gleiches auf weitere Erstreckung zu sein. Sowohl bei dem grofsen Durchstiche, welcher südlich von Berlin für die Berlin-Anhalt'sche Eisenbahn in der Erstreckung von einer vollen Meile gemacht worden ist, als auch bei den kleineren Erdarbeiten für die Berlin-Stettiner Bahn im Norden der Stadt, war man genöthigt die Bahn durch den Lehm hindurch bis auf die darunter liegende Sandschicht zu führen. Auch in den Lehm- und Sandgruben, die sonst noch nördlich und östlich liegen, hat man die Lehmlage ungefähr in derselben Höhe gefunden. Auffallend ist es, dafs auch bei einem Durchstich unweit Chorinchen nördlich von Neustadt-Eberswalde das Bahngleis der Stettiner Bahn durch den Lehm hindurch bis auf einen Fufs in den darunter liegenden Sand geführt werden mufste.

Ueber diesem ziemlich gleichförmigen, wenn auch nicht ganz ebenen Niveau erhebt sich die Lehmlage 15 — 25 Fufs hoch, selten in gröfserer Mächtigkeit. Gegen Norden scheint sie an Stärke etwas zuzunehmen und an der Ostsee kommen Abstürze von mehr als 30 Fufs vor, die nur aus Lehm bestehen, aber im Mittel wird man ihre Mächtigkeit auf 20 Fufs schätzen können. An einigen Stellen sind die unteren Lagen mehr kalkhaltig als die oberen und man hat danach für die Umgegend von Berlin zwei Abtheilungen unterscheiden wollen, die jedoch nicht einmal in diesem kleinen Umkreise überall nachweisbar sind, in anderen Gegenden noch viel weniger. Hin und wieder verschwindet die Lehmlage ganz, es findet sich nur eine grofse Sandbildung, in welcher lehmige Streifen ohne bestimmte Abgrenzung vertheilt sind. Dann geht der untere Sand unmittelbar in den oberen über, doch sind solche Stellen nicht häufig.

Ueber dem Lehm folgt wieder Sand. Dieser Sand scheint nur das Product der Auswaschung aus dem Lehm zu sein. Er ist durchschnittlich von geringer Mächtigkeit, liegt nur zu 2—4 Fufs stark an der Oberfläche, wird nach unten zu allmälig lehmiger und ist daher oft nicht bestimmt vom Lehm zu trennen. Eine Menge Geschiebe von den kleinsten an liegen darin, und die gröfsten sind bisher nur in oder auf ihm gefunden.

Dafs indessen die grofsen Geschiebe ihm nicht allein angehören, sieht man überall, wo sie häufig vorkommen, z. B. in einigen Gegenden der Uckermark, wo mitten im fettesten Lehm die Blöcke von 4, 5 und 6 Fufs zu Hunderten vorkommen.

Da sie bei gutem Boden der Bearbeitung besonders hinderlich werden, so bohrt man sie an, sprengt sie auf der Lagerstätte und benutzt das verkleinerte Gestein nachher zum Chausséebau oder zum Bau von Gartenmauern und Wirthschaftsgebäuden. Solche Wände und Gebäude werden dann nicht übertüncht und bieten vortreffliche Gelegenheit zum Studium der Zusammensetzung der gröfseren Geschiebe.

Die Zusammensetzung des Sandes ist der des unteren durchaus gleich. Gelblicher Quarz, hell fleischrother Feldspath und mitunter ein schwarzes Körnchen, nur ist er feiner im Korn, nur von Mohnkorngröfse. Er unterscheidet sich durch das kleine Korn und durch kleinere Geschiebe, die manchmal kaum eine Linse grofs darin vorkommen, von dem unteren. Auch führt er viel Feuersteine, die im unteren fast gar nicht vorkommen. Meist sind die Feuersteine zerbrochen, doch nicht mehr mit frischen Kanten, oft auf der Oberfläche etwas entfärbt, ohne dabei verwittert zu sein. An einigen Stellen kommen viele Gerölle derselben Beschaffenheit zusammen vor, so rother Sandstein bei Trebus unweit Fürstenwalde, Gothlander Kalk bei Pankow, unweit Berlin, andere Uebergangskalke bei Sorau u. dergl. m. Manche Gerölle krystallinischer Gesteine, besonders Granite und Gneufse sind in Verwitterung begriffen, mitunter so sehr, dafs man sie mit einem Spaten durchstofsen kann. Freilich finden sich dergleichen nicht an Stellen, die alljährlich beackert werden.

Dieser ziemlich allgemein an der Oberfläche verbreitete Sand hat manche Gegenden der norddeutschen Ebene, insbesondere der Mark Brandenburg in den Ruf einer aufserordentlichen Unfruchtbarkeit gebracht [1]), aber meist mit Unrecht. Zwar giebt es Stellen, an denen der Sand allein vorhanden ist und die Lehmschicht fehlt, aber im Allgemeinen, insbesondere auf dem allgemeinen Plateau ist unmittelbar unter ihm der fruchtbare Boden vorhanden, und es bedarf nur andauernder sorgfältiger Cultur, um durch die Mischung beider Bodenarten solche scheinbar unfruchtbaren Gegenden in recht ergiebige Feldmarken zu verwandeln. Die Stellen, welche gröfsere

[1]) Sie hatte früher den Spottnamen: des heiligen römischen Reiches Streusandbüchse.

Sandmassen aufzuweisen haben, sind entweder tiefere Becken oder deren Gehänge gegen höhere Gegenden.

Ueberall wo ein sichtlicher Abfall sich zeigt, an Bergen und Hügeln, am Rande von See- und Flufsbetten wäscht das an der Oberfläche und in einiger Tiefe verlaufende Regenwasser allmälig, je länger desto mehr, die feinen Theile aus dem Lehm heraus und läfst nur den Sand zurück. Daher kommt es, dafs wo man auch ein Gehänge betritt, man immer in tiefen Sand geräth. Besonders am Rande gröfserer Thäler tritt diese Anhäufung von Sand deutlich hervor: so, am Gehänge der Oder, rings um das Oderbruch, und am Rande des Spreethales an unzähligen Stellen [1]). Nur wo die Böschung steil wird, spült das stark fallende Wasser auch den Sand fort und dann erscheinen die Gehänge entblöfst oder doch nur schwach vom Sand bedeckt, wie z. B. im Oderlauf in der Gegend von Frankfurt und von Freienwalde. Ueberschreitet man eine solche Sanddecke und gelangt man auf ein gleichmäfsiges höheres Terrain, so wird man dort immer alsbald auf die Lehmschicht stofsen. Man kann das Regelmäfsige dieser Erscheinung überall beobachten, ebensowohl an den Gehängen der Weichsel, wo sie flach sind, als an den Seen in Pommern und Posen; in der südlichen und in der nördlichen Mark-Brandenburg, so wie in Meklenburg und an der unteren Elbe. Chausséen und Eisenbahnen, selbst die gewöhnlichsten Landwege decken dieses Verhältnifs an vielen Stellen auf.

So wie die Ränder der Vertiefungen, ebenso sind auch diese selbst an vielen Puncten mit Sand bedeckt. Wo ein Flufs oder Berg ein deutliches Becken in die allgemeine Bedeckung eingeschnitten hat, und wo dasselbe breit genug geworden ist, um einen abwechselnden Lauf auf verschiedene Seiten zu gestatten, da hat sich an verschiedenen Stellen, der aus der Lehmschicht ausgewaschene Sand angehäuft. Schollenartig liegt er zwischen oder auf schwarzem moorigen Boden, der als Product der Sumpfvegetation überall in diesen Gegenden auftritt, wo das Wasser allmälig sich in ein tieferes Niveau zurückgezogen hat. So sieht man dergleichen Sandanhäufungen

[1]) Die Hasenhaide bei Berlin, so wie das Thalgehänge bis gegen Spandau hin zeigen eine solche Sanddecke deutlich.

im alten, wie im neuen Oderthale nicht selten, und besonders an Stellen, wo entweder der Flufslauf sich mit der Zeit geändert hat, oder wo zwei Flufsläufe sich mit einander vereinigt haben, wie südlich von Frankfurt bei Fürstenberg, in der Gegend von Müllrose und zwischen Berlin, Oranienburg und Spandau. An der letztern Stelle, wo sich der Lauf der Oder und Havel sonst vereinigten, ist die allgemeine Lehmbedeckung auf eine weite Strecke ausgewaschen und an die Nordseite des Thalrandes von Heiligensee über Tegel bis gegen Berlin, bei dem allmäligen Ausbleiben der Oder und dem dadurch entstandenen Vorherrschen der Havel und ihrer Richtung gegen Süden, eine grofse Sandmasse aufgehäuft worden, welche selbst kleine Hügel bildet. Aehnlich hat die Spree im oberen Thale westlich von Müllrose aus dem Sande, welchen sie selbst mitbrachte, sich auf ihrem rechten Ufer einen Wall gebildet, welcher sie später verhindert hat ihren Abflufs zu der sich tiefer und tiefer einschneidenden Oder zu nehmen. (Siehe oben.)

Solche sandige Strecken oder vereinzelte Sandschollen sind zum Ackerbau nicht geeignet und man sieht sie daher in der Regel mit Kieferwäldern bedeckt, die darauf bei hinreichender Feuchtigkeit sehr wohl gedeihen. Wenn man am Rande des jetzigen Spree-, ehemaligen Oderthales auf einer höheren Stelle steht, z. B. auf dem Vorsprung der Kranichsberge bei Erkner, so sieht man gegen Osten, Westen und Süden über ein weites Meer von dunkelgrünen Kieferwäldern hin, die wie ein Urwald nur hin und wieder von einem blinkenden See und einigen Wiesen unterbrochen, die ganze Aussicht erfüllen. Alle diese ausgedehnten Waldungen liegen im Thale und wo man auch aus ihnen heraus die umgebende Hochfläche betritt, machen sie alsbald den Aeckern Platz, welche vorherrschend das Plateau bedecken.

Wo der Sand von vorherrschenden Wasser- oder Windströmungen ergriffen werden konnte, da hat er sich zu Dünenmassen angehäuft, die manchmal in langen regelmäfsigen Zügen weithin fortsetzen. Sehr ausgezeichnet durch ihre regelmäfsige Bildung sind die Dünenzüge, welche nördlich von dem Golmberge bei Baruth, am Nordrande des Flemming, sich ausbreiten. Die erste Dünenreihe beginnt im S.O. des Dorfes

Kolzenburg, wird zwar nach Osten hin unterbrochen, tritt aber bei Holbeck wieder auf, und setzt ganz regelmäfsig über Stülpe und Lino bis nach Baruth fort. Die zweite noch vollständigere Reihe beginnt nun eine gute halbe Stunde nördlich über der erstern, geht westlich in die Zinna'sche Haupthaide, wird durch's Nuthethal durchbrochen, bildet jenseits desselben die Renneberge und endlich zwischen Dübende und Schöbendorf die lange Horst. Auf dieser Linie von mehr als 3 Meilen bleibt sich die Richtung bis auf kleine locale Abweichungen, die sich jedoch immer wieder einrenken, durchaus gleich und ist, wie beim ersten Zuge, die Richtung von W. nach O. Hinter der zweiten Linie liegt um etwas näher die dritte, die von Gottow über Schönefeld, an Neuhof vorbei, bis in die Gegend nordwestlich von Mückendorf reicht, und an diese reihen sich nun mit geringerer Regelmäfsigkeit, bei kleinerer Entfernung Sandhügel an, die sich allmälig in die nördlich gelegene Ebene verlieren. An diese unverkennbare Dünenbildung schliefsen sich andere, weniger auffallende Dünenreihen an, wie die, welche zwischen Baruth und Rietzneuendorf, so wie im W. und N.O. von Lübben gelegen sind.

An allen Stellen, wo einmal stehendes Gewässer irgend einer Art gewesen, das sich allmälig zurückgezogen hat, hat sich je nach der Localität in gröfserem oder geringerem Mafsstabe ein Moor- oder Torfgrund gebildet. Es ist schon oben erwähnt worden, dafs in allen Thälern, die nicht völlig von darin fliefsenden Gewässern erfüllt werden, sich solche schwarze Wiesengründe finden, am auffallendsten ist jedoch die Ausfüllung an solchen Stellen, wo ehemals Seebecken existirt haben. Die Gegenden im östlichen Theile der norddeutschen Ebene [1]), welche grofse Torflager enthalten, zeigen in der Regel deutlich, dafs sie einen solchen Ursprung genommen haben. Im grofsen havelländischen Luch und im Rhin-Luch vermag man dies deutlich zu erkennen. Während der Ursprung der Torfmoore im havelländischen Luche mit dem ehemaligen Laufe der Oder in Verbindung zu bringen ist, wie das schon oben

[1]) Es ist hier durchaus nicht gemeint, dafs diese Ansicht auch auf die Entstehung der westdeutschen Torfmoore anzuwenden sei, die Griesebach u. A. so gründlich bearbeitet haben.

geschehen, scheint im Rhin-Luch der, durch die Ablenkung dieses Stromes, veränderte Wasserstand die Veranlassung zur Torfbildung gegeben zu haben.

Ueberall, wo, zwischen kleinen Erhöhungen, der Untergrund von einer Thonschicht gebildet wird und das Wasser Gelegenheit findet, sich aufzusammeln, ohne dafs es so starken Zuflufs hat, dafs es sich das ganze Jahr hindurch in gleichem Niveau erhalten kann, da setzen sich im Sommer und Herbst, beim niedrigen Wasserstande, Pflanzen ein, deren Zahl und Mannigfaltigkeit mit jedem Jahre zunimmt. Theils ist es eine über dem klaren und oft tiefen Wasser schwimmende Decke von Moosrasen, die bis mehrere Fufs Dicke hat, ein Fenn, wie es besonders am Rande gröfserer Seen sich findet, theils setzt sich der Pflanzenwuchs an den flachen Rändern der kleineren Teiche auf dem Grunde fest. Stets ist eine Hauptbedingung für die Bildung solcher Moore, dafs kein starker Abfall des Terrains am Rande der Wasserbecken existire, denn sonst bleibt der Boden in der Umgegend der Gewässer nicht lange genug überschwemmt, um einer solchen Sumpfvegetation Gelegenheit zum Ansatze zu geben. Wird ein See oder Teich später durch irgend eine Ursache allmälig entwässert, so breitet sich die angefangene Pflanzendecke weiter und weiter aus, bis sich die ganze Fläche des verschwindenden Gewässers bedeckt hat und nur ein kleiner Theil der Feuchtigkeit in der sich bildenden Humuslage zurückbleibt.

Man erkennt die Ursache dieser Bildungen leicht, sobald man ein solches Terrain entwässerter Seebecken betritt, denn die Ausfüllung derselben hält sich so völlig in der Ebene des Wasserspiegels gegen die umgrenzenden Ränder, dafs man Strecken von einer und mehren Stunden ohne Hindernifs überblicken kann. Sonst hebt und senkt sich der Boden in weiter Erstreckung doch wenigstens um einige Fufs, aber diese Moorgründe erfüllen ihn völlig gleichförmig. Auch die Vegetation bezeichnet dieselben scharf und bestimmt, Kiefern kommen darin nicht fort, Erlen und Weiden dagegen sehr gut, meist aber bedecken saure Wiesen den gröfsten Theil ihrer Ausdehnung.

Gegenden, welche fast gar keinen Abfall zu besitzen scheinen, zeigen die Entstehung eines eigenthümlichen, mineralogischen Körpers, der nur unter solchen Bedingungen sich zu bilden scheint, nämlich des Raseneisensteins. Der Raseneisenstein findet sich an mehren Stellen in der Mark Brandenburg: in der Altmark südlich von Stendal, in der Niederung vor dem Flemming zwischen Baruth und Luckenwalde, in der Nähe des Spreethales bei Cottbus, in der Umgebung des mittleren Elsterthales und an der schlesisch-polnischen Grenze. Eins der ausgebreitetsten Lager findet sich im Elsterthale zwischen Hoyerswerda und Elsterwerda in einer Tiefebene, welche unmittelbar vor dem anstehenden Gebirge der Oberlausitz nördlich vorliegt. Diese Vertiefung wird nördlich wieder von den Ausläufern des Flemming begrenzt und ist durch die grofse Zahl kleiner Teiche bezeichnet, welche den Reichthum der Gegend durch die vielen Fische, welche sich darin finden, ausmacht. Ein Terrain von vielleicht 2 Meilen Breite und 4 bis 5 Meilen Länge enthält wenigstens 150 gröfsere und kleinere Teiche, die alle mit einem kaffeebraunen Wasser erfüllt sind, das dem mitten durchströmenden Flusse seine Farbe und den Namen der schwarzen Elster gegeben hat. Woher diese Farbe rühre, ist, so viel ich weifs, noch nicht genau untersucht, es scheint aber einfach anzunehmen, dafs die lange Berührung, in welcher das Gewässer in den vielen kleinen Teichen und in deren Umgebung mit verwesenden Pflanzenresten bleibt, die Farbe herbeiführe. Denn ein Eisengehalt scheint nicht die Ursache zu sein, da gerade in diesen Gegenden das Eisen als Raseneisenstein in grofser Menge niedergeschlagen wird. Der Raseneisenstein ist ein Gemenge von Eisenoxydhydrat und phosphorsaurem Eisenoxyd. Es bleibt fast unerklärlich, woher der Phosphorgehalt in diesen Erzen stammt, denn ein Gehalt an Phosphorsäure, der bis zu 10 Procent steigt, ist eine so bedeutende Menge, dafs man von vorn herein nicht geneigt sein kann zu glauben, dieselbe sei allein durch den Einflufs des Wassers auf Pflanzenreste unter beliebigen Umständen ausgeschieden worden. Indessen bleibt doch kein anderer Weg für die Erklärung solcher Bildungen, da man sieht, dafs sie überall entstehen, wo in einem Terrain ohne starkes Gefälle mooriger Boden, stehende Gewässer und eisenhaltiger Sand in Berührung sind. Diese Bedingungen finden sich nun am leichtesten in

Gegenden, wo flache Vertiefungen vor einem Höhenzug von einiger Bedeutung vorliegen, wie das z. B. vor dem Flemming und vor den Höhen bei Stendal der Fall ist. Sonst hat das Terrain der norddeutschen Ebene in der Regel einen deutlichen Abfall nach irgend einer Seite, so daſs es ein besonderer Zufall ist, wenn sich hin und wieder noch Stellen finden, in denen sich Raseneisenstein gebildet hat. Zwischen Baruth und Luckenwalde ist Raseneisenstein zwischen den oben besprochenen Dünenzügen abgesetzt worden, wahrscheinlich dadurch begünstigt, daſs eben diese Dünen, die von W. nach O. ziehen, den Abfluſs des Wassers gegen N. hemmten. In der Altmark liegen, wie schon oben erwähnt wurde, Niederungen vor den Hügeln der Burgstaller und Letzlinger Forst, in welchen die kleinen Flüsse Dall und Tanger entspringen. Diese Niederungen, welche mit schwarzem Moorboden erfüllt sind, aus welchem einzelne Inseln von sandigem Boden sich herausheben, enthalten unmittelbar unter der Rasendecke an vielen Stellen Raseneisenstein in 1 bis 1½ Fuſs Mächtigkeit. Man hat angefangen einen Hohofen mit diesem Erze zu beschicken.

In solchen Niederungen findet sich mitunter auch ein Absatz von reinem phosphorsäurem Eisenoxydul, manchmal zugleich mit Lagern von Infusorienpanzern. Das bedeutendste Vorkommen von Blaueisenerde, wie diese Eisenverbindung genannt wird, findet sich in der Mark zwischen den Dünen bei Baruth. Einzelne kleinere Mengen sind oftmals in Torflagern vorgekommen, so wie in neuerer Zeit in dem Infusorienlager, welches bei dem Fundamentbau für das neue Museum in Berlin aufgedeckt wurde. Infusorienlager sind mehrere in der Mark Brandenburg entdeckt worden, hauptsächlich in der Umgegend von Berlin und bei Kerstenbruch im Oderbruch. In der Umgegend von Berlin hat man sie an mehren Puncten aufgefunden, von denen der östlichste bei Köpenick, der westlichste bei Spandau liegt und dazwischen an verschiedenen Puncten in der Stadt selbst. Beim Bau des neuen Museums, wo es auf mehreren tausend Quadratfuſs bloſsgelegt wurde, zeigte sich unter einer Bedeckung von Dammerde und einer unreinen Lehmschicht, die beide ungefähr 7 Fuſs betrugen, ein Gemenge von Pflanzenresten und Infusorien, das wie ein lockerer Torf aussah, dann ein reineres Infusorienlager mit kleinen Nestern von Blaueisenerde, die, wenn sie gegraben wird, völlig weifs ist und erst an der Luft blau wird, zusammen ungefähr 15 Fufs mächtig, und darunter Sand und Kies, in dem sich Stücke bituminösen Holzes fanden. Bei Köpenick liegt eine kalkige Infusorienschicht unter schwarzer, torfartiger Moorerde, eben so an anderen Stellen in und bei Berlin (im Thiergarten, Carlsstrafse etc.), ob auch bei Spandau, ist indessen nicht bekannt. Doch liegt dieser Punct, so wie alle die andern im eigentlichen Spreethal, eben so Kerstenbruch im Oderthal, und da ein Vorkommen von Infusorien aufserhalb der Flufsthäler oder Seebecken nicht bekannt ist, so mufs man wohl annehmen, dafs süfses Gewässer für das Leben dieser Thiere nothwendig gewesen sei. Weil sich jedoch mit den zahlreichen Süfswasserthieren in diesen Lagern jederzeit auch Meeresthiere finden, so mufs man wiederum schliefsen, dafs diese Bildungen zu einer Zeit vor sich gegangen sind, wo jene Gegenden ähnlich wie jetzt die Gegend von Hamburg, Mündungen der Ströme bildeten, in welche das Meerwasser noch hineinzudringen und sich mit dem süfsen Wasser zu mischen vermochte.

Aufser den thonigen und kalkigen Bildungen, welche zu der grofsen, weitverbreiteten nordischen Formation gehören, finden sich auch an einzelnen Puncten besondere Absätze von Kalk und von Thon, die offenbar nicht allgemeinen, sondern nur localen Ursachen ihren Ursprung verdanken. Kalkabsätze kommen in der Mark Brandenburg nicht gewöhnlich vor, in Pommern aber und in Preufsen finden sie sich häufig. Ein kleines Kalklager dieser Art, wo selbst feste Kalksteine anstehen, findet sich beim Dorfe Wulfersdorf unweit des Städtchens Beeskow an der Spree.

Nicht weit von Wulfersdorf an der nördlichen Seite des gröfseren Kossenblatt'schen See's zeigt sich an den Abhängen hinter dem Dorfe ein Kalkstein anstehend, den man schon vor Zeiten versuchsweise dort gebrochen und gebrannt hat. Der gebrannte Kalk hat sich gut und brauchbar erwiesen, nur wird er nicht völlig weifs, sondern behält nach dem Brennen einen Stich in's Bläulichgraue. Die Stelle, an welcher der Kalkstein zuerst bemerkt und später aufgebrochen wurde, liegt dicht hinter den letzten Häusern des Dorfes, zwischen den beiden Wegen, die von Wulfersdorf nach Taucha und nach Giesensdorf führen, nicht weit von einer Quelle, die dort am Abhang, dicht über dem Wege nach Giesensdorf entspringt. Die Quelle ist für das Dorf nicht unwichtig, denn aufser dem guten Wasser, das sie reichlich liefert, hat man in der Brennerei des Amtes durch vieljährige Erfahrung beobachtet, dafs ihr Wasser eine gröfsere Ausbeute an Spiritus liefert, als das gewöhnliche Brunnenwasser vom Hofe. Hätte sie nicht auch die Eigenschaft, dadurch dafs sie eine constante Temperatur von 8,4° Celsius zeigt, den unter ihr liegenden Weg im Winter beständig zu überschwemmen und damit einen Gletscher von 6—8 Fufs Höhe darüber hinzubauen, so dafs kein Fuhrwerk dort passiren kann, so würde sie gewifs noch mehr geschätzt sein, als sie es jetzt ist. Bei dieser Quelle wurde der Kalk zuerst entdeckt. Er liegt dicht unter der Ackerkrume als festes Gestein. Leider scheint die Kalkablagerung nur sehr beschränkt, denn obgleich in der Nähe des Dorfes, im Thale eines kleinen Baches, der von Norden herkommt, unmittelbar unter der Rasendecke eine Lage von weifsem, weichem Kalk sich findet, so ist doch dies die einzige Spur von einer weiteren Verbreitung des Kalklagers über jenes Ackerfeld hinaus, auf welchem es vielleicht 200—300 Quadratruthen einnehmen mag. Oestlich von Wulfersdorf, gegen Giesensdorf hin, ist keine Spur von Kalk zu finden, aber im Süden des Dorfes zwischen demselben und dem See finden sich ähnliche Lager eines weichen Kalks über einer grauen Lehmschicht, die wieder auf ältern Sandlagern ruht. Der feste Kalkstein besitzt, wo er am mächtigsten ist, 4 bis 5 Fufs Stärke und liegt auf einem gelben Lehm, in dem 10 Fufs tief gebohrt wurde, ohne dafs man sein Ende erreichte. Er ist ein hell aschgrauer, fast weifser, sehr poröser Stein von festem Zusammenhalt, so dafs die Arbeiter beim Ausbrechen nur langsam vorwärts kommen, indefs ist er doch nicht so zähe, dafs man genöthigt wäre, mit Pulver zu sprengen. An einigen Stellen führt er kleine Nester von Wiesenerz und ist dann in der Nähe desselben gelb gefärbt. Sonst zeigt er in seiner Zusammensetzung sehr wenig fremde Bestandtheile, denn er enthält nach einer zuverlässigen Analyse:

Kohlensaure Kalkerde mit etwas kohlensaurer Talkerde	98,21
Kieselerde	0,54
Thonerde	0,36
Eisenoxyd	0,18
Organische Substanz	0,28
	99,57.

Aus der Beimengung organischer Theile, die in den porösen Kalkstein wohl aus der bewachsenen Ackerkrume durch die Gewässer hineingeführt worden sind, erklärt sich auch die Eigenschaft des Kalks, nach dem Brennen eine bläulichgraue Farbe zu erhalten, da die organische Substanz sich hierbei zersetzt und die Kohle fein vertheilt zurückläfst. Schon das Ansehen des Kalkes und seine poröse Structur beweisen seine Entstehung als Quellabsatz und es bedurfte kaum der darin vorkommenden Reste von Landschnecken, so wie eines eingelagerten Geschiebes, um die Zeit seiner Entstehung als der jetzigen Periode angehörig zu bestimmen. Aufser der einen oben erwähnten Quelle brechen noch mehrere am Abhange der höher gelegenen Feldmark hervor, die meisten mit constanter Temperatur und einem geringen Kalkgehalt. Alle diese Quellen ergiefsen sich in den Kossenblatt'schen See, in dem wahrscheinlich ein ausgedehnter Absatz von Kalk sich findet. Das Wasser ist trüblich und blafsgrau, zeigt aber keinen irgend bedeutenden Kalkgehalt durch chemische Reagenzien.

In Berlin sieht man nicht selten eine Gattung von Backsteinen zu den festesten Mauerwerken verwendet, welche durch ihre dunkelrothe Farbe, grofses Gewicht und besondere Festigkeit sich wesentlich von den gewöhnlich angewendeten unterscheiden. Diese Steine führen den Namen Rathenower und kommen theils von dem Städtchen dieses Namens, theils aus den unteren Havelgegenden überhaupt. Der Thon, aus welchem sie gefertigt werden, findet sich in den Niederungen, welche den Havellauf zwischen Brandenburg und Rathenow umgeben und kommt dort in Lagern von 2 bis 3 Fufs Mächtigkeit unmittelbar unter der Rasendecke vor. Er ist eigentlich bläulichgrau, aber auf den Klüften gelblich und, da diese ihn vielfach durchziehen, so erscheint er fleckig und geflammt.

Sand enthält er nur sehr wenig, freien Kalk gar nicht, Eisenoxyd aber viel, daher die dunkle Farbe der aus ihm gebrannten Steine. Er liegt auf einer Lage nordischen Sandes, gegen den er ziemlich bestimmt abschneidet. Offenbar ist er eine Süfswasserbildung, welche in den jetzt entwässerten Niederungen dadurch entstand, dafs der aus dem Lehm des allgemeinen Plateau's ausgewaschene Thon hier in ruhigem Wasser wieder abgesetzt wurde. Von ähnlicher Beschaffenheit und unter ähnlichen Verhältnissen scheinen die Thonlager gebildet zu sein, welche am Rande des Elbthals auf mehreren Puncten vorkommen. Die ältesten dieser Art möchten wohl die in Nordwesten von Magdeburg gelegenen sein, während die tiefer gegen den Strom liegenden bei Wittenberg und unterhalb Magdeburg etwas jüngeren Ursprungs sein müssen. Darin stimmen alle mit den Havelländischen Thonen überein, dafs sie nur wenige Fufs mächtig unmittelbar an der Oberfläche liegen und bei ziemlich reiner Thonmasse viel Eisenoxyd enthalten. Aus andern Gegenden von Norddeutschland sind dergleichen Thonbildungen noch nicht bekannt geworden, aber sicherlich würde man sie entdecken, wenn gröfsere Seen, besonders solche, durch die ein Flufs verläuft, trocken gelegt würden.

4. Südliche Bildungen.

Wo man sich in der grofsen Ebene des Tieflandes gegen Süden dem Rande der älteren anstehenden Gesteine nähert, findet man nicht blofs die Bildungen der bisher beschriebenen nordischen Formation verbreitet, sondern auch die Reste anderer Gesteine, welche die nächsten südlichen Gebirge zusammensetzen. Es ist dies eine Thatsache, welche bisher noch nicht gehörig beachtet worden ist, die aber durch sichere Beobachtungen auf das Bestimmteste nachgewiesen werden kann. Dafs, im Gebirge selbst, d. h. in den Thälern zwischen den anstehenden Gesteinen sich Absätze allerlei Art, als Producte der Zerstörung der nächstgelegenen Massen bilden, ist allbekannt; dafs solche Geröll- und Detritusbildungen durch Flüsse auch über die Grenze der festen Gesteinsmassen herausgetrieben worden sind, erscheint wahrscheinlich, dafs aber die Producte der Zerstörung anstehender Felsmassen in Norddeutschland auf den vorliegenden flachen Küsten gleichmäfsig und mitunter weit hinaus verbreitet worden sind, ist eine Thatsache, welche erst erwiesen werden mufs.

Wenn man den Landrücken des Flemming, dessen schon oben Erwähnung geschah, von Norden aus betritt, so bemerkt man auf seiner Höhe, dafs die Geschiebe, welche sich hier vorfinden, nicht mehr ganz den Character der in der Ebene verbreiteten tragen. Die gröfseren bestehen fast nur aus Gneufs, doch sind es nicht die im Tieflande gewöhnlichen Varietäten; unter den kleineren wechselt Gneufs mit Granit, Porphyr, Basalt, Dolerit und Sandstein. Der Sandstein ist theils roth, theils weifs, von verschiedenem Korne. Die weifsen Sandsteine sind von fester Masse und sehen ganz wie Quadersandstein aus. Auch finden sich hier in dem groben Sande, der die Höhe bedeckt, viel milchweifse Quarzgerölle von Hasel- bis Wallnufsgröfse, die in den nördlich vorliegenden Gegenden der Mark sich nirgends finden. Geht man über dem Rücken fort, weiter nach Süden, so findet man unter den Geschieben immer mehr Basalt, Dolerit und Sandsteine aller Art, weifs, hellroth, streifig dunkelroth, von grobem und von feinem Korne. Alle diese Gesteine sind mehr Gerölle als Geschiebe, d. h. sie sind nicht von besonderer Gröfse und stark abgerundet. Sehr auffallend ist, dafs unter diesen Geröllen keine Feuersteine vorkommen, während diese doch auf der Nordseite, sowohl bei Treuenbrietzen, als bei Jüterbogk, mit Gothländer Kalk als gewöhnliche Begleiter des Sandes auftreten. Zwar hat der Sand an der Oberfläche die Zusammensetzung des nordischen, gelblichen Quarz und röthlichen Feldspath, doch scheint der Feldspath je weiter man nach Süden geht um desto mehr zu verschwinden. Dieselbe Zusammensetzung der obersten Schichten findet man von Roslau an der Elbe über Wittenberg fort bis über Jessen und Schweinitz hinaus an der Elster, nur gesellen sich oft zu den Quarzkörnern auch kleine Kieselschieferbrocken, ein Gestein, das ebenfalls in der Ebene ganz ungewöhnlich ist.

Unter dem so zusammengesetzten Sande, der bei Wittenberg am Elbufer 10 Fufs stark ist, liegen 5 Fufs nordischer Lehm und unter diesem im Niveau des Flusses ein Lager von feinem schwarzen Thon, dessen Mächtigkeit sich nicht bestimmen läfst. Die nordischen Bildungen sind hier schon zu einer geringen Mächtigkeit zusammengeschmolzen, wahrscheinlich weil die älteren Lager, der schwarze Thon der Braunkohlenformation sich in einem verhältnifsmäfsig hohen Niveau befanden, und haben sich an der Oberfläche mit Geröllbildungen gemischt, welche von Süden stammen. Denn die weifsen Quarze und Kieselschiefer, deren Ursprung man nur im sächsischen und böhmischen Uebergangsgebirge suchen kann, die Basalte und Quadersandsteine lassen keine andere Vermuthung zu. Noch deutlicher als in Sachsen entwickeln sich ähnliche Verhältnisse im Grofsherzogthum Posen. Bei dem Dorfe Koziegłowy nördlich von Posen am rechten Warthe-Ufer sind Ziegeleien angelegt, welche einen eigenthümlichen Thon oder Lehm verarbeiten. Unter 2 — 3 Fufs schwach lehmigem Sande liegen, 18 bis 20 Fufs mächtig, horizontal geschichtete gelbbraune, sandige Thonlager, welche in den oberen Schichten sehr kalkhaltig, in den tieferen mehr thonig sind. Geschiebe fehlen in dieser Bildung gänzlich. Die bald dunkler, bald heller gefärbten Thonschichten, die mitunter nur einige Linien stark sind, dabei aber völlig horizontal fortsetzen, bezeichnen diese Bildung auf das Bestimmteste. Der Thon ist nicht sehr fest, obgleich er plastisch genug zu sein scheint, aber er enthält eine grofse Menge feinkörnigen Sandes, die dazu beiträgt ihn gut formbar zu erhalten. Derselbe Thon findet sich auch südlich von Posen bei dem Dorfe Zabikowo, wo grofsartige Ziegeleien das Material für die Festungsbauten liefern. Der Thon ist theils gelblich braun, theils bräunlich grau und sehr gleichartig. Er bildet ein Lager von 20 bis 25 Fufs Stärke, das aus 6 bis 8 horizontal liegenden Schichten besteht. Die einzelnen Thonlager werden durch dünne Sandlager von einander getrennt. Obgleich die Lagen auf mehrere hundert Fufs weit aufgedeckt sind, sieht man doch nirgends ein Geschiebe oder Gerölle darin. Unter dem Thonlager liegt eine eisenhaltige feste, sandige Schicht und unter dieser grober nordischer Sand, in dem man einige Fufs tief gegraben hat, ohne eine andere Bildung anzutreffen.

Den bestimmtesten Aufschlufs über die Lagerungsverhältnisse dieser Bildung geben die Ufer der Warthe bei Schrimm.

Unmittelbar bei den Gebäuden der Stadt auf dem linken Ufer des Flusses ist eine grofse Thon- und Lehmgrube, in der zu unterst ungefähr 25 bis 30 Fufs über dem Spiegel der Warthe 10 Fufs Septarienthon aufgedeckt sind. Darauf liegen, völlig scharf abgegrenzt, 4 bis 6 Fufs Lehm, auf diesem, eben so scharf abgegrenzt, 4 bis 6 Fufs lehmiger Sand, und dann 2 Fufs Ackerkrume. Der ganze Durchschnitt hat daher 20 bis 24 Fufs Höhe. Der untere Thon stimmt in seiner Beschaffenheit ganz mit den Lagen von Ratai, Naramovice und andern in der Gegend von Posen überein, deren Art hinreichend bestimmt ist; der darüber gelagerte gelbbraune Lehm, der vielen groben Sand enthält, erweist sich durch die kleinen Gerölle von Gothländer Kalk, die er führt, und durch Brocken von Grünstein, als nordische Bildung. Der darauf folgende feine, thonige, leberbraune Sand ist dieselbe Bildung, welche bei Zabikowo in den Ziegeleien benutzt wird, nur führt er hier in seinen obersten Lagen Gerölle von weifsem Jurakalk und erweist dadurch seine Abstammung von Süden, wo die weifsen Jurakalke anstehen. Die Ackerkrume wird von einem groben Sande gebildet, der mit fettem Thon gemischt ist und Gerölle enthält, die theils von Schlesien, theils von Finnland zu stammen scheinen.

Diese Reihenfolge von scharf getrennten Bildungen giebt den Beweis, dafs man in diesen Gegenden mit der eigentlichen Braunkohlenformation sicherlich vier, vielleicht sogar fünf verschiedene Abschnitte in der Tertiärzeit zu unterscheiden habe:

1) die Braunkohlenformation;
2) die Periode des Septarienthons (in der auch Braunkohlen vorkommen);
3) die Verbreitung der nordischen Bildungen;
4) die Verbreitung der südlich-polnischen Bildungen;
5) die Verbreitung finnischer und schlesischer Gerölle.

Wollte man in Folgerungen weiter gehen, so könnte man muthmafsen, dafs die letzte Erhebung von Scandinavien älter sei, als die der Karpathen, und diese wiederum früher, als die von Finnland und Schlesien. Doch möchten solche Schlufsfolgerungen wohl noch vieler Beobachtungen bedürfen, ehe man das Recht hätte, sie als begründete Hypothese auszusprechen. Nur die eine Thatsache scheint nach dem Angeführten festzustehen, dafs man annehmen mufs: ein jedes Gebirge verbreite seine Geröll-, Sand- und Thonbildungen, nur dafs das eine Gelegenheit findet sie weithin zu versenden, während das andere genöthigt ist, sie unmittelbar an seinem Fufse aufzuhäufen.

5. Salzquellen.

Endlich sind noch einige Worte über das Vorkommen von Salzquellen zu sagen, welche in der ganzen norddeutschen Ebene verbreitet sind. Es scheint, dafs man zweierlei Arten zu unterscheiden hat: reiche und arme. Die reichen werden noch jetzt zur Gewinnung von Salz benutzt, die armen wurden es nur zu einer Zeit, wo das Brennmaterial noch keinen Werth hatte. Nur die reichen könnten eigentliche Soolquellen sein, hierher gehören Lüneburg, Oldesloh, Sülz, Greifswald, Colberg, die armen dagegen scheinen nur Auslaugungen eines salzhaltigen Erdreichs zu sein. Zwar weifs man durch die vortrefflichen Untersuchungen von Bischof über die westphälischen Soolquellen, dafs auch reichere Quellen durch Auslaugung von Gesteinen entstehen können, die keine Steinsalzlager enthalten, und es könnten die Quellen von Sülz, Greifswald und Colberg einen solchen Ursprung haben; aber für die zahlreichen Vorkommnisse von gesalzenem Wasser, welche sonst noch aus Meklenburg, aus der Mark, aus Pommern, Preufsen und dem Posenschen angeführt werden, scheint eine noch einfachere Erklärung zu gelten. Man findet nemlich dafs, fast ohne Ausnahme, diese sogenannten Salzquellen in Moorgründen, oder richtiger noch, am Rande von Mooren entspringen. Hier zeigt sich zu Ende des Sommers, besonders nach vorherrschenden trocknen Ostwinden, dafs das Wasser, wenn es Gelegenheit findet sich an einzelnen Stellen zu sammeln, einen stark salzigen Geschmack annimmt. Das schwarze Erdreich selbst schmeckt dann schwach salzig, bedeckt sich mitunter mit einer dünnen Salzrinde und trägt die bekannten Salzpflanzen. Schon vor Jahrhunderten hat man dies wahrgenommen, eben so wohl wie jetzt. Man pflegte dann in solchen Mooren Brunnen zu graben, liefs in ihnen das salzige Wasser sich sammeln und verkochte es, auch mit einer geringen Ausbeute zufrieden. Wo man aber Pumpen und Salzwerke an solchen Stellen einrichten wollte, da strömte das Salzwasser nie hinreichend zu. Man mufste selbst im 16. und Anfang des 17. Jahrhunderts, wo das Brennmaterial noch höchst billig war, die Bearbeitung doch aufgeben, weil sie die Kosten nicht trug. Aus den überkommenen Nachrichten geht deutlich hervor, dafs man es an allen den Stellen, wo man Versuche machte, nicht mit Salzquellen zu thun hatte, welche aus der Tiefe strömten, sondern dafs es der schwarze moorige Boden war, welcher das Salz enthielt, der langsam und wiederholt ausgewaschen, nach trokkenen Sommern, kleine Quantitäten eines salzigen Wassers gab, das bei seinem Verdunsten Kochsalz zurückliefs. Bezeichnend genug für seinen Ursprung ist, dafs das Salz aus solchen Quellen dargestellt stets grau war [1]). Fragt man sich nun, wie aber das Salz in jenen schwarzen Moorboden gelangt sein könnte, so ist die Erklärung einfach, es als einen Rückstand des Braakwassers anzusehen, in welchem beim Rücktritt des Meeres jener schwarze torfartige Boden zuerst gebildet worden ist. Die eigenthümliche Beschaffenheit desselben, seine feine thonartige Consistenz läfst nur eine langsame Auslaugung zu, so dafs diese in der Jetztzeit noch nicht ganz beendet ist.

III. Beschreibung einzelner Gegenden.

1. Die Altmark und Priegnitz.

Mit dem Namen der Altmark wurde früher derjenige Theil der Mark Brandenburg bezeichnet, welcher auf dem linken Elbufer gelegen war. Er wurde im Osten von der Elbe zwischen Ringforth und Schnaken, im Süden und Westen vom Ohrelauf und dem Drömling und im Norden von den Zuflüssen der Jetze unterhalb Salzwedel ungefähr begrenzt. Man kann in diesem Gebiete einen höheren, westlichen und einen niedrigern

[1]) Siehe Klöden über die Salzwerke von Belitz.

östlichen Theil unterscheiden. Der höhere hat seine gröfste Ausbreitung und Erhebung zwischen Gardelegen, Lüderitz, Burgstall, Kolbitz und Neuhaldensleben. Es ist hier eine Hochfläche gebildet, auf der die ausgedehnten Kolbitzer, Letzlinger und Burgstaller und Jävenitzer Forsten einen Flächenraum von ungefähr 6 bis 7 Quadratmeilen einnehmen. Die östlichen und nördlichen Gegenden enthalten ein niedriges Terrain, das zum Theil zu den Auswaschungen des Elbthales gehört und mit den thonigen Absätzen des Flusses erfüllt ist. Dieser sehr fruchtbare Theil, der auch noch in's Hannöverische fortsetzt, liegt besonders zwischen Arneburg und Seehausen und führt den Namen: die Wische.

Die Hauptstadt der Altmark Stendal, einstmals der Sitz deutscher Kaiser, liegt in einer flachen Gegend, eine gute Meile vom Elbthale entfernt, an dessen Ufer die eben so alte Stadt Tangermünde sich befindet. Im Süden von Stendal treten in bedeutender Entfernung die Höhen von Burg hervor, zum Theil verdeckt durch eine flache Hügelwelle, die sich von West nach Ost, eine Meile südlich von Stendal, von Buchholz über Welle bis in die Gegend von Tangermünde zieht; im Osten heben sich die Höhen ein wenig heraus, welche den unteren Lauf der Havel von der Elbe trennen; im Nordwesten sieht man in grofser Entfernung eine Hügelreihe an der hannöverischen Grenze liegen, und im Westen treten die nicht unbedeutenden Höhen auf, mit denen das Terrain der Burgstaller und der Letzlinger Forst gegen die Ebene abfällt. Nach einer ungefähren Schätzung möchten hier die höchsten Puncte, z. B. der Dollenberg sich 250 bis 300 Fufs über Stendal erheben. Schon die Karte zeigt hier einen bedeutenden Abfall gegen die Ebene von Stendal und Tangermünde, und diese Höhen sind so bedeutend, dafs man sie überall in der Magdeburger Gegend im Norden hervortreten sieht. Wendet man sich von Stendal gegen Südwesten und folgt der Chaussée, welche zum Vorwerk Dölle führt, so bleibt die Gegend bis zum Dorfe Gohre völlig eben, und ist von vielen kleinen Wassern und Bruchgegenden durchschnitten. Hier aber erhebt sich das Terrain ungefähr 40 bis 50 Fufs und bildet eine Hochebene, die sich im Bogen von Tangermünde über Buchholz bis Käthen und Nahrstedt verbreitet. Zwischen ihr und dem schnellen Abfall der vorerwähnten Höhen breitet sich ein Bergrand aus, aus dem nach S.O. mehrere Bäche zum Tanger, nach N.W. aber Zuflüsse zur Uchte gehen. Eine sumpfige Gegend tritt bis unmittelbar an den Fuſs der Hügel heran, welche gegen dieselbe ziemlich steil abfallen, ganz ähnlich, wie solches an der Nordseite des Flemming der Fall ist. Zahlreiche Bäche entspringen darin, und an einigen Stellen mit solcher Mächtigkeit, daſs sie wenige 100 Schritte von ihrem Ursprung schon eine Mühle treiben können. Dies giebt den Beweis, daſs das Wasser, welches vom Boden der groſsen Jävenitzer, Letzlinger und Burgstaller Forsten aufgenommen wird, in die Tiefe geht, dort aber durch wasserdichte Schichten abgeschnitten, hierher einen Abfluſs findet. Denn in jenen weitverbreiteten, hochgelegenen Wäldern ist kein einziger Bach oder Fluſs vorhanden, noch sind Sümpfe oder Wiesen darin, welche das aufgenommene Wasser verbrauchen oder fortführen könnten.

Wendet man sich von Buchholz nach Ottersburg, so erreicht man gegen Westen die letzten Puncte der bedeutenderen Hügel. Hinter Ottersburg erhebt sich das Terrain allmälig, und enthält auf der Oberfläche hin und wieder groſse Blöcke von nordischen Geschieben, die nicht selten 4 Fuſs und darüber im Durchmesser erreichen. Dabei ist der Boden mit schwach lehmigem Sande bedeckt, der immer unfruchtbarer wird, je mehr man sich dem Höhenzuge nähert. An dieser Stelle, wo die Wasserscheide zwischen der Uchte und dem Tanger liegt, wird der Moorgrund durch eine bedeutendere Sandbedeckung getrennt, welche allmälig sich den Hügeln anlegt. Obgleich das Ansteigen daher nicht stark ist, so setzt es doch gegen den Fuſs der Hügel ab, und diese steigen schneller zu 60 bis 80 und 100 Fuſs über die umliegende Moorgegend an. Einige Stellen, besonders die des Bockelsberges, sind nach Auſsen zu mannigfach durch Kuppen und Thäler zusammengesetzt, Formen, wie man sie im aufgeschwemmten Gebirge gar nicht erwarten sollte, Kegel, die im Kleinen völlig die Gestalt von Basaltbergen besitzen. Dazwischen ziehen lange Thäler in den Höhenzug hinein, meist die Richtung von Nordosten gegen Südwesten haltend, oben aber breitet sich ein weites

Plateau aus, das nur im S.W. noch höhere Puncte am Horizont zeigt. Der höchste von ihnen ist der Dollenberg, bei dem vorerwähnten Vorwerk. Die höheren Puncte am Rande der Hügel sind ganz bedeckt mit nordischen Geschieben, die jedoch nicht frei an der Oberfläche liegen, sondern von 2 bis 4 Fufs gelben Sand bedeckt werden. Man hat für den Bau der Chaussée von Dolle nach Stendal, an einigen Puncten, besonders am sogenannten Landsberge, eine ganz erstaunliche Menge Geschiebe auf einem kleinen Terrain herausgeschafft. Die Blöcke müssen wie das dichteste Pflaster unter der Oberfläche liegen. Ein einzelner grofser Block, ungefähr 30 Fufs im Umfange, liegt südwestlich vom Landsberge, und ist unter dem Namen des Bardensteins bekannt geworden. Wenn so die äufserste Bedeckung von nordischen Bildungen zusammengesetzt wird, so kommen doch am steilen Abfalle der Hügel Sandarten vor, welche einen andern Character tragen. So findet sich zwischen Ottersburg und dem Wege, welcher von Staatz nach Schnöggersburg führt, ein schwarzer Sand, wie er sich häufig an Stellen zeigt, auf denen viel Haidekraut wächst, der aber auf seinem schwarzen Grunde rein weifse Quarzkörner deutlich erkennen läfst. Proben davon zeigen einen Sand, der fast nur aus farblosem, durchsichtigem oder weifsem Quarze besteht, hin und wieder ein Körnchen verwitterten Feldspath darin, doch nicht die rothen, frischen Körner des nordischen Sandes, sondern kleine, matte, weifsliche Stücke. Auch an andern Stellen der Abhänge findet sich ähnlicher Sand wieder, ein Beweis, dafs hier Sandschichten zu Tage ausgehen, welche eher zur Braunkohlenformation, als zu den nordischen Bildungen gehören möchten. Alle diese Thatsachen berechtigen zu dem Glauben, dafs im ganzen weitverbreiteten Höhenzuge Braunkohlenbildungen vorhanden sein müssen. Man hat auch wirklich hier Bohrversuche auf Braunkohlen angestellt, aber ein Betrieb ist auf dieselben nicht eingerichtet worden. Die ersten Bohrversuche am Rande der Hügel gaben zwar bis auf bedeutende Tiefe nur den oben erwähnten Sand, in dem letzten Bohrloch indefs, welches höher hinauf angesetzt wurde, sind 7 Fufs Kohlen erbohrt worden. Fortgesetzte Arbeiten hätten erweisen müssen, unter welchen Lagerungsverhältnissen diese Kohlenschicht weiter verbreitet ist, denn dafs die Kohlen hier nur nesterweis vorkommen sollten, ist durchaus nicht zu erwarten, da sie an allen andern Puncten der Mark ausgedehnte Lager bilden.

In den Niederungen, welche sich vor den so eben erwähnten Höhen der Letzlinger und Burgstaller Forst ausbreiten und sich besonders von Lüderitz und Burgstall nach Süden und Osten zu ausdehnen, entspringen die kleinen Flüsse Doll und Tanger. Sie nehmen ihren Lauf gegen Nordosten in einer fortgesetzten Niederung, die südlich von Tangermünde sich mit dem Elbthale verbindet. In diesem ganzen tiefgelegenen Terrain, das mit einigem Wiesengrunde bedeckt ist, findet sich Raseneisenstein, bald mehr bald weniger mächtig verbreitet. Er erreicht an einigen Stellen 1½ Fufs Mächtigkeit und man hat in neuerer Zeit in der Nähe von Weifsewarte einen Hohofen mit diesen Erzen in Betrieb gesetzt. Der Raseneisenstein liegt unmittelbar unter der Rasendecke und hat die gewöhnliche Zusammensetzung.

Neuerdings hat man in der Priegnitz, am rechten Ufer der Elbe Braunkohlenlager entdeckt und an mehreren Puncten in Angriff genommen. Unter dem Namen Priegnitz wird die Gegend zusammengefafst, welche sich von dem rechten Elbufer zwischen Havelberg und Dömitz bis zu den Ausläufern des Meklenburger Landrückens und bis an das Flüfschen Dosse erstreckt, das vom Nordosten zur Elbe geht. Die Oberfläche dieses Landstriches ist ziemlich eben, doch gegen Norden allmälig ansteigend, wo die flachen Höhen bei Marnitz 600 Fufs Meereshöhe erreichen sollen [1]). Im Mittel mag die Fläche zwischen 200 und 300 Fufs Höhe liegen, bei einer schwachen Abdachung zum Elbthale. Flache Furchen durchziehen sie in der Richtung von Nordost gegen Südwest, und senken sich erst in ihrem südwestlichen Verlauf tiefer, aber auch breiter in die Hochfläche ein, ohne sich zu eigentlichen Thälern auszubilden. Daher sind nirgends natürliche Aufschlüsse über die tiefern Schichten des Bodens vorhanden, denn nur für die gewöhnlichen Bau- und Ackerzwecke sind einige Lehmgruben hier und da eröffnet worden. In ihnen steht der nordische

[1]) Siehe Plettner a. a. O. p. 185 und ferner.

Lehm an und der zu ihm gehörige Sand bedeckt die Oberfläche überall.

An zwei Stellen nur, nördlich und östlich von Perleberg, zwischen den Dörfern Gühlitz und Breesch und bei dem Dorfe Rambow ist das Braunkohlengebirge aufgefunden worden und hat zur Anlage von Gruben Veranlassung gegeben. Es schliefst sich dieses Vorkommen, das weit ab von allen südlich und östlich bekannten Braunkohlen liegt, näher an die Lager von Dömitz und Parchim in Meklenburg an und hat dadurch ein besonderes Interesse. Die Gruben zeigen unter einer schwachen Schicht nordischen Sandes von höchstens 3 Fufs, den Formsand und in ihm braunschwarze Letten in 6 bis 14 Fufs Mächtigkeit und darunter ein Kohlenflötz von 6 bis 8 Fufs Stärke, unter dem an zwei Stellen wieder Formsand, an einer dritten ein gröberer, grauer Quarzsand folgt.

Der Formsand gleicht fast ganz dem der östlichen Kohlenlager, wie er bei Fürstenwalde und Frankfurt vorkommt, nur hat er ein um etwas gröberes Korn. Die Letten sind ein inniges Gemenge von feinkörnigem Quarzsande mit Thon und Kohlentheilchen, dem zahlreiche Glimmerblättchen mitunter eine schiefrige Textur geben. Die Kohle ist schwärzlich braun, undeutlich schiefrig und sehr fest. Auf den Schieferungsflächen erblickt man häufig lichter braun gefärbte Pflanzenreste, die Blättern und Stielen anzugehören scheinen, aber nur sehr undeutlich erhalten sind. Bituminöses Holz ist häufig in der Kohle verbreitet und zahlreiche kleine, gelbbraune Harzpünktchen finden sich darin, sind jedoch, wie dergleichen von andern Stellen, kein Bernstein [1]).

Die Lager, welche durch Tagebaue bearbeitet werden und noch nicht weit aufgeschlossen sind, zeigen ein Streichen von W.N.W. zu O.S.O. und fallen theils flach mit 10 bis 12 Grad gegen Nordost, theils steiler mit 30 bis 35 Grad gegen Südwest.

[1]) Herr Plettner hat sich bei der Anführung dieser Thatsache so ausgedrückt, dafs man glauben mufs, ich hätte früher die Meinung ausgesprochen, diese Harzpunkte möchten Bernstein sein, während ich grade in der angeführten Sitzung der geologischen Gesellschaft in Verein mit Herrn Göppert dieser Meinung entgegengetreten bin.

2. Die Magdeburger Gegend.

Die Umgegend von Magdeburg gehört eigentlich nur zum Theil zu einer Betrachtung der norddeutschen Ebene, denn der Elblauf bezeichnet in dieser Gegend ziemlich bestimmt die Grenzen zwischen den anstehenden älteren Gesteinen und den jüngeren losen Bedeckungen des Tieflandes.

Magdeburg selbst steht auf dem flötzleeren Sandstein der Steinkohlenformation, dessen Gesteine sich von hier gegen Nordwesten über Althaldensleben fort bis zu dem Dorfe Flechtingen ausbreiten. Südlich von Magdeburg tritt bei Salze und Schönebeck der bunte Sandstein auf und ein vereinzelter Punct von Grauwacke kommt sogar hart am linken Ufer der Elbe in der Nähe des Städtchens Gommern vor. Nichtsdestoweniger hat die Magdeburger Gegend doch ein besonderes Interesse für die Geschichte der jüngsten Bildungen, weil die älteren Gesteine nicht so hoch gelegen haben, dafs sie nicht von den jüngsten Meeresabsätzen bedeckt worden wären, und sich darunter besonders eigenthümliche Bildungen finden.

Die „Magdeburger Börde" heifst ein Strich Landes, welcher durch seine aufserordentliche Fruchtbarkeit weit berühmt ist. Er dehnt sich im Westen und besonders im Süden von Magdeburg einige Stunden weit ungefähr bis zu den Städten Kalbe, Stafsfurth, Egeln, Wanzleben und Seehausen aus. Ein schwarzer Boden, der in dieser ganzen Gegend die Oberfläche bedeckt, scheint die allgemeine Ursache der besonderen Fruchtbarkeit zu sein. In den letzten zwanzig Jahren ist dieser Boden besonders zur Cultur der Zuckerrüben benutzt worden, die darin vorzüglich gedeihen, früher trug er besonders Waizen und Cichorien. Er soll mit dem im mittleren und südlichen Rufsland verbreiteten schwarzen Erdreich sehr übereinkommen, das die Russen Tschernosem nennen. In beiden sollen Gräser und Wurzelgewächse vortrefflich gedeihen, Bäume dagegen nicht gut fortkommen. Leider sind bis jetzt noch keine ausführlichen chemischen Untersuchungen dieser interessanten Erdart und ihrer Verbreitung in Deutschland gemacht, obgleich deren über den Tschernosem bereits vorhanden sind. Der schwarze Boden ist ganz fein erdig, ohne fremde Beimengungen, doch nicht vorwaltend thonig, sondern viel feinen Sand enthaltend, Pflanzenreste, denen er etwa seine Farbe verdanken könnte, wie der gewöhnliche Moorboden, sind nicht darin zu erkennen; Geschiebe, selbst kleine Gerölle fehlen gänzlich. Freilich ist das Fehlen der gröſseren Geschiebe kein Beweis dafür, daſs sie niemals darin existirt haben, denn aus einem Boden, der wie dieser seit tausend Jahren cultivirt wird, und der in der letzten Zeit zumeist mit dem Spaten und nicht mehr mit dem Pfluge bearbeitet worden ist, sind mit der Zeit alle Steine, die dem Pflanzenwuchs hinderlich sein könnten, entfernt worden, obgleich sie vielleicht einstmals darin gelegen haben. Indessen ist es doch nicht wahrscheinlich, daſs dergleichen früher darin enthalten waren, da sich für die Entstehung dieser Erdart keine andere Analogie, als die der schwarzen Schlickabsätze am Nordseestrande findet. Dort treibt nämlich das Meer hinter der weit verbreiteten Inselreihe an der friesischen Küste auf den flachsten Stellen des sandigen Ufers einen schwarzen feinen Schlamm herauf, der hernach auf eingedeichten Stellen die höchste Fruchtbarkeit des Landes hervorbringt. Es darf dieser Boden, wie der schwarze Boden im Banat nicht gedüngt werden. Aehnlichen Ursprungs möchte wohl der Boden der Börde sein, vielleicht war dieses kleine Becken einstmals dicht am Strande gelegen und die Wellen des Meeres warfen den feinen schwarzen Schlamm in dasselbe hinein, während es so hoch lag, daſs selbst Stürme ihn nicht daraus entfernen konnten. Die schwarze Farbe könnte von verfaulten Seepflanzen, besonders Tang-Arten und von zersetzten Meeresthieren herrühren. Daher denn auch in dem frischen Boden an der Nordsee animalischer Dünger überflüssig, sogar nachtheilig erscheint. Unter dem schwarzen Bördeboden liegt ein gelber, geschiebeleerer, fein sandiger Lehm, der eine mittlere Mächtigkeit von 3 bis 5 Fuſs zu haben scheint. Er ist offenbar nicht nordischen Ursprungs, sondern scheint seine Entstehung der allmäligen Zerstörung der zunächst anstehenden älteren Gesteine zu verdanken. Was unter diesem Lehm sich etwa noch von andern Tertiärbildungen befinden mag, ist nicht bekannt. Wahrscheinlich ist das zunächst unterliegende feste Gestein Keuper, wie in der östlich gelegenen Mulde zwischen Welsleben und Biere.

Diese kleine Mulde hat in neuester Zeit die Aufmerksamkeit auf sich gezogen, weil man in ihr bedeutende Braunkohlenlager gefunden hat, die von einer mächtigen Masse von Sand und Thon bedeckt werden. Bohrlöcher und Schächte haben zwar sehr verschiedene Resultate in Bezug auf die Mächtigkeit der Ablagerungen an verschiedenen Puncten gegeben, aber im Allgemeinen hat man doch eine bestimmte Reihenfolge von Schichten wiederfinden können, die im Alter aufeinanderfolgen.

Das oberste Gestein älterer Formationen scheint Keuper zu sein, über den sich die Braunkohlen als unterste Tertiärbildung gesetzt haben. Sie variiren mit ihren Sanden von 10 bis 40 Fuſs Mächtigkeit. Nach oben werden sie von einem dunkeln thonigen, theils groben, theils feinen Sande bedeckt, der nicht selten Versteinerungen enthält. Diese stimmen mit anderen überein, welche man bei Sülldorf, bei Westeregeln und bei Helmstädt in einem Sande mit grünen Körnern gefunden hat, der auch dort unmittelbar über den Kohlen liegt. Bei Westeregeln zeigt er gleiche Lagerung mit den Kohlen, wird aber in abweichender Lagerung von dem gelben Lehm bedeckt, der die Oberfläche der angrenzenden Börde bildet. Man hat diesen Sand „Magdeburger Sand" genannt und ihn mit Recht von dem darüber vorkommenden Septarienthon getrennt. Er scheint eine Küstenbildung zu sein, die besonders in den hochgelegenen kleinen Becken dieser Gegenden sich anhäufte. Ueber dem Sande findet sich in dem Becken von Biere der Septarienthon, bei Westeregeln fehlt derselbe. Er wechselt in Mächtigkeit und erreicht bis 40 Fuſs Stärke. Dieser Thon trägt alle Charactere des im offenen Gewässer abgesetzten Thons an sich, obgleich er offenbar hier lokal abgesetzt wurde und führt auch dieselben organischen Reste. Die Septarien mit ihren Klüften, welche von Bitterspath erfüllt sind, der Schwefelkies und der durch seine Zersetzung gebildete Gyps fehlen eben so wenig. Darüber liegt Sand und Lehm in verschiedener Stärke von 5 bis 15 Fuſs circa, von dem aber nicht bekannt ist, ob er zur Formation der Börde oder zur nordischen Bildung gehört.

In der Nähe von Halle, bei dem Dorfe Görzig, nördlich von den Porphyren, die den Petersberg und die Gegend von Löbejün zusammensetzen, hat man bei Bohrversuchen auf Braunkohlen fast dieselben Schichten aufgefunden, nur mit dem Unterschiede, dafs der Septarienthon hier viel mächtiger, als in der Mulde von Biere ansteht. Die Resultate der Bohrversuche sind interessant genug, um eine besondere Anführung zu verdienen [1]).

Abtheilungen:	Bohrloch *A*		Bohrloch *B*	
Nordische Formation	7′ ″	Dammerde und der gewöhnliche Sand und Lehm	29′ 4″	Dammerde und der gewöhnliche Sand und Lehm
Septarienthon	122′ 10″	Hellblaugrauer Thon mit Septarien und Schwefelkies	113′ 8″	Hellblaugrauer, tiefere Lagen braun mit Schwefelkies
Magdeburger Sand	20′ 9″	Zuerst schmutziggrün, dann schwarz und grau	34′ 3″	Oben schwärzlich unten ein grauer erdiger Thon
Braunkohlenlager	30′ 9″	Anfangs mit Thonlagen wechselnd, dann reiner	37′ 9″	In der Tiefe mit einem Lager sandigen Thons von $1\frac{1}{2}$′
Thon- und Sandlagen (Keuper)	21′ 2″	Thon, oben grau u. sandig, darunter weifs u. rein	30′ —″	Gelblich weifser feiner Thon
Aelteres Gestein	79′ ″	75′ grünliches Conglomerat, worunter $3\frac{3}{4}$′ Porphyr	—	—
	281′ 6″		245′ —″	

Abtheilungen:	Bohrloch *C*		Bohrloch *D*	
Nordische Formation	22′ 6″	Dammerde und der gewöhnliche Lehm, Kies und Sand	9′ 9″	Dammerde und ein grobkörniger Kies
Septarienthon	125′ ″	Hellblaugrau, dann braun mit Schnüren von Schwefelkies	138′ 3″	Blaugrau u. braun, Muscheln u. Schwefelkies enthaltend
Magdeburger Sand	11′ —″	Schwärzlicher sehr fester sandiger Thon	22′ ″	Brauner sandiger Thon, obere Lagen schwimmend
Braunkohlenlager	13′ 3″	In den letzten sechs Fufs sehr thonig und sandig	33′ 4″	In der oberen Hälfte des Lagers sandig und thonig, unten rein
Thon- und Sandlagen (Keuper)	16′ 10″	Weifslicher fester feiner Thon	3′ —″	Sehr festen Sandstein
Aelteres Gestein	—			—
	188′ 7″		206′ 4″	

[1]) Ich verdanke die Mittheilung dieser Bohrtabelle der Güte Sr. Durchlaucht des Prinzen Schönaich-Karolath.

Abtheilungen:	Bohrloch *E*		Bohrloch *F*	
Nordische Formation	27' —"	Dammerde und der gewöhnliche Lehm, Kies u. Sand	19' —"	Dammerde und der gewöhnliche Lehm, Sand u. Kies
Septarienthon	152' 6"	Brauner Thon mit vielem Schwefelkies	115' 6"	Blaugrauer u. brauner Thon mit Schwefelkies
Magdeburger Sand	15' 5"	Thoniger Sand, stellenweis verhärtet	17' 2"	Thoniger Sand fest verhärtet
Braunkohlenlager	30' —"	Obere Theil sehr thonig u. sandig, untere sehr rein	58' 6"	Das erste Viertel thonige Kohle, dann fester Sand und Thon
Thon- und Sandlagen (Keuper)	—' 7"	Verhärteter sandiger Thon	10' —"	Thon von grauer Farbe
Aelteres Gestein	—	—	—	—
	225' 6"		220' 2"	

Diese Bohrtabellen zeigen eine sehr wechselnde Mächtigkeit der nordischen Formation, die aber daher zu rühren scheint, dafs *B* und *E* an höher gelegenen Puncten, *C* und *F* an den mittleren und *A* und *D*, in geringer Entfernung von einander, an die tiefsten Stellen angesetzt worden sind. Ungefähr scheint daher die Oberfläche des Septarienthons in demselben Niveau gelegen zu haben. Seine Mächtigkeit wechselt zwischen circa 115 und 150 Fufs, eine Mächtigkeit, die er im eigentlichen Tieflande erst in Polen erlangt. Offenbar ist hier am Rande des Porphyrs von Halle ein tiefes Gewässer gewesen, auf dessen stillem Grunde sich diese bedeutende Thonmasse anhäufen konnte. Unter dem Septarienthon folgt der Magdeburger Sand. Die Beschreibung in der Tabelle vom Bohrloch *A* läfst ihn gar nicht verkennen. Er wechselt von 11 bis zu 34 Fufs Stärke und ebenso thun dies die Braunkohlenlager, die von 13 bis 58 Fufs Mächtigkeit zeigen. Doch sind die angegebenen Kohlenschichten nie ganz reine Kohle gewesen, sondern wahrscheinlich wechselnde Lagen von kohligem Formsand (der so oft für Kohlen gehalten worden ist; siehe oben) und von reiner Kohle. Hiermit scheinen die tertiären Bildungen abzuschliefsen, denn der weifsliche Thon und Sandstein, welcher darunter folgt, ist nach Analogie der Schichten, die man bei Biere und Pietzpuhl (siehe unten) erbohrt hat, für Keuper zu halten. Höchst interessant ist es, dafs man das Bohrloch *A* noch weiter fortgesetzt hat. Man erbohrte zunächst 75 Fufs von einem grünlichen Conglomerat, und darunter 3¾ Fufs Porphyr. Ob das Conglomerat zur Steinkohlen- oder zur Zechsteinformation gehört, ist eine schwer zu entscheidende Frage, sobald man keine genaueren Angaben über dasselbe besitzt. Doch möchte die Wahrscheinlichkeit dafür sein, dafs es zu den Steinkohlenbildungen zu rechnen ist. Man sieht hieraus, dafs der Porphyr die Unterlage der Gegend auch an Stellen bildet, wo er nicht mehr an der Oberfläche erscheint und es wird mehr als wahrscheinlich, dafs unter dem ganzen Terrain zwischen Halle, Torgau und Leipzig, so wie weiter gegen Süden und Osten ein und dieselbe Porphyrbildung fortsetzt.

Jenseit der Elbe nimmt die Zusammensetzung des Terrains einen andern Character an. Beifolgendes Profil (Taf. I. Fig. 3.) stellt die Verhältnisse bei Königsborn, grade östlich von Magdeburg dar [1]). Zwischen Magdeburg und Neu-Königsborn breitet sich das Elbthal aus. In demselben findet sich in der Tiefe ein Sand, der nordisch zu sein scheint, darüber ist Elbschlick abgelagert, ein zerfallender Thon, der nicht mit Säuren aufbraust und auf ihm liegen einige Kiesablagerungen aus allerneuester Zeit, wie sie die Elbe noch jetzt dort absetzt, da sie die Gegend fast alljährlich überfluthet. Der Flugsand bei Alt-Königsborn tritt nur inselartig auf, findet aber seine correspondirende Fortsetzung bei Merz, Wahlitz und Gommern. Wo der Elbschlick in den schwarzen, humosen Sand übergeht und kurz vorher wird er kalkhaltig, so dafs beim Uebergiefsen mit Säuren ein schwaches Aufbrausen stattfindet, was wohl von einer spätern Infiltration von Kalk aus den höher gelegenen Mergellagern herrühren mag. Der humose Sand ist nordischer Art, der darunter liegende Mergel aber Septarienthon. Der Thon ist sowohl äufserlich als durch vorkommende Versteinerungen vollkommen deutlich bestimmt. Die auf ihm liegende Kiesschicht, welche durch grofsen Wasserreichthum ausgezeichnet ist, scheint kein Zwischenlager darin zu sein, sondern den nordischen Bildungen anzugehören. Auch der höher liegende Sand, der sich weiter gegen Osten ausbreitet, ist wieder nordisch, wie denn

[1]) Ich verdanke dasselbe, so wie die Erläuterungen, der gütigen Mittheilung des Herrn Nathusius auf Königsborn.

der Septarienthon und was zu ihm gehört überall, wenn auch manchmal nur schwach, von den nordischen Bildungen überdeckt wird. Auf dem linken Elbufer steht Magdeburg auf der sogenannten Grauwacke, d. h. auf dem unteren Steinkohlen-Sandstein (Milstone-grit). Auf denselben legt sich die Börde-formation, deren gelben Lehm man dort, und wohl nicht mit Unrecht, für ein Product der Zerstörung des unterliegenden Sandsteins und des westlich verbreiteten Muschelkalks hält.

Merkwürdige Verhältnisse, diesen analog, hat ein Bohrversuch in Pietzpuhl 2 Stunden im N.N.O. von Königsborn entwickelt [1]).

Anfang der Messung: $\pm 0'$ mit gutem Boden.

Nordische Bildungen 148′	Gelber Lehm 6½′	6½′	
	Dunkelblauer Thonmergel 43′	49½′	Dunkelblauer Thonmergel
	Geröllschicht 98½′		Ein Steingerölle von Gesteinen aller Art, jedoch meist Granit, durch schwarzbraunen
		84½′	Dunkelbrauner Thonmergel
		101′	Sand verbunden. Dünne Thonlagen kommen auch darin vor. Nach unten werden die Gerölle wieder gröſser und erschweren das Bohren sehr.
Septarienthon 257′	Blauer Thon 257′	148′	Ein sehr kalkhaltiger hellblauer Thonmergel
		157′	Eine dünne Lage nur 6″ mächtig von Kalkstein
		163′	Eine sehr feste Lage kaum 12″ stark von Kalkstein
			Sehr fester hellblauer Thon, weniger kalkhaltig als der obere
		227′	Eine dünne Lage von Schwefelkiesnieren
			Thonlager, bald mehr, bald weniger kalkhaltig
		297′	Ein dünnes Lager von Schwefelkies in Thon
		300′	Sand mit zerstörten Muschelschalen
			Dunkelblauer Thon, sehr fest, stets mit Schwefelkiesnieren gemengt
		398′	Dunkelbrauner Thon, sehr viele Schwefelkiesnieren
		405′	

[1]) Herr v. Wulfen, dem Pietzpuhl gehört, hat darüber das vorstehende Bohrprofil entworfen.

Anfang der Messung: $\pm 0'$ mit gutem Boden.

Braunkohlenbildungen 86'	Sandbank 66'	405'	Eine starke Quelle in weifsem und braunem Sande
		471'	Ein steter Wechsel von Sand u. dünnen Thonstreifen. Fester dunkelblauer Thon
	Thonmergel 20'	491'	Sehr harter ziegelrother Thonmergel
Triasformation 100'	Rother sandiger u. kalkiger Thon. (Keuper?) 100'	517'	Weiche Kalkbank 18" dick
		522'	Rother Thonmergel, in welchem mehrere Kalkschichten auftreten, auch der Thon selbst mit Kalkadern durchzogen (doch nicht etwa Gyps?)
		566'	Feste Stellen mit Spuren von rothem Sandstein
		573'	Rother Sand mit Thon u. dünnen Kalklagen
		580'	Rother Sandstein
		589'	Grüner Sand
		591'	

Es bietet dieses Profil einige der Beachtung werthe Puncte. Der gelbe Lehm, sowie der darunter liegende Mergel mit Geröllen scheint nordisch zu sein [1]. Die aufserordentliche Mächtigkeit von 100 Fufs mufs eine lokale Ursache haben, da sie sonst in diesen Gegenden nicht gewöhnlich zu sein scheint. Ob die Schichten sämmtlich geneigt sind, wie Herr v. **Wulfen** annimmt, ist wohl nicht erwiesen. Eine scheinbare Neigung im obersten Gerölle und Lehm kommt oftmals vor. Der darunter folgende Thon von 257 Fufs Stärke ist Septarienthon, sowohl durch das Vorkommen von Septarien und Schwefelkies, als durch die gewöhnlichen Versteinerungen characterisirt. Auch hier fällt die aufserordentliche Mächtigkeit auf, die in der norddeutschen Ebene nur von dem muschelhaltigen Thon bei Glückstadt übertroffen wird, sonst aber nirgends so grofs wiedergefunden worden ist. Der darunter liegende Sand und Thon vertritt wahrscheinlich die Braunkohlenbildungen, während die darauf folgenden, wechselnden Schichten von rothem Sand, Thon und Kalkstein entweder unterer Keuper oder oberer bunter Sandstein sein könnten. Sicherlich gehören sie zur Triasformation. Dafs hier keine Spur von Pflanzenresten vorkommt

[1] Leider habe ich diesen Punct nicht selbst gesehen, Königsborn kenne ich aus eigener Anschauung.

ist sehr auffallend, aber es ist eine Erscheinung, die sich doch verstehen läfst, da das stärker bewegte Gewässer in der Nähe der alten Küste den Absatz von Treibhölzern nicht gestattet hat, obgleich dieselben sich sowohl in den kleinen Becken am Rande des Ufers ansammelten, als auch sich weiter hinaus im offenen Meere in die Tiefe senkten.

3. Der Flemming.

Mit dem Namen Flemming bezeichnet man einen ausgedehnten Landrücken im Norden des Elster- und Elbthales, ungefähr zwischen Senftenberg an der Elster und Roslau an der Elbe, der sich in seiner gröfsten Erstreckung auf 20 geographische Meilen in der Richtung von O.S.O. gegen W.N.W. ausdehnt. Bei dieser Länge beträgt seine Breite ziemlich gleichmäfsig vier Meilen, so dafs er ein Gebirge gröfser als der Harz ist. An seiner nördlichen Seite wird er in derselben Richtung, wie durch die Flufsthäler im Süden, durch eine Reihe von Niederungen begrenzt, zu welchen auch der obere Spreewald zu rechnen ist, deren Rand durch die Orte Vetschau, Lübbenau, Lübben, Golssen, Baruth, Luckenwalde, Treuenbrietzen, Brück und Ziesar bezeichnet wird. Westlich und östlich verlieren sich die Höhen allmälig und mit Bestimmtheit kann das Spreethal zwischen Spremberg und Kottbus, so wie das Elbthal zwischen Acken und Magdeburg als äufserste Grenze angesehen werden.

Folgt man von Treuenbrietzen der Chaussée nach Wittenberg, so durchwandert man zuerst den letzten Theil der Ebene, welche sich am Fufs des Flemming weithin ausbreitet. Ganz allmälig steigt darauf das Terrain bis zum Chausséehause an, dann aber hebt es sich plötzlich in Sandhügeln von 60 bis 80 Fufs schneller herauf. Hat man den ersten Hügel hinter sich, so tritt nach einer schwachen Vertiefung ein zweiter Hügel hervor, hinter ihm ein dritter und endlich ein vierter. Alle setzen, wenn man sie näher verfolgt, rechts und links in der Hauptrichtung von N.O. gegen S.W. fort und bilden so eine Terrasse, die in ihren höchsten Puncten wohl 150 bis 200 Fufs über Treuenbrietzen sich erheben mag, also eine absolute Höhe von circa 350 bis 400 Fufs besitzen könnte. Die Hügel scheinen aus Sand zu bestehen und sind auf ihrer Oberfläche mit einem unfruchtbaren Kies bedeckt, der keine grofsen Geschiebe führt. Man sieht jedoch hin und wieder an der Chaussée Steinhaufen, deren kleine Stücke deutlich alle von nur einem grofsen Blocke abstammen, und untersucht man diese Stücke näher, so sind sie Gneufs. Sonst wird die Strafse mit kleinen Geröllen gebaut, die man von den umgebenden, unbebauten Feldern aufliest, und darin wechselt Gneufs mit Granit und Sandsteinen, theils dunkelrothen, theils hellen, aber auch weifsen von grobem und von feinem Korne. Auffallend ist im Kiese und Sande, der die Höhen bedeckt, der gänzliche Mangel der Feuersteine, so wie das Vorkommen einer Menge kleiner milchweifser Quarzgeschiebe von Haselnufs- bis Wallnufsgröfse, die sonst in der Mark Brandenburg nicht vorzukommen pflegen. Die gröfste Höhe liegt in der Richtung zwischen den Dörfern Schwabek und Pfluckuf in der Nähe des nördlichen Randes und von da fällt das Terrain gegen Süden allmälig und gleichförmig ab. Auf dem Abfall bessert sich der Boden, der sogar zwischen Marzahne und Wergzahne ein besonders guter zu nennen ist. Von dieser Beschaffenheit scheint das Land im Allgemeinen, nur dafs, wie gewöhnlich, die Thalränder der kleinen Flüsse versandet sind, während das tiefe Thal von Moorgrund erfüllt wird. Das Zahnethal, welches solche Beschaffenheit zeigt, wird bei der sogenannten Fischermühle von der Berlin-Anhalt'schen Eisenbahn durchschnitten, die auf einem hohen Damm das Thal überschreitet. Man hat, um diesen Damm aufzuführen, zu beiden Seiten an mehreren Stellen 5—10 Fufs fortgenommen, aber es sind absichtlich, um der bequemen Arbeit willen, die Stellen gewählt worden, wo nur Sand zu finden war. Geschiebe sind nicht selten darin, aber so häufig als in den nördlichen Gegenden sind sie bei Weitem nicht. Die grofsen bestehen fast nur aus Gneufs, wenig Granit, Basalt und Diorit, die kleinen dagegen aus Gneufs, rothem Porphyr und sehr viel Sandstein in allerlei Varietäten. Diese kleinern Geschiebe von etwa 4 bis 6 Zoll im Durchmesser sind dadurch ausgezeichnet, dafs sie nicht wie die nordischen Geschiebe beliebige Formen vielseitiger Gestalt besitzen, bei denen nur die Kanten abgerundet sind, sondern es sind kugel-

oder eiförmige Massen, deren ganze Oberfläche abgerundet worden ist. Solcher Geschiebe von mittlerer Gröfse, die besonders aus weifsen Sandsteinen bestehen, soll sich eine grofse Menge bei dem Dorfe Woltersdorf aufgehäuft finden, was indefs ohne besondere Wichtigkeit scheint, da man wohl weifs, dafs Geschiebe an der Oberfläche des norddeutschen Tieflandes stets von entfernten Puncten herstammen und keineswegs in Zusammenhang mit den vielleicht tiefer anstehenden Gesteinen sind. Der Gang der Eisenbahn zwischen Jüterbogk und Wittenberg durchschneidet den sogenannten niedrigen Flemming. Jüterbogk liegt im Thale, und die Bahn tritt westlich von der Stadt in das Plateau des Flemming ein. Der Bahnhof mag ungefähr 50 Fufs über die Stadt erhaben sein, und da diese nach barometrischen Messungen 210 Fufs über dem Meere liegt, so ist der Bahnhof circa 150 Fufs höher gelegen, als der von Berlin. Nach und nach hebt sich das Niveau der Bahn bis es zwischen Seehausen und Wälmsdorf 215 Fufs über dem Ausgangspunkt von Berlin liegt, bleibt dann bis Zahna in ungefähr 200 Fufs Höhe und senkt sich von dort bis Wittenberg zum Elbthale herab. So bestimmte sich also die Höhe des niedrigen Flemming auf 250 bis 325 Fufs über dem Meere.

Auf der nördlichen Seite besteht dies Plateau aus der Geschiebe-führenden Lehmbedeckung der Mark, wie sich das leicht aus kleinen Geschieben, die an dem Bahnhof bei Jüterbogk zusammengebracht werden, erkennen läfst, denn es befinden sich darunter Uebergangskalksteine der Insel Gothland, so wie Feuersteine mit den gewöhnlichen Versteinerungen der Kreideformation. Der Lehm ist so fett und rein, dafs er vom offenen Felde abgegraben und zu Steinen gebrannt wird, und ist daher der Boden der ganzen Gegend höchst fruchtbar. Je weiter man indefs nach Süden fortschreitet, desto mehr vermischt sich dieser Lehm mit Sand, und wie die Gegend anfängt sich gegen das Elbthal herabzuneigen, wird Sand die herrschende Bedeckung. Der Sand ist grob und hat meist eine schwach gelbe Farbe, doch nicht jenes dunkle erbsgelb, das dem Sand der nördlichen Mark eigen ist. Er führt, wie die Bedeckung des hohen Flemming, jene kleinen, milchweifsen Quarze, deren schon oben Erwähnung geschah.

Kommt man in das Elbthal herab, so sieht man ein weites ebenes Thal vor sich, an dessen nördlichem Rande der Flufs hart vorüberdrängt und dadurch kleine Entblöfsungen an vielen Stellen hervorbringt. Bei Klein-Wittenberg, einer Vorstadt der Festung, werden die Ufer von 20 Fufs Höhe beständig vom Flufs unterwaschen und zeigen daher auf die Erstreckung von einigen hundert Fufs, wiederholt ausgedehnte Abstürze, welche einen sichern Aufschlufs über die Zusammensetzung der Thalgehänge geben. Zu oberst liegt eine Sandschicht von circa 10 Fufs Mächtigkeit, darunter 5 Fufs feiner Lehm mit wenigen Geschieben und endlich eine Lage feinen schwarzen Thons, dessen Mächtigkeit nicht zu bestimmen ist, da er unter den Wasserspiegel herabgeht. Es scheint, dafs diese Art der Bedeckung auf dem rechten Ufer gleichbleibend ist. Eine grofse Ziegelei vor der Stadt läfst ihren Thon auf den östlich gelegenen Wiesen graben, die ganz in dem Niveau des eigentlichen Flufsthales liegen und arbeitet daher wahrscheinlich mit dem Schlick, welcher vom Flusse angeschwemmt worden, ähnlich wie dies an vielen Stellen weiter abwärts von der Elbe geschieht. Im Norden von Wittenberg steigt der Flemming wieder an und zeigt dieselbe Zusammensetzung wie bei Zahna, nur sind die Anhäufungen von Sand noch mächtiger und bedecken unmittelbar die Thonlagen, unter denen die Braunkohlenbildungen beginnen. Beim Graben eines Brunnens im Dorfe Reinsdorf durchsank man folgende Schichten: zu oberst eine Lage von schwach lehmigem Sande, dann ein Lager von Grus, das aus Geschieben von der Gröfse einer Wallnufs und noch kleiner bestand, die so dicht übereinander lagen, dafs mit dem Spaten kaum durchzukommen war, und darunter eine Schicht von Sand von circa 60 Fufs Mächtigkeit. Unter dem Sande lagen Thonschichten und dann ein anderer scharfer, weifser Sand, in welchem hier wahrscheinlich der Sand der Braunkohlenformation zu erkennen ist.

Oestlich von der Linie der Eisenbahn breitet sich der niedere Flemming aus und wird zum Theil von ihr schon durchschnitten. Der Boden dieser Gegenden ist ein der Vegetation sehr günstiger, da er durch eine gleichmäfsige Beimischung von Lehm zu einem feinen Sande, bei grofser Lockerheit doch eine bedeutende Triebkraft besitzt. Freilich erfordert er eine stete und gute Düngung, aber dafür ist er auch vielen Fährlichkeiten, welche ein fetterer Boden mit sich führt, nicht ausgesetzt. Unter den gröfseren Geschieben, welche an der Oberfläche mitunter vorkommen, sind Gneufsstücke, welche von Granitgängen durchsetzt werden, nicht selten, ein Vorkommen, das sonst in der Ebene nicht gewöhnlich ist. Die Gegend östlich von Zahna ist mit einem schwach lehmigen Sande bedeckt, der so wenig Geschiebe enthält, dafs selbst diejenigen, welche man zum Chausséebau benutzt, gegraben werden müssen. Dies geschieht z. B. an einem Hügel hinter Zalmsdorf, in der Haide, wo man sie in ziemlicher Menge in drei bis vier Fufs Tiefe gefunden hat. Hier fängt der Boden an mehr sandig zu werden und behält diese Beschaffenheit bis nach Gadegast, das am Rande einer Niederung liegt, die dem Wiesenbach seinen Ursprung giebt. Leyda, Lütchenseyda und Gentha liegen in derselben und haben alle einen schwarzen moorigen Wiesenboden. Von Gentha an zeigt das allmälig gegen O. und S.O. abfallende Terrain einen lehmigen Sand, mit dem für diese Gegenden so eigenthümlichen Kies gemengt, der in Stücken von einer Faust bis zu einer kleinen Haselnufs wechselt und hauptsächlich aus weifsem Quarze besteht, aber durchaus keine gröfseren Gerölle enthält. Denselben Character behält die Gegend über Ruhlsdorf und Rehhagen bis nach Jessen.

In ähnlicher Weise zeigt sich auch die Beschaffenheit der Weinberge zwischen Jessen und Schweinitz, die offenbar noch mit zum Flemming gehören, und dicht an der Elster einen Raum von ungefähr einer Viertelquadratmeile einnehmen. Von Südosten her steigen sie sehr langsam an, mit losem, grobem Sande bedeckt, gegen Süden fallen sie zur Elster etwas schneller ab, gegen Westen am steilsten, gegen Norden aber gar nicht, sondern hier verlieren sie sich allmälig in das Plateau des Flemming, das, obgleich wenig erhaben, sich bis zum Elsterthale ausbreitet. Nach Süden und Südwesten sind sie ganz mit Reben und Obstbäumen bepflanzt, so dafs in guten Jahren 5 bis 6000 Eimer Wein hier gewonnen werden, oben auf der Höhe sind Ackerfelder und nach dem westlichen Abhang zu mehrere Ziegeleien. Man findet den Lehm für dieselben auf dieser Seite unmittelbar unter der Oberfläche und es scheint, dafs die Sandbedeckung, welche von Schweinitz herauf sich stetig zeigt, hier aufhört und den darunterliegenden Lehm zu Tage treten läfst. Der Lehm ist fein, jedoch mit vielem Kalk gemischt, so dafs die Brenner vorsichtig die sichtbaren Kalkstücke auslesen müssen, damit sich diese nicht nach dem Brennen im Steine löschen und ihn platzen machen. Auch scheint der Lehm nur wenig Eisen zu enthalten, da die gebrannten Steine nur eine blafsröthliche Farbe haben. In der Tiefe soll, nach der Angabe der Arbeiter, ein schwarzer Thon anstehen, der beim Brennen völlig weifs wird. Geschiebe führt der Lehm nur wenige, doch unter diesen mindestens die Hälfte Basalt, aufserdem Gneufs, Granit und kleine Stücke von Sandstein. Alles Gesteine, welche in Sachsen und der Lausitz zu Hause sind. Im Sande finden sich wieder jene oben erwähnten milchweifsen Quarze und mit ihnen viele kleine Kieselschiefer, die auch schon auf dem Wege von Zahna aus hierher häufig vorkommen.

Von Schweinitz nach Hartmannsdorf zu bleibt die Beschaffenheit des Bodens dieselbe, lehmiger Sand ohne Geschiebe. Von Klein-Korgen bis Neuenstedt breitet sich ein schwarzer Moorgrund aus. Die ganze Gegend senkt sich allmälig, aber sehr langsam gegen S.O. An der Elster gegen Herzberg zu, so wie von da nach Liebenwerda und auch nach Torgau hin wird der Boden sandiger und heller, und da Geschiebe weder an der Oberfläche, noch in der Tiefe zu finden sind, so baut man die Chaussée mit Kies. Der hier gewöhnliche Kies besteht nur aus Quarz und Kieselschiefer, ist stark abgerollt und stammt offenbar aus Sachsen und Böhmen, von wo er durch die Elbe herabgeführt ist. Die niedrige Sandfläche zwischen Elster und Elbe in diesen Gegenden ist in Folge der Auswaschung der ältern Schichten und der Anhäufung von Sand durch die genannten beiden Flüsse entstanden. Von Liebenwalde nach Elsterwerda geht der Weg am Gehänge des rechten Ufers herauf. Weinberge bezeichnen ein günstiges Klima. Faustgrofse Geschiebe von Quarz, Kieselschiefer und Hornstein, mitunter auch Feuersteine, sind an der Oberfläche verstreut und einige gröfsere von Granit und Quarzporphyr liegen dazwischen, aber kein Basalt. Der Boden ist schwach lehmig.

Der westliche Flemming, dessen höchste allgemeine Erhebung in die Gegend von Pflückuf, Bossdorf, Lobbesen und Senst fällt, breitet sich im Süden sowohl, als im Norden in mehreren Parallelketten von N.O. gegen S.W. aus. Sowohl die Thalbildungen und der Lauf der kleinen Flüsse und Bäche, als auch nicht selten die Richtung der einzelnen Rücken selbst, hält bestimmt das Streichen von N.O. nach S.W. ein. So findet er seine Grenzen im Süden durch das Elbthal von Wittenberg bis Klieken, im Westen durch die Gegend zwischen Klieken, Thiessen, Ragösen, Grimme und Reuden, im Nordwesten und Norden aber weiter vorgreifend, durch die Gegend Loburg, Ziesar und Wollin. Von dort gehen seine, zum Theil hoch erhobenen Ränder, südlich von Brück und Treuenbrietzen fort und verbinden ihn mit dem östlichen, gröfsten Theils niedrigen Flemming.

Die früher gemachte Beobachtung, dafs der Flemming zum grofsen Theil auf seinem südlichen Abfalle einen Sand trägt, der ausgezeichnet ist durch zahlreiche kleine Gerölle von etwa Zollgröfse, die aus trübem, weifsen Quarze und schwarzem Kieselschiefer bestehen, bestätigt sich auch in der Gegend von Roslau. Es sind milchweifse oder schwach gelbliche Quarze, oft auf der Oberfläche gelb, innen aber weifs, nicht stark abgerundet und schwarze oder ganz dunkelgrüne Kieselschiefer, welche noch die Richtung, in der sie schiefern, bemerken lassen und von vielen weifsen Quarzgängen durchsetzt werden. Mit ihnen kommen häufig Feuersteine vor, hellgrau, auch gelblich von Farbe, deren Oberfläche meist dunkelgelb gefärbt ist. Da nun im Süden, woher offenbar die Quarze und Kieselschiefer stammen, keine weifse Kreide mit Feuersteinen bekannt ist, man auch keine Ursache hat, zu vermuthen, dafs früher bedeutende Lager derselben (denn die Feuersteine sind im Sande sehr verbreitet) in Sachsen oder Böhmen existirt haben, die vielleicht später zerstört worden wären, so mufs man wohl annehmen, dafs die Feuersteine zu nordischen Formationen gehören, so dafs hier eine Vermischung dieser nordischen Bildungen mit den von Süden stammenden Massen anzunehmen wäre. Dafür spricht auch die Beschaffenheit des Sandes dieser Gegenden.

Der Sand von Roslau, westlich der Stadt und Eisenbahn, wie er unmittelbar an der Oberfläche liegt und kleine Gerölle führt, ist ein bräunlichgrauer Sand von ungleichem Korn, zwischen Hirsekorngröfse und dem feinsten Staub wechselnd, untermischt mit feinem, braunen Thon, der jedoch nur in sehr geringer Menge vorhanden ist, so dafs er sich, bis auf eine gelbbraune Haut, die über den einzelnen Quarzkörnern sitzen bleibt, leicht abschlämmen läfst. Diese festsitzende Haut beweist, dafs Sand und Thon nicht ein zufälliges Gemisch aus verschiedenen Schichten sind, sondern dafs beide, bei ihrem Absatze auf jetziger Lagerstätte in inniger Berührung gewesen sein müssen. Es scheint, dafs nur der Sand am Rande des Elbthales solche Beimischung von Thon besitzt, denn der Sand von Klieken am Rande der Eisenbahn ist durchaus thonfrei, hellgelb und klar, gleichförmiger im Korn und feiner; in mineralogischer Hinsicht unserm nordischen Sande sich anschliefsend, da er gelblichen, durchsichtigen Quarz, fleischrothen Feldspath, etwas trüben, blafsrothen Feldspath und einige ganz kleine, schwarze Körner führt.

Das Elbthal hat hier auf der nördlichen Seite ein steileres Gehänge, während es gegen Süden sich ganz allmälig zu den Höhen erhebt, die in der Gegend von Gräfenhainichen liegen und nicht unbedeutend sein können, weil sie von jedem höher gelegenen Puncte sichtbar, scheinbar eine Höhe von einigen hundert Fufs erreichen. Die Karten zeichnen jenen nördlichen Rand besonders scharf jenseit Koswig, nicht weit vom Dorfe Gribau, bei dem ehemals ein Alaunwerk betrieben worden ist. Die Elbe, welche hier sehr bedeutende Windungen macht, hat in einem weiten Bogen das Ufer unterwaschen und dadurch Abstürze gebildet, die bei der Festigkeit des sie zusammensetzenden Sandes fast senkrecht stehen, 20 bis 25 Fufs Höhe erreichen, und dadurch ein ganz vortreffliches Profil der Schichten geben, welche das Ufer zusammensetzen. Am westlichen Theile bestehen die Schichten aus Sand, der zu oberst hell erbsgelb, ganz die Beschaffenheit der rings verbreiteten Sandmassen hat und, bei 1 bis 1½ Fufs Mächtigkeit, zu unterst eine

Schicht von weifsen Kieseln enthält, die, 2 bis 4 Zoll stark, jene oft erwähnten Quarze in der gröfsten Häufigkeit enthält. Darunter folgt ein anderer Sand, der mehr oder minder durch Eisenoxydhydrat ockergelb, ja selbst braun gefärbt ist und durch das beigemengte Eisenoxyd zuweilen so fest verkittet ist, dafs er in grofsen Stücken wie Sandstein losbricht und in Blöcken den Abhang bedeckt. Der Sand, durch Salzsäure vom Eisen befreit, zeigt einen rein weifsen, theils klaren, theils milchigen Quarz, der hier und dort Körner von trübem, grauem Quarz und einige schwarze Puncte enthält, sonst aber weder Feldspath noch andere fremde Beimengungen führt. Der gröfste Theil des Ufers besteht aus dichtem Sande, an den sich unten im Spiegel des Flusses frisch angeschwemmter Sand und hin und wieder ein Streifen Thon legt, in denen Brocken von Braunkohle vorkommen, die mit gebleichter Oberfläche, in abgerundeten Stücken deutlich erkennen lassen, dafs sie sich schon einige Zeit im Wasser befunden haben.

Der Punct, von welchem dieselben zu stammen scheinen, liegt etwas weiter nach Osten, unmittelbar vor dem Dorfe Gribau. Hier stehen Flötze schöner, fester Kohle von 11 bis 15 Zoll Mächtigkeit an, wie es scheint völlig saiger, im Spiegel der Elbe und von ihr ein wenig entblöfst. Die Kohle hat ganz die Eigenschaften einer guten festen Stückkohle, aber weder Streichen noch Fallen ist sicher wahrzunehmen; das Fallen scheint indefs nördlich. Mit ihr kommt ein dichter, schwerer, schwarzer, sehr glimmerreicher Thon vor, wahrscheinlich das Material, das man früher zur Alaunbereitung benutzt hat und darüber ein grünlichgrauer Mergel, wahrscheinlich der früher erwähnte Magdeburger Sand, der viel groben Sand und auch Feuersteine führt. Mit Salzsäure braust der letztere stark auf und zerfällt zu einem dunkelgrünen Thon, aus welchem sich leicht der grobe Sand, der noch einzelne Kalkstückchen enthält, herausschlemmt. Da hier die Braunkohlen zu Tage gehen, so ist es sehr wahrscheinlich, dafs auch der von hier nicht entfernte einzeln stehende Apollensberg, der jenseits der Eisenbahn liegt, Braunkohlen enthalten werde, welches jedoch durch Bohrversuche sich erst erweisen kann. Der Weg von Gribau nach Wittenberg bietet nichts Auffallendes dar, nur ist es bemerkenswerth, daſs ein kleiner Bach, der kaum ½ Stunde vom Elblauf entspringt, mit einer verhältniſsmäſsig groſsen Wassermasse und tief eingeschnittenem Bette dem Strome zueilt.

Wendet man sich von Wittenberg nach Belzig, so hebt sich der Weg auf eine flache Welle von 40 bis 50 Fuſs herauf, die mit Sand und Grand, grobem Kies, bedeckt ist. In einer Kiesgrube lagen zu oberst 8 Fuſs Grand, dann 1 Fuſs Sand, darunter wieder 5 Fuſs Grand. Der Sand ist hellgelb, im Kerne fast gleichförmig, von Mohnkorngröſse, aus gelblichem, durchsichtigem Quarz bestehend, ohne Feldspath, dem einige milchweiſse und graue Quarze beigemengt sind. Dahinter liegt eine flache Mulde und darauf folgt eine zweite schwache Erhebung. Solcher Rücken und Mulden setzen sich mehrere auf einer allmälig steigenden Hochebene ein, und alle streichen in der allgemeinen Richtung des Flemming fort. An der westlichen Seite des Weges, nicht weit von dem Dorfe Dobien sind kleine Thongruben angelegt. Zu oberst liegt ein Sandlager von 6 bis 7 Fuſs, das sich in mehrere Schichten trennt, und auch einen Schmitz schwarzen Thons enthält, darunter folgen 3 Fuſs grauer, feiner Thon und Formsand, dann ein Flötz sandiger Kohle, darunter ein grober Sand, und dann wieder Thon, der bis zu 3 Fuſs Tiefe abgestochen ist, ohne das Liegende zu zeigen. Aller Sand, sowohl der obere als der mittlere und untere trägt den Character des Braunkohlensandes, und besteht nur aus Quarz. Der obere gleicht jenem gelben Sande von Gribau, der mittlere ist feiner aschgrauer Formsand mit kleinen Glimmerschüppchen, der untere ein grober Sand von milchigem und grauem Quarz, dessen Körner zwischen der Gröſse eines Hirsekorns und einer halben Linie Durchmesser wechseln und damit dem sogenannten Kohlensand sich anschlieſsen. Das Ganze scheint von O.N.O. gegen W.S.W. zu streichen mit 20° Fallen gegen Nordwest. Kurz vor Dobien fällt das Terrain wieder ab, und das Dorf liegt in einem Kessel, durch den ein bedeutender Bach flieſst, welcher, um Wittenberg herumgehend, oberhalb der Stadt sich in die Elbe ergieſst. Von der Tiefe hebt sich der Weg mit schwachem Ansteigen wieder 40 bis 50 Fuſs herauf; ein Hügel tritt im Westen, ein anderer im Südwesten hervor; man hat die mittlere Erhebung des hohen Flemming erreicht, aber die höchsten Puncte bleiben noch im Nordosten sichtbar. Dennoch übersieht man von hier gegen Süden die ganze Gegend vom Muldethal bis zu dem Thal der Elster, mitten inne die Höhen von Gräfenhainichen und die Dübener Haide. Von Dobien nach Nudersdorf scheint sich das Terrain wieder ein wenig zu senken und vor dem Dorfe dieses Namens liegt eine Kiesgrube am Berge, in welcher sich oben Kies, der nur aus weifsem Quarz und Kieselschiefer besteht, darunter aber ein feiner, weifser und gelber, fester Sand findet, der sich wie Lehm abstechen läfst. Er enthält aufser einem hellen Quarz von sehr feinem Korn, viele kleine glänzende schwarze Körner, einige rothe Pünctchen und etwas weifsen Glimmer. Bei Nudersdorf und besonders dahinter kommen Geschiebe an der Oberfläche vor, die ganz das Gepräge der nordischen Blöcke tragen und auch hinter dem Orte in einem erbsgelben Sande sich finden, der ganz dem nordischen gleicht. Nudersdorf liegt im Thal eines Baches, der bei Straach entspringt und kaum 1000 Schritte von seinem Quell schon im Stande ist eine Mühle zu treiben. Das deutet auf das Vorhandensein der Braunkohlen im hohen Flemming hin, denn es beweist, dafs in einiger Tiefe Schichten vorhanden sind, die das Wasser nicht durchlassen, sondern in eine tiefer gelegene Gegend abführen, und da der Lehm in den nordischen Gebilden wegen des vielen Sandes, mit dem er gemischt ist, das Wasser nicht zurückhält, so weisen starke Bäche, welche in diesen Gegenden an Gehängen von Höhenzügen entspringen, auf erhobene Kohlenschichten hin, da diese das Wasser besser abzuschneiden vermögen. In Straach indefs, dem nächsten höher gegen Norden gelegenen Dorfe, fand sich von Kohlen keine Spur. Vor dem Dorfe liegt eine Sandgrube, die einen fast weifsen Sand enthält, der aus rein weifsen, halbdurchsichtigen Quarzkörnern von der Gröfse des Mohns und einigen schwarzen und gelbrothen fremden Körnern besteht, völlig gleichförmig ist und gar keine Geschiebe, auch nicht kleinere, führt. Hinter dem Dorfe sind Ziegeleien, welche, seit dem Elbufer die ersten, augenscheinlich mit nordischem Lehme arbeiten, so dafs auch der vorerwähnte Sand wahrscheinlich desselben Ursprungs ist.

Das Ansehen der Felder überzeugt ein geübtes Auge bald,

ob man es mit nordischen Bildungen oder mit den von Süden stammenden Absätzen zu thun hat. Die letzteren zeigen entweder völlig reine Flächen, wie der schöne, höchst fruchtbare Boden der Magdeburger Börde, oder sie tragen jene kleinen, rundlichen Quarzgerölle in großser Zahl, deren schon so oft Erwähnung geschah, während die Bodenarten nordischen Ursprungs, selbst die besseren, wie sie z. B. in der Uckermark verbreitet sind, sich immer durch kleine, nicht gerundete, sondern unregelmäſsig geformte Geschiebe von Granit und Gneuſs und Grünstein, meist zwischen 2 und 4 Zoll im Durchmesser, an der Oberfläche auszeichnen. Der Lehm von Straach liegt völlig frei und zeigt eine gefleckte Masse, theils grünlichgrau, theils hell gelbbraun, von Pflanzenresten, da sie vom Acker genommen wird, durchzogen, sehr fein und plastisch, wenig Sand und fast gar kein Geschiebe enthaltend. Er setzt von hier gegen die Senster und Kobbelsdorfer Haide fort und es scheint in diesen Gegenden die Grenze seines Vordringens gegen Süden gewesen zu sein.

In der Nähe von Nudersdorf befinden sich zwei Bergbaue auf Braunkohlen. Von Nudersdorf liegen die Werke gegen S.W. am nördlichen Abhang des Gallunberges. Die Kohlenlager bilden die Höhe des Berges und scheinen auf dem Kamme mit den obersten Lagen anzustehen, bei einem Streichen zwischen N.O. zu O. gegen S.W. zu W. und einem Fallen von 20 bis 30 Grad gegen Südwesten.

Zu oberst finden sich die Lager, welche schon von Dobien bekannt sind, dann folgt auf den letzten Thon, der 10 bis 12 Fuſs mächtig ist, ein graugelber Sand in Bänken von 8 bis 10 Fuſs, verschieden im Korn, nicht selten weiſsen Quarz, doch nie über Haselnuſsgröſse führend, dann wieder 1½ Fuſs Thon und darunter 3½ Fuſs gelbgrauer oder dunkelisabeller Formsand, von jener Farbe, die ihm so eigenthümlich ist, und auch chocolat-au-lait heiſsen könnte. Darunter die Kohle. Oben ist sie fast so locker wie Torf, mit vielen Wurzeln durchzogen, wird aber fester nach unten. Ein Sandschmitz von 10 Zoll trennt ein unteres, festeres Flötztheil vom obern, das oft kleine Sandstriche enthält. Beide haben ungefähr je 4 Fuſs Mächtigkeit. So ist das Verhalten in der ersten Grube, die zu oberst am Tage liegt. In der zweiten wechseln unter dem oberen Sande, der auch nur 1 bis 2 Fufs stark liegt, oftmals Kohle und Formsand, auch gehen beide in einander über, so dafs eine schiefrig-sandige Kohle entsteht, die zusammen 12 bis 15 Fufs Mächtigkeit hat, dann folgt das festere Flötz in zwei Theilen. Der obere, 4 Fufs mächtig, ist locker und leicht zerblätternd, darunter stehen 10 bis 12 Zoll Formsand und dann 6 Fufs Kohle, die sehr fest und gut ist. Sie wird von braunem Formsand unterlagert, dessen Liegendes nicht zu sehen ist. Es scheint, dafs die Kohle des ersten Baues nur dem oberen Theil des zweiten entspricht. Nördlich von beiden weiter herab gräbt man einen oben aufliegenden, ganz reinen Sand für eine Glashütte in der Brandshaide, wozu man theils den über allen obersten Kohlenschichten liegenden, theils einen unter dem obersten Moorkohlenflötz liegenden Formsand nimmt. Oben auf dem Berge bilden die obersten Schichten den Rücken und fallen nach Süden; hier am nördlichen Abhang treten dieselben Schichten wieder auf, und doch nicht das Liegende, so dafs wahrscheinlich eine kleine Verwerfung dazwischen zu finden ist. Das Streichen der Sandschichten ist ungefähr von W. nach O. mit 40° Fallen nach Süden. Da bei Dobien die Schichten nördlich fallen, hier aber südlich, so möchte zwischen beiden Localitäten wohl eine grofse Mulde liegen, denn an beiden Stellen ist das Streichen fast dasselbe und das Fallen bedeutend. Herr Plettner, welcher später diese Stelle besucht hat, fand in den beiden Tagebauen etwas andere Verhältnisse entblöfst. In dem einen lagen zu oberst 10 bis 12 Fufs nordischer Sand, dann Formsand, dessen Mächtigkeit nicht angegeben ist. Darauf 3 Fufs feinblättrige, schwarzbraune mürbe Kohle, dann 8 Fufs bräunlichgrauer Sand und endlich ein Braunkohlenflötz von 8 Fufs, das in den oberen Theilen mit feinem Sande gemengt, in den unteren aber rein ist. Die Kohle ist sehr locker. In dem anderen Tagebau wechseln in den oberen 30 Fufs mehrmals Thon- und Sandlager, unter denen eine feinblättrige Kohle folgt, die viel Sand enthält. Da aber beide Gruben nicht mehr bebaut werden, was bei den hohen Preisen, die man für die Kohlen verlangte, kein Wunder ist, so sind sie zum Theil verschüttet und die Kohlen an der Luft verwittert.

Aufser Nudersdorf ist die Gegend von Kropstädt noch geognostisch wichtig, weil hier die am höchsten gelegenen Braunkohlen im Flemming sich finden. Der Weg von Nudersdorf nach Kropstädt geht im Holze fort, wird aber bald eine Art Hohlweg, da er sich zwischen zwei Hügeln fortzieht, die, wie mehrere andere 20 bis 30 Fufs hohe Züge neben ihnen, ungefähr von W.S.W. gegen O.N.O. streichen. Vor Grabow laufen diese kleinen Rücken in ein Plateau aus, das nur wenig ansteigend in zwei Hügeln endigt, die steil 50 bis 60 Fufs gegen Osten abfallen. Es sind der Michelsberg und der Schwarzeberg. Auf dem ersteren steht noch etwas Gemäuer, wahrscheinlich von einer Kapelle, und von ihm hat man eine gute Aussicht gegen Norden und Nordosten auf den höchsten Theil des Flemming. Die Form des Hügels ist überraschend. So steilen Abfall, so kurze, kleine Nasen nach den Seiten hin sieht man im aufgeschwemmten Lande sonst nicht und nur am Rabenstein bei Belzig finden sich ähnliche Gehänge. Gewifs sind es die festen Sande und Thone der Braunkohlenformation, welche das Bestehen solcher Formen möglich gemacht haben, denn weder der nordische Lehm, noch weniger der Sand, vermöchten sich in so steilen Massen beim Einflusse der Atmosphärilien zu erhalten. Auch war der Berg mit vielen weifsen Kieseln bedeckt, die unter ihm in einer Niederung, welche sich über Jahmo nach Mochau zu ausbreitet, nicht zu bemerken waren, da dort der nordische Sand deutlich mit vielen grofsen Gneufs- und Granitgeschieben hervortrat.

Man erreicht auf diesem Wege die Chaussée zwischen Wittenberg und Kropstädt an einer Stelle, wo man deutlich sieht, dafs auf die erste bedeutende Hebung, welche durch die Höhen bei Reinsdorf, Dobien und Woltersdorf bezeichnet wird, eine zweite folgt, die durch den Apollens- und Burtzberg, den Gallenburg, den Michels- und Schwarzenberg-Berg und durch die Stangenberge hinter Kropstädt sich auszeichnet. Zwischen beiden Zügen liegt eine Mulde, an deren nördlichem Flügel sich das Kohlenwerk von Kropstädt befindet. Es ist ein Tagebau. Man räumt 18 Fufs Sand und Lehm ab und findet darunter 10 Fufs Kohle; unter dieser folgt wieder 18 Fufs grauer Thon und dann 8 Fufs Triebsand. Weiter ist man bei den

Bohrversuchen nicht gegangen. Man hat bis jetzt [1]) erst ungefähr 40 Quadratruthen des Flötzes abgebaut, und eben so viel vom Abraume entblöfst. Dazu kommt, dafs das Wasser starken Zugang hat, und so sind die Aufschlüsse noch nicht bedeutend. Zu oberst liegen 2½ Fufs Sand, unter dem sich eine kleine Lage von weifsen Quarzgeröllen findet, ganz so wie sie bei Gribau vorkommen, darunter beginnt ein gemischtes Lager von Lehm und Sand, das 10 Fufs Mächtigkeit hat, und beide in unregelmäfsigen, wellenförmigen Streifen durcheinander führt. Der Lehm ist ziemlich frei vom Sande, aber der Sand immer durch etwas Lehm gefärbt. Daher erscheint nicht blos der Lehm hell graugelb, sondern auch der Sand, obgleich dieser fast nur aus farblosen Quarzen besteht, denen einige milchige und blafsgraue Körner beigemengt sind. Darauf folgt eine schwache Lage von braunem Thon, diesem ein halber Fufs Sand, und darunter 4 Fufs schön kastanienbrauner sandiger Thon, der jedoch durch viel sehr feinen Formsand seine Fettigkeit zum Theil verloren hat. Unter dem Thon liegen die Kohlen, ein Flötz von 10 Fufs Mächtigkeit, in zwei verschiedenen Lagern zerfallend, wie bei Nudersdorf, aber nicht durch eine Sandschicht getrennt. Die obere Hälfte ist milder, die untere mehr Stückenkohle. Das ganze Lager scheint ungefähr von N.W. zu S.O. mit sehr schwachem, westlichem Einfallen zu streichen. Auch diese Kohlengrube hat Herr Plettner besucht und beschrieben, in derselben zu oberst 4 bis 5 Fufs gelblich grauen Sand, dann 5 Fufs graubraunen thonigen Sand, darauf 1½ Fufs weifsen Sand mit Glimmerblättchen, dann 8 Fufs graubraunen Quarzsand und alsdann 10 bis 12 Fufs Braunkohle. Sie ist kleinknorpelig, leicht zerreiblich, schwärzlichbraun. Sie soll nur als Formkohle anwendbar sein, was jedoch wohl nur an den Consumenten liegt, da man an andern Orten in der Mark Brandenburg, in Sachsen und Hessen, es wohl versteht Kohlenklein auch ungeformt zu benutzen. Die Grube leidet viel durch Wasser, was jedoch bei der hohen Lage derselben leicht zu entfernen sein müfste. Die Lagerung scheint einen Sattel zu bilden, der von N.W. zu S.O. streicht und gegen N.W. einfällt. Das Liegende soll 18 Fufs Thon und 8 Fufs

[1]) Die Beobachtung stammt aus dem Jahre 1843.

Triebsand sein, ob unter diesem andere Kohlenlager folgen, ist noch ganz unbekannt.

Hinter Kropstädt senkt sich das Terrain zuerst ein wenig, hebt sich dann aber wieder gegen Lobbesen heraus, das zu den höchst gelegenen Dörfern des Flemming gehört. Ein sehr lehmreicher Sand ist die äufserste Bedeckung; aber wenn man in diesem Boden auch nur ein einziges Stück jener sonst so häufigen, weifsen Quarze oder ein Stück Kieselschiefer entdecken könnte! Sie fehlen ganz, dagegen kommen die characteristischen nordischen 4 Zoll grofsen, nicht gerundeten Gesteine aller Art vor. Vor Lobbesen ist ein kleiner Hohlweg im Sande. Der Sand zeigt einen gelblichen Quarz, etwas hell- und dunkelrothen Feldspath und einige wenige schwarze unbestimmbare Körner. Ein nordischer Sand mit wenig Feldspath. Von Lobbesen gegen Norden fällt das Terrain bedeutend und man steigt sehr merklich herab bis unmittelbar vor Niemegk. Oben ist der Boden sehr rein, weiter hinab finden sich aber gröfsere Blöcke vor und das Land wird steril, wie besonders vor Hohen-Werbig. Auf der östlichen Seite sieht man einen tiefen Wasserrifs, der von Pfluckuf herabkommt und bis in die Gegend von Niemegk geht, dessen Seiten allein aus Sandschichten bestehen. Er ist im Sommer wasserleer, soll aber in Regenzeiten eine grofse Menge Wasser herabführen, und liefert damit den Beweis, dafs hier nicht, wie auf der Südseite des Flemming, eine lockere Sand- und Kiesschicht dem Wasser den Durchgang bis zu den Schichten der Braunkohle verstattet, sondern dafs unmittelbar unter dem obersten Sand eine Schicht von fettem Thon oder Lehm vorhanden ist, die das Wasser nöthigt an der Oberfläche abzufliefsen.

Vor Niemegk ebnet sich die Gegend fast ganz und hebt sich nur sehr langsam gegen Südwesten, wo ein Thal aus der Gegend von Raben herabkommt. Die steilen Ränder im oberen Theile dieses Thales und die auffallende Darstellung der Umgebung von Raben auf der Karte erregt schon beim ersten Anblick die Aufmerksamkeit. Der Weg mag sich zwischen Niemegk und Rädigke schon ein wenig heben, obgleich man dies erst von Rädigke selbst gewahr wird, von da an wird aber die Steigung sehr bemerklich. Der Boden ist überall mit lockerem Sande bedeckt, der Farbe und Zusammensetzung des nordischen hat und schwache Lehmspuren enthält. Hinter Rädigke wendet sich der Weg zum Rabenstein links ab und steigt schnell und sehr bedeutend an. Nordische Geschiebe liegen am Wege, aber mitunter scheint dies Terrain doch gemischt zu sein, denn es zeigen sich weiſse Quarze nicht selten, obgleich Kieselschiefer nicht auffällig wird. So windet sich der Weg auf dem Rücken eines Hügels fort, der gegen S.W. streicht, neben dem ein anderer Zug im Süden fortläuft und ein schmales Thal zwischen beiden bildet.

Das groſse Thal der Plane bleibt immer rechts, und die Hügel erheben sich bedeutend über dasselbe, schon hier steil dagegen abfallend. Die gröſste Höhe erreicht der Zug in dem Plateau, auf dem Schloſs und Vorwerk Rabenstein liegen, so daſs man wohl 80 bis 100 Fuſs über der Sohle des Thales sich befindet, und an einem steilen Rande gegen Westen und Norden steht, während gegen Osten und Süden ein allmäliger Uebergang in die Höhen des Flemming stattfindet. Doch ist dieser Abfall nicht so bedeutend, als der einzeln stehender Berge der nördlichen Gegenden, wie der des Golmberges bei Baruth, oder der des Marienberges bei Lübben. Das Schloſs Rabenstein, welches hart am westlichen Abhange liegt, besitzt einen freistehenden alten Thurm von 50 bis 60 Fuſs Höhe, der einen freien Blick zum hohen Flemming nach Süden, und gegen Norden und Osten über die Vorberge gestattet. Man sieht die Höhen zwischen Senst und Marzahne und die Ebene zwischen Niemegk und Treuenbrietzen; Belzig aber versteckt sich hinter einer Hochfläche, welche jenseits des Planethals anhebt. Mit dieser verbunden scheint die Gegend im Westen, von der Klepziger- und Brandshaide bedeckt, in welchen beiden noch kleine Erhebungen vorkommen, die aber nicht die Höhe des südlichen Terrains erreichen. Steigt man vom Schlosse zum Dorfe Raben hinunter und folgt der Straſse nach Belzig, so schneidet man mit einem Hohlweg in das jenseitige Gehänge des Thales ein. Hier zeigen sich Lager eines feinen Sandes entblöſst, der hellgelb von Farbe, hin und wieder kleine weiſse Glimmerschüppchen führt, in den einzelnen Schichten sehr gleichkörnig ist, und allein aus weiſsem trüblichen Quarz besteht, einige kleine schwarze Körner führt, aber keinen rothen Feldspath. Seine gelbliche Farbe verdankt er daher nicht diesem oder dem Quarze selbst, sondern einer geringen Beimischung von feinem gelben Thon, der auch hier und dort in schmalen Streifen ausgeschieden ist. Wahrscheinlich gehört dieser Sand dem Septarienthon an. Der Weg erreicht bald die Hochfläche und hebt sich ganz allmälig in der Gegend zwischen Lühnsdorf und Grube. Links setzt die Ebene, so weit man sehen kann, fort, rechts öffnet sich die Aussicht in das weite Thal von Niemegk. Die oberste Bedeckung trägt nun schon ganz den Character der nordischen Ebene, indem sie gelben Sand mit jenen mittelgroſsen Geschieben führt, in denen Gesteine aller Art mit einander vorkommen. Solcher Sand bleibt auf dem ganzen Wege und bildet auch die Gehänge der dicht vor Belzig steiler abfallenden Hügel. Ueberall tritt hier wieder unter dem oberen Sande in geringer Tiefe die fruchtbare Lehmschicht auf, die nur an wenigen Stellen, wie an den Gehängen gröſserer Thäler, durch das Gewässer fortgeführt worden ist.

Geht man von Belzig gegen Südwesten nach Zerbst, so folgt man auf diesem Wege einem Thale, dessen Richtung die, im Flemming so häufige, von N.O. zu S.W. ist und steigt damit bis zum Anfang des Thales bei Klein-Glien, ungefähr 50 bis 60 Fuſs hinauf. Hinter Klein-Glien hebt sich das Terrain noch ein wenig, und Wiesenburg scheint auf einer Höhe zu liegen, die ungefähr mit den Höhen bei Belzig gleich sein kann. Wald begrenzt überall den Blick, tiefere Thäler, die eine Verbindung nach auſsen bilden könnten, fehlen, und so entbehrt man jedes Maſses zur ungefähren Schätzung der Lage. Eben so wenig ist dies mit einiger Zuverlässigkeit im Verlauf des Weges möglich, der in den nächsten 4 Meilen fast durchaus im Walde bleibt. Es scheint, als ob das Terrain bis in die Gegend von Reetz ansteigt, dann aber gegen Westen und Norden allmälig abfällt. Indessen erreichen die höchsten Stellen doch die Höhen des eigentlichen Flemming nicht, und man sieht offenbar, daſs dies nur seine Ausläufer gegen Nordwesten sind. Um so mehr ist es auffallend, daſs hier bei dem Dorfe Hagelsberg die höchste Erhebung der Mark Brandenburg, ja die zweit-höchste zwischen dem Harz und Ural vorkommt, die sich nach verschiedenen Angaben bis zu 700 oder 723 Fufs erhebt. Näheres über den Zusammenhang des schon oben erwähnten Hagelsberges bei Belzig, so wie über seine Configuration und Umgebung ist bis jetzt nicht bekannt geworden.

Hinter Dobritz wird die Gegend völlig eben, und der Boden ist leicht und zumeist ein grober mit Lehm gemischter Sand. Es ist ein Gemenge, das zu oberst aus nordischem Lehm und Sand besteht, darunter jedoch aus den Kieslagen, die von Süden hierher geführt sind. Die obere Bildung kaum einen Fufs mächtig, und beide durch Vegetation und Cultur miteinander vermischt. Hinter Zerbst auf dem Wege nach Magdeburg wird der Boden ungleich. Theils ist er sehr sandig, theils führt er, wie bei Schorau, Lehm, theils zeigt er, wie vor und jenseits Leitzkau, den schwarzen Boden, welcher der Umgegend von Magdeburg eigenthümlich ist. Leitzkau und besonders die Stelle, an der das Schlofs liegt, hebt sich wieder etwas hervor, so dafs man von Magdeburg aus am östlichen Horizont den Thurm von Leitzkau bemerkt, indefs trägt wohl die Höhe des Thurms selbst viel dazu bei. Es wäre zu weit gegangen, wollte man diesen Punct als westlichsten dem Flemming noch zurechnen. Es ist eine einzelne Erhebung, wie man so manche im Flachlande findet.

Mit den niedrigen Sandstein führenden Hügeln, welche südlich von Gommern zwischen diesem Orte und den Dörfern Plötzke und Pretzier sich ausdehnen, steht der Hügel von Leitzkau nicht in Verbindung. Im Gegentheil scheinen diese Hügel bei Gommern jünger und ihre Entstehung durch die Hervorragung von Sandsteinmassen in jenen jüngsten Tertiärzeiten veranlafst, als das bedeckende Meer sich allmälig in diesen Puncten zurückzog. Die Sandsteinklippen mufsten am Rande des Meeres eine Brandung hervorrufen, die bei allmäligem Rücktritt des Gewässers eine Sandbank oder Düne aufwarf, deren Reste man jetzt vor sich sieht.

Nach diesen Ergebnissen besteht der Flemming aus zwei wesentlich von einander unterschiedenen Formationen: aus der Braunkohlenbildung der untern, und aus dem Lehm, welcher die nordischen Geschiebe führt, der obern Bildung. Jener Sand mit weifsem Quarz und Kieselschiefer, dessen so oft Erwähnung geschah, bildet die oberste aller Schichten und ist wahrscheinlich nur durch die Flüsse bei ihrem ehemals höheren Laufe in diesen Gegenden verbreitet worden, denn auf der Nordseite des Flemming ist von ihm keine Spur. Hier wird Alles bis zu einer bedeutenden Höhe von nordischem Lehm bedeckt, unter dem man jedoch annehmen mufs, dafs die Braunkohlenbildung fortstreicht. Denn wenn der schwarze Thon, welcher bei Wittenberg im Elbthale ansteht, und in den Bergen bei Schweinitz wieder auftritt, für nichts Anderes genommen werden kann, als für Braunkohlenletten, so ist denn auch der Lehm, welcher an jenen Stellen unmittelbar über ihm liegt, den obern Braunkohlenschichten zuzurechnen. Dann erklärt sich auch leicht das Vorkommen der vielen Basalte in ihm, weil sie, wie die Braunkohlen selbst, vom südlich gelegenen Festlande, zunächst aus der Lausitz und Sachsen herabgekommen sind. Denn dafs die Massen der Braunkohlen vom Süden herab in das Meerbecken von Norddeutschland gelangt seien, ist nicht wohl zu bezweifeln, da sie ganz einfach als Ablagerung der Pflanzenreste anzusehen sind, welche von den nach Norden abfliefsenden Gewässern, wie Saale, Elbe, Elster, Spree und Oder dem Meere in jenen Zeiten zugeführt wurden, in denen noch keine Axt den Urwald unsers Continents gelichtet hatte.

4. Die Nieder-Lausitz.

An dem Nordrande des sogenannten Lausitzer Gebirges breitet sich eine Niederung aus, welche von dem Thale des Queis an bis zu dem Elbthale fort durch einen eigenthümlichen Character ausgezeichnet ist. Hunderte von kleinen Seen und Teichen liegen in einem Striche verbreitet, der von Westen nach Osten fortsetzend ungefähr zwischen den Orten Königsbruck, Kamenz, Bautzen, Weifsenberg, Görlitz, und Naumburg im Süden und Sagan, Muskau, Spremberg und Senftenberg im Norden liegt. Gegen Norden ist eine bestimmte Grenze hierbei freilich nicht zu geben, aber doch bleibt der bezeichnete Strich, der auch unter dem Namen der Nieder-Lausitz wohl bekannt ist, in sich eigenthümlich bestimmt. Das anstehende Gestein verliert sich von Süden her in diese Seenplatte hinein und tritt besonders im westlichen Theile bis in die Gegend um Ortrand vor, im Allgemeinen aber kommen nur die letzten Ausläufer derselben am Rande der Niederung zum Vorschein.

Das ganze vorhin bezeichnete Gebiet wird auf zwei verschiedene Arten entwässert, der östliche Theil durch Thäler, welche nach Norden abfliefsen, durch die Spree und Oder, der westliche durch die Elster, welche in rein westlicher Richtung sich mit dem Elbthal vereinigt. Zwar nimmt die Elster von Elsterwerda abwärts einen fast nördlichen Verlauf, aber dieser Theil ihres Bettes ist vielleicht nur ein erborgtes, in dem früher schon die Elbe einstmals ihren Abflufs genommen hat. Es ist schon oben darauf hingedeutet worden, dafs Terrain- und Bodenbeschaffenheit dies nicht unmöglich erscheinen läfst. Wenn man von Elsterwerda stromaufwärts nach Mückenberg geht, so findet man den lehmigen Sandboden, welcher zwischen Liebenwerda und Elsterwerda die Höhen bedeckte, noch bis Plessa, dann aber folgt gegen Mückenberg ein fast weifser Sand, etwas gröber im Korne, als der gewöhnliche nordische, welcher den ebenen Boden bedeckt und sich über die ganze Fläche verbreitet, die sich meilenweit gegen Osten ausdehnt. In kleinen Mengen ist dieser Sand vielleicht nicht leicht von nordischen zu unterscheiden, in gröfseren Massen an der Oberfläche offenbart sich aber die viel hellere Färbung sogleich. Bei Mückenberg befinden sich die gräflich Einsiedelschen Eisenwerke, welche Raseneisensteine verarbeiten, die in der Niederung zwischen Ortrand, Ruhland und Mückenberg allgemein verbreitet vorkommen.

Das gleichmäfsige Niveau der Gegend gestattet dem sich ansammelnden Gewässer nur einen sehr langsamen Abflufs, so dafs an vielen Stellen unmittelbar unter der Oberfläche eine stetige Wasserschicht vorhanden zu sein scheint. Diese laugt aus den Sandmassen, welche sie durchzieht, wahrscheinlich einen geringen Eisengehalt aus, der in Berührung mit den Pflanzenstoffen saurer Wiesen, welche an vielen Stellen die Oberfläche überziehen, den Absatz von Raseneisenstein hervorbringt. Denn wie der Name „Wiesenerz" auch schon andeutet, findet sich das Gestein unmittelbar unter der Oberfläche, in nur 2 bis 3 Fufs Mächtigkeit, da, wo moorige Wiesen in groſser Ausdehnung auf Sandflächen ruhen. Das Wasser, welches in vielen Teichen und Seen sich ansammelt, ist stets ganz dunkelbraun und verräth dadurch den beständigen Zersetzungsproceſs, welchen die Pflanzenreste in steter Berührung mit dem Wasser erfahren. Das dunkle Gewässer, nach dem viele kleine Abflüsse den Namen Schwarzwasser und auch die Elster den Namen schwarze Elster führen, scheint dem Fortkommen mancher Fische, besonders der Aale und Karpfen, sehr zuträglich, so daſs ein bedeutender Fischhandel von hier, besonders von Ruhland aus, bis nach Dresden und Hamburg getrieben wird. Die Elster verzweigt sich in dem oberen Terrain in viele kleine Arme und von Mückenberg nach Ruhland hat man daher nicht weniger als vierzehn Brücken zu passiren. Wo der Sand sich über die Oberfläche des Wassers erhebt, sind bedeutende Kiefernwälder verbreitet, die, mit den braungefärbten Wasserflächen wechselnd, der Gegend einen melancholischen Character verleihen.

Der Nordrand dieser Niederung wird von einem hochgelegenen Plateau gebildet, das mit den Hügeln zwischen Liebenwerda und Elsterwerda im Zusammenhang steht, und im Norden von Mückenberg mit besonders steilen Rändern abfällt. An diesen Rändern hat man an mehreren Puncten das Auftreten von Braunkohlen entdeckt. Schon im zweiten Decennium dieses Jahrhunderts sollen in der Grünhäuser Forst Versuche auf Braunkohlen [1]) stattgefunden haben, aber ein regelmäſsiger Betrieb ist dort erst seit dem Jahre 1851 eingerichtet worden. An mehreren Puncten in der Nähe der Dörfer Kostdrau, Zschipkau, Klettwitz und Sährchen treten Braunkohlenlager in einer Mächtigkeit von 4 bis 9 Fuſs zu Tage und sind durch verschiedene Tagebaue aufgeschlossen worden.

Theils sind es feste, stückreiche Kohlen von sehr guter Beschaffenheit, theils mildere, die viel bituminöses Holz enthalten. Hangendes und Liegendes scheint ein grauer Thon zu sein, der oben von einem Lager scharfen grobkörnigen Sandes bedeckt wird, in dem die oft erwähnten abgerundeten, milchweiſsen Quarzgerölle von Haselnuſsgröſse in groſser Menge vor-

[1]) v. Mielecki Zeitschrift der deutschen geol. Gesellschaft Bd. V. p. 472 und Klöden Beitr. Heft II. p. 96.

kommen. Es geht hieraus deutlich hervor, daſs die nordischen Bildungen bis zu diesen Gegenden nicht vorgegriffen haben. Die Lagerung scheint die eines mehrfach eingedrückten Sattels zu sein, dessen Sattellinie ungefähr von S.W. nach N.O. streicht.

Mit diesem Vorkommen im Zusammenhang scheinen die weiter nördlich bei dem Dorfe Gohra [1]), so wie westlich bei Schönborn unweit Dobrilugk und bei Buchwäldchen unweit Kalau, entdeckten Kohlenlager zu stehen. Es wird hierdurch wieder ein Terrain von mehr als 10 Quadratmeilen bezeichnet, in dem an vielen Puncten die Kohlenlager mit Vortheil ausgebeutet werden können.

Weiter gegen Osten sind die Braunkohlen und Alaunerzlager von Spremberg und Muskau bekannt. Bei Spremberg wurde bald nachdem der Betrieb von Braunkohlen in der Mark Brandenburg überhaupt in Aufnahme kam, auf dem linken Ufer der Spree, dem Städtchen gegenüber ein Schacht am Ausgehenden eines Kohlenflötzes angesetzt und 30 Fuſs tief durch drei Flötze niedergebracht, die auch bei einem neuen Schachte wieder gefunden wurden. Das obere Flötz hat sich bei letzterem Bau über 26 Fuſs, das zweite 7 Fuſs mächtig erwiesen, beide werden nur durch eine 3 Fuſs starke Thonschicht getrennt. Darauf folgen 17 Fuſs grauer Thon und darunter wieder Kohle, in der man jedoch nur 3 Fuſs niedergegangen ist, ohne damit das Flötz zu durchsinken. Nur das obere Flötz liefert Stückkohle und wird daher auch nur allein abgebaut [2]).

Nordöstlich von Spremberg und nordwestlich von Muskau, bei den Dörfern Klein-Kolzig, Bohsdorf, Döbern und Friedrichshayn sind in neuerer Zeit ebenfalls Braunkohlen entdeckt worden, die in auſserordentlicher Mächtigkeit aufzutreten scheinen. Es werden in den Bohrregistern 45 bis 50 Fuſs Mächtigkeit angegeben und bei Friedrichshayn hat man dasselbe auf 23 Fuſs bis zum Wasserspiegel verfolgt, es aber damit nicht durchsunken. Die Lager sollen vorherrschend von N.W. bis N.N.W. nach S.O. bis S.S.O. streichen und mit 25 bis 60 Grad gegen Osten einfallen. Das Liegende der Kohlen ist ein blaugrauer Thon, das Hangende theils derselbe, theils ein mehr sandiger

[1]) Gora heiſst in slavischen Sprachen „Berg".
[2]) v. Mieleçki a. a. O.

Thon, der von gelblichweifsem grobkörnigem Sande bedeckt wird.

Bei Muskau ist durch vieljährige Baue, für die Gewinnung von Alaunerz zur dortigen Alaunsiederei, das Vorkommen von Braunkohlen bekannt, denn dies Alaunerz ist nichts als eine mit Thon und Schwefelkies, meist auch mit feinem Sande gemengte Braunkohle, aus der man durch Rösten, Auslaugen und durch Zusatz von Seifensieder-Salz oder von Ammoniak den Alaun darstellt. Muskau liegt im Thal der Neifse, das in 300 Fufs Meereshöhe ziemlich tief gegen dies umgebende Plateau eingeschnitten ist, da dies im Mittel in der Umgebung 400 Fufs Höhe hat, an der Stadt aber bis über 450 Fufs ansteigt und im Hohen Berge eine Stunde östlich von derselben sogar 510 Fufs erreicht. An den Thalgehängen sind daher an mehreren Puncten Aufschlüsse zu erlangen und eine der interessantesten befindet sich auf dem linken Neifse-Ufer am sogenannten Weinberge [1]).

Der sogenannte Weinberg liegt im S.W. der Stadt und bildet einen Rücken, der, wie der ganze Höhenzug dieser Gegend, ungefähr von S.W. nach N.O. streicht. An seinem südlichen Gehänge liegt in der Nähe der Stadt das sogenannte Hermanns Bad, weiter aufwärts die Alaunsiederei und noch weiter hinauf gegen das Dorf Rauschwitz wird jetzt der Bergbau auf Alaunerz und Braunkohlen betrieben. An einem Absturze des Gehänges kommen von oben nach unten folgende Schichten zu Tage (Siehe das Profil Taf. I. Fig. 4 links):

1) Eine Decke von gelblichgrauem Sande in circa 5 Fufs Mächtigkeit.

2) 14 Fufs hellbrauner thoniger Sand, zahlreiche Knauern von späthigem Gyps einschliefsend. Er besteht aus feinen, rundlichen farblosen Quarzkörnern, die mit Thon gemengt sind und durch kleine Kohlentheilchen, bald mehr bald weniger, braun gefärbt erscheinen. Das Ganze soll ein Alaunerdeflötz sein, das durch lang anhaltenden Einflufs der Atmosphärilien seine characteristischen Eigenschaften zum Theil verloren hat.

3) 8 Fufs Quarzsand, theils gröber, theils feiner im Korn,

[1]) Siehe Plettner Die Braunkohlen p. 24 ff.

und damit wechselnd von hellgrauen bis dunkelbraunen Farben. Kleine Lagen sind mitunter durch Eisenoxydhydrat zu einer festen Masse verkittet, doch ist dies wohl eine secundäre Bildung.

4) 5 Fuſs brauner, sehr feinkörniger Formsand mit viel weiſsen Glimmerblättchen.

5) 5 Fuſs Quarzsand wie 3), jedoch noch mit vereinzelten Streifen von Alaunerz durchzogen.

6) 2 Fuſs glimmerreicher dünnschiefriger Thon, der auf den Schichtflächen mit feinkörnigem Sande gemengt ist. Farbe chocoladenbraun, in's Gelblichgraue.

7) $1\frac{1}{2}$ Fuſs grob- und ungleichkörniger Quarzsand, hellbraun und abfärbend. Die Quarzkörner sind farblos, rundlich, bis $\frac{1}{8}$ Zoll groſs.

8) 2 Fuſs thoniger Sand, dem unter 2) angeführten sehr ähnlich, nur mehr Thon enthaltend, daher an 6) sich anschlieſsend.

9) 6 Fuſs grauer Quarzsand, dessen farblose Quarzkörner die Gröſse eines Mohnkorns haben und mit wenigen milchweiſsen Quarzen und bräunlichschwarzen Kohlentheilchen gemengt sind.

10) 3 Fuſs thoniger Sand hellbraun, undeutlich schiefrig und wegen seines feinen Korns äuſserst milde anzufühlen. Enthält weiſsen Glimmer und ein wenig Kohlenstaub.

11) 5 Fuſs ungleichkörniger Quarzsand, grau, zum gröſsern Theil aus rundlichen farblosen Körnern bis zu 2 Linien bestehend. Einzelne gröſsere sind unregelmäſsig und bläulichweiſs. Ein 3 Zoll starker Schmitz von braunem sandigen Thon trennt die oberen 4 Fuſs von der untern Lage.

Die folgenden Schichten waren von den letzten überschüttet und ihre Mächtigkeit nicht genau zu bestimmen.

12) 3 bis 6 Fuſs dünnschiefriger sandiger Thon, schwärzlichbraun mit viel weiſsem Glimmer. Der Thon schmeckt deutlich nach Alaun.

13) 2 bis 4 Fuſs grauer Quarzsand, in einzelnen Lagen mehr braun. Er besteht aus hirsekorngroſsem, farblosem Quarz und führt fast keinen Glimmer.

14) 15 bis 20 Fuſs grauer feinsandiger Thon, dessen Farbe

etwas in's Bläuliche fällt. Nur wenn man den Thon vom Sande abgeschlemmt hat, erkennt man zwischen den farblosen rundlichen Quarzkörnern einzelne schwarze Pünctchen, ganz vereinzelt auch einige wenige Glimmerblätter, die doch sonst den Braunkohlen so selten fehlen. Salzsäure zeigt keine Spur von Kalk. Wegen des Gehaltes an feinkörnigem Sand ist er nur im geringsten Grade plastisch [1]).

Die ganze Reihenfolge der hier mit 70 bis 75 Fufs Mächtigkeit aufgeführten Schichten ist eigentlich nur ein Wechsel von zwei Sandarten, deren einer 2, 4, 6, 8, 10, 12 und 14, ein meist bräunlicher Formsand, mehr oder weniger mit Glimmerblättchen, Kohle und Thon gemengt ist, während der andere 3, 5, 7, 9, 11 und 13, ein meist grauer, gröberer, ungleichkörniger Quarzsand ist, der in den südlichen Gegenden häufiger als in den nördlichen, mit den Braunkohlenschichten vorzukommen pflegt.

Näher gegen die Stadt hin tritt oben am Weinberge an mehreren Stellen ein Braunkohlenflötz zu Tage, aber es fehlt an natürlichen Aufschlüssen, aus denen die gegenseitige Lagerung der Alaunerze und Braunkohlen bestimmt werden könnte. Wahrscheinlich liegt die Braunkohle über den vorhin beschriebenen Schichten. Sorgfältig gesammelte Erfahrungen lassen indefs hier von unten nach oben folgende Reihen annehmen (Siehe Taf. I. Fig. 4 rechts):

1) Das Liegende bildet der oben beschriebene bläulich sandige Thon.
2) Grauer scharfer Sand.
3) Ein sandiges Alaunerz, das nicht abgebaut zu werden pflegt.
4) Braun- und graugestreifter feiner Quarzsand.
5) Grüner gröberer Quarzsand.
6) Ein grobstückiges Alaunerdeflötz mit beträchtlichem Schwefelkiesgehalt, daher es abgebaut und verarbeitet wird. Sand, Thon und Bitumen bilden die Hauptmasse, Schwefelkies und feine Glimmerblättchen sind untergeordnet.

[1]) Die vorstehende Beschreibung liefert ein Muster sorgfältiger Untersuchung neptunischer Gesteine, deren Untersuchung nicht minder wichtig ist, als die krystallinischer Massen, bisher aber leider fast ganz vernachlässigt wurde.

7) Feinkörniger grauer Quarzsand, mit dünnen Lagen Alaunerde wechselnd.
8) Ein feiner grauer Thonstreif mit Pflanzenresten.
9) Ein schwaches Braunkohlenlager von 1 bis 2 Fufs.
10) Feinkörniger grauer Sand.
11) Ein schwacher Streif von grauem Thon.
12) Ein mächtiges Braunkohlenlager, das stellenweis bis 80 (?) Fufs anwächst. Auf diesem allein wird Abbau getrieben.
13) Feiner brauner Sand.
14) Ein drittes Alaunerdeflötz, welches durch schiefrige Structur sich auszeichnet und auch bergmännisch gewonnen wird.
15) Feinkörniger Sand, meistens sehr wasserreich, über dem an einzelnen Stellen noch ein viertes Alaunflötz auftritt.

Beide Durchschnitte lassen sich, wie es scheint, recht gut mit einander in Einklang bringen. Die Braunkohlen und Alaunerde werden im ersten Profile durch Formsand vertreten, und wenn man daher verwandte Lager in beiden, die noch getrennt sind oder kleine Zwischenlager enthalten, vereinigt, so erhält man in beiden einen sechsmaligen Wechsel von Formsand- und Quarzsandlagern, bei dem der Formsand in den oberen Teufen Alaunerde und Braunkohlen, in den unteren Thon führt (Das Profil soll zur Erläuterung der Vergleichung dienen).

Was die Lagerung anbetrifft, so hat für diese ein Querschlag, rechtwinklig auf das Streichen der Schichten, sehr lehrreichen Aufschlufs gegeben. Es sind durch ihn zwei Mulden und zwei Sättel überfahren worden, welche O.N.O. zu W.S.W. streichen und mit 40 bis 80 Grad gegen Nord fallen. In der ersten Mulde tritt das oberste Alaunlager auf, im ersten Sattel ist das unterste Alaunflötz als tiefste Schicht durchbrochen, und erst im zweiten Sattel kommt der graue sandige Thon, die tiefste bekannte Schicht, zum Vorschein. Der beigegebene Durchschnitt Taf. I. Fig. 5. wird diese Verhältnisse vollständig klar machen.

Durch den langjährigen Betrieb sind diese Sättel und Mulden in mehr als 4000 Fufs Erstreckung mit stets gleichem Streichen verfolgt worden. Gegen Westen neigen sie sich mehr und mehr, und die Flötze liegen daher tiefer unter der Oberfläche, gegen Osten heben sie sich allmälig heraus, so dafs auf dem rechten Ufer der Neifse bei Hermsdorf und Quolsdorf die tiefste bekannte Schicht der blaugraue, sandige Thon zu Tage kommt. Die Mächtigkeit der einzelnen Flötze und der sie trennenden Lagen schwankt so sehr, dafs das oben aufgeführte 80 Fufs starke Braunkohlenlager mitunter zu einer Schicht von wenigen Zollen zusammenschrumpft.

Die Oberfläche in der Umgegend von Muskau wird überall von einem gelblichgrauen, bald feineren, bald gröberen Sande gebildet. Nur selten geht derselbe durch Einmengung von Thon in einen lockeren Lehm über, der schwach gelblich gefärbt ist und sich durch diese helle Farbe von dem nordischen, mehr dunkeln, wesentlich unterscheidet. Die kleinen weifsen Quarzgerölle, untermengt mit Kieselschieferbrocken, sind auch hier nicht selten anzutreffen.

Während die Braunkohlenbildungen auf der Nordseite der vorerwähnten Niederung besonders verbreitet vorkommen, treten von Süden her die anstehenden Gesteine mitunter in einzelnen Kuppen in dieselbe hinein. Der Koschenberg, südlich von Senftenberg, der Kolmer Berg, westlich von Hoyerswerda und der Eichberg, südöstlich von Wittichenau, liegen genau in einer Linie, welche von S.O. nach N.W. vorgeht. Alle drei Berge sind isolirte Kuppen und bestehen alle drei aus Granit und Grauwacke in unmittelbarer Berührung. Zwar ist die Gesteinsgrenze an keinem der drei Puncte aufgeschlossen, da man Steinbrüche auf den Grenzen nicht anzulegen pflegt, wo die Gesteine in der Regel stark zersetzt sind, aber beide können darum doch nicht isolirt auftreten, da sie bis auf einige hundert Schritt von einander bekannt sind. Der Granit ist bläulichgrau, mittelkörnig, mit einigem schwarzem Glimmer; dieselbe Varietät, welche südlich in der oberen Lausitz und in Schlesien weit verbreitet vorkommt. Man sieht sie in Berlin vielfach zu Trottoirplatten verarbeitet.

Das Vorhandensein dieser Massen scheint wesentlich auf die Configuration der Oberfläche eingewirkt zu haben, da hier die Thalrichtung von S.O. nach N.W. sowohl bei der Spree als bei der Elster deutlich hervortritt. Die Elster ist dadurch genöthigt worden von Wittichenau ihren Weg über Hoyerswerda und Senftenberg nördlich zu nehmen, da sie ihn doch direct nach Ruhland um anderthalb Meilen wenigstens näher gehabt hätte. In den, auf diese Weise gegen S.O. gebildeten Busen, zwischen den Städtchen Ortrand, Wittichenau und Senftenberg hat sich, ähnlich wie in dem grofsen Busen des Münsterlandes und im Norden vom Harz, eine Sandmasse hineingeworfen, die an einigen Stellen zu Sandstein erhärtet ist. Seit alten Zeiten wird bei Guteborn, so wie bei Hohenbucka ein Sandstein gebrochen, der zu verschiedenen gröfseren Bauten in der Umgegend benutzt worden ist. Geht man von Ruhland gegen S.O. nach Guteborn zu, so folgt man einem sandigen Wege, dessen Sand in nichts von dem hier allgemein verbreiteten abweicht. Er ist isabellgelb, ungleich körnig, ohne den rothen Feldspath des nordischen Sandes, und führt die oft erwähnten schwarzen und weifsen Kieselnüsse. In diesem Sande liegt Guteborn. Dicht bei dem Dorfe, nordöstlich davon, ist ein ansehnlicher Steinbruch, aus dem man die losen Blöcke herausschafft, die ohne Schichtung auf einer tieferen Lage Sandstein unregelmäfsig umherliegen und von gewöhnlichem Sande der Oberfläche bedeckt werden. Der Bruch liegt in der Ebene, am Rande eines Hügels und ist kaum 10 Fufs tief. Die anstehenden Schichten, welche darunter liegen, halten das Brechen nicht aus, und auch die oberen festeren Blöcke sind, so lange sie noch Feuchtigkeit enthalten, äufserst mürbe, werden aber, sobald sie trocken sind, um vieles fester. Das Gestein besteht nur aus Quarzsand, der schwach gelblich, fast farblos und durchsichtig ist. Die Körner sind alle gleich grofs, wie kleine Mohnkörner. Einzelne Blöcke sind an der Oberfläche hell ockergelb gefärbt. Hin und wieder findet man Höhlungen im Gestein, welche als Abdrücke von Baumwurzeln erscheinen und ganz denen gleichen, welche in Sand und Hornsteinen mit den Braunkohlen in Sachsen und Hessen vorkommen. Derselbe Sandstein kommt auch in zwei Steinbrüchen zwischen Guteborn und Hohenbucka im Walde vor. Unmittelbar unter dem Sande der Oberfläche liegen die horizontalen Schichten des Sandsteins in Bänken, die bis 8 Fufs Mächtigkeit haben. Doch auch hier ist die Beschaffenheit des Gesteins nicht besser. Ob dasselbe Gestein oder ein anderes in der Dubrovahaide nördlich von Leipe am Jungfern-Stein vorkommt, ist noch nicht bekannt.

5. Das Havelland.

Man versteht unter Havelland in der Mark Brandenburg diejenigen Gegenden, welche an der untern Havel von Potsdam abwärts, insbesondere zwischen Potsdam und Rathenow gelegen sind. Die Havel ist in diesem Theile ihres Laufes kein ausgesprochener Flufs mehr. Von Norden aus den Meklenburgischen Seen herabkommend, fliefst sie der grofsen Vertiefung zu, der sich die Gewässer von Norden wie von Süden zuwenden, dem alten Oderthale zwischen Frankfurt und Havelberg. Zwischen Oranienburg und Spandow erreicht sie dies Thal und bis dahin besitzt sie einen ausgesprochenen Lauf, ein bestimmtes Thal. Hier ergofs sie sich ehemals in die Oder und ging mit dieser vereinigt nach Westen weiter. Bei der allmäligen Ablenkung der Oder legte sich das weite Bett derselben trocken, während die Havel ihren Sand zur Seite ihres Laufes aufwarf und sich dadurch einen Kanal bildete, der sie in der Richtung ihres Gefälles nach Süden weiter führte. Da hier die Vertiefungen der Seen zwischen Spandow und Potsdam vorhanden waren, so war ihr kein directer Widerstand entgegengesetzt und sie nöthigte nun diese Seen sich entweder mächtig aufzustauen, oder an irgend einer Stelle einen Abflufs zu suchen. Letzterer fand sich in einem schmalen Kanale, der bei Baumgartenbrück die Potsdamer Seen mit den Werderschen Seen verbindet, und diese sind wieder mit der grofsen Reihe der Brandenburger Seen verbunden, durch einen Wasserlauf, den man jetzt Havel nennt. In jüngst vergangener Zeit, als der Elblauf noch 20 Fufs höher lag, und auch diese Gegenden verhältnifsmäfsig höher mit Wasser bedeckt waren, mufs hier ein einziger, mächtiger See gewesen sein. Dieser See oder diese Seenkette dehnte sich auch nach N.W. aus, communicirte auch wohl an einigen Stellen mit dem alten Oderbett, war hier und da durch Sümpfe und Torfmoore verschlossen, denn diese sperren oft noch besser als vorliegende Sand- und Lehmhügel die Bewegung des Gewässers ab, und ergofs sich endlich unterhalb Rathenow in die Mündung des alten Oderbettes, in das Elbthal. Hätte in der Zeit der Ablenkung der Oder die Spree eine gröſsere Menge von Wasser und ein stärkeres Gefälle gehabt als die Havel, so würden wir jetzt einen Strom besitzen, der von Spandow ab mit raschem Lauf durch das Havelländische Luch, bei Nauen und Friesack vorbei, nach N.W. gehen würde, um sich bei Havelberg in das Elbthal zu ergieſsen. Die Havelländischen Seen würden dann eines Theils durch die Potsdamer Seen nach Spandow hin, andern Theils durch die Brandenburger Seen über Rathenow zum tief eingeschnittenen Havelthale sich entwässern. Daſs in dem Havelländischen Luche und in den andern nordwestlichen Niederungen kein Hinderniſs für einen Fluſslauf vorhanden ist, noch früher vorhanden war, beweist sich durch die Kanäle, welche in grader Linie, nur mit einer einzigen Schleuse bei Brieselang, den Heiligen See oberhalb Spandow mit dem Hohenauener See unterhalb Rathenow verbinden. Nebenher steht dieser Kanal wieder mit dem groſsen und kleinen Rhin, und durch diese wieder mit der oberen und unteren Havel anderweit in Verbindung. Es sind hier Vorgänge ähnlich wie bei Müllrose und bei Bromberg gewesen, welche durch kleine Ursachen, unter besonderen Verhältnissen wirkend, groſsartige Folgen hervorgebracht haben.

Das Havelland in der Umgegend von Potsdam ist berühmt durch die landschaftlich anmuthigen Puncte, welche es enthält. Eine weit ausgedehnte Wasserfläche von mehreren Meilen Länge und oft mehr als einer halben Stunde Breite, mit grünem Vorland und freundlichen, kleinen Inseln, grenzt gegen waldige Höhen ab, die zum Theil mit prächtigen Gebäuden verziert und durch Park-Anlagen verschönert sind. Am Rande des Wassers, in der Niederung, liegt eine ansehnliche Stadt mit schönen Kirchen und groſsen Palästen und mitten durch die Landschaft hindurch zieht sich der Weg der Eisenbahnen, auf dem der brausende Zug der Locomotive durch Wald und Feld, und über das glatte Gewässer unaufhaltsam dahineilt.

Die ausgedehnten Niederungen machen, daſs die höheren Theile des Terrains mehr als Hügel und Berge erscheinen, als sie es eigentlich sind, denn sie bilden, wie die Bedeckung der Mark überhaupt, eigentlich ein zusammenhängendes Plateau, das nur lokale Unterbrechungen erleidet. Nirgends könnte man indeſs an dieser Meinung eher zweifelhaft werden, als im Havellande, wo mitunter die Höhen nur kleine Inseln in den ausgebreiteten Niederungen bilden. Bei Potsdam ist dies zwar weniger der Fall. Hier hat man im Süden das Plateau zwischen Potsdam, Belitz und Brandenburg, im Norden ein ähnliches zwischen Potsdam, Spandow und Nauen, aber doch sondern sich, besonders gegen Westen, einzelne Inseln, wie die von Töplitz, Schmargow und Deetz deutlich heraus. Die Niederungen sind wie überall, so auch hier zum Theil mit Sand, zum Theil mit schwarzem Moorboden bedeckt; da aber ein stark flieſsendes Wasser durch dieselben hindurch geht und sie entwässert, so haben sie nicht mehr den Character stehender Sümpfe, wie ehemals, sondern das Ansehen und Verhalten fruchtbarer Wiesen. Wo man den Hochfläche selbst betritt, pflegt er zunächst versandet zu sein. Die Gehänge sind reichlich mit Sand bedeckt, sobald man aber die Hochfläche selbst erreicht, kommt der Lehm unter dem Sande zum Vorschein. Wo künstliche Einschnitte oder Absticke an den Gehängen gemacht werden, da kommt überall unter der obersten Sandschicht der Lehm hervor, und wo er nicht zu sandig ist, wird er vielfach zur Bereitung von Ziegeln benutzt.

Ein besonderes Thonlager findet sich in der Nähe von Potsdam bei Glindow. Glindow liegt an einem See, der südlich von dem Städtchen Werder bei Potsdam, mit dem seeartigen Havellauf durch einen schmalen Kanal in Verbindung steht. Will man von Potsdam aus dahin gelangen, so folgt man der Chaussée bis Baumgartenbrück und wendet sich dann jenseit der Havel links ab zum Dorfe Petzow, um die südlichste Spitze des Glindower See's zu umgehen. Petzow liegt am Rande des Schwielow-See's. Hinter dem Dorfe, wenn man sich gegen W. wendet, steigt der Weg allmälig, aber stetig an, bis man nach einer Viertelstunde eine Hochebene erreicht, die fast ganz unbebaut aus dem sterilsten Sande zu bestehen scheint. Diese Höhe heiſst der Marienberg. Rechts übersieht man den See von Glindow, die Havel, das Städtchen Werder und viele umliegende Dörfer. Vor sich sieht man Glindow, hinter sich Petzow und den groſsen Schwielow-See, aber von

Ziegeleien entdeckt man nichts. Und dennoch müssen sie in dieser Gegend, am Ufer des See's liegen, da sie an dieser Stelle auf den Karten verzeichnet sind. Wendet man sich dem See-Ufer zu, so entdeckt man bald einige Häuser und eine Schlucht oder ein Thal, das zu ihnen herabzuführen scheint und plötzlich, kaum 10 Schritte weiter, steht man an einem Abhange, der 60 Fuſs tief ununterbrochen niedergeht. Er besteht aus einer glatten, steilen Wand von Sand. In der Tiefe arbeiten, wenn man an Werkeltagen des Weges kommt, an verschiedenen Stellen je 40 bis 50 Menschen, um in langen Karrenzügen den Sand dieses Berges auf ein Paar hundert Schritte weiter rückwärts zu versetzen. Sie haben hinter sich das Terrain schon halb so hoch aufgefahren, als der vor ihnen liegende Berg ist und fahren in dieser mühsamen Arbeit fort, ohne daſs man von oben erkennen kann, welchen Nutzen dieselbe zu bringen vermag. Eine westlich gelegene weite Grube, in deren ebener Tiefe Menschen mit Graben beschäftigt zu sein pflegen, zeigt aber, daſs hier Massen, die kein Sand sind, ausgegraben worden. Man hat hier den Berg von 40 bis 50 Fuſs Höhe abgetragen, um eine Thonschicht frei zu machen, welche stetig in dieser Tiefe fast horizontal fortsetzt. Eben darum geschieht das Fortschaffen des Sandes auch an den andern Puncten, so daſs ungefähr 200 Menschen mit den Vorarbeiten für die Gewinnung eines Thonlagers beschäftigt sind. Man erstaunt, daſs ein so unscheinbares Material, so groſsartige und kostspielige Arbeiten vergüten kann. Indessen ist der Thon, der hier gewonnen wird, auch von ganz ausgezeichneter Beschaffenheit. Feucht ist er dunkelblaugrau, trokken aber dunkelaschgrau, ein wenig in's Gelbe ziehend, matt, erdig im Bruch, nur schwach fettig anzufühlen, sehr kleine, weiſse Glimmerschüppchen sind ihm beigemengt, aber durchaus kein Sand. Destomehr vermag er von diesem aufzunehmen, sobald er mit Wasser vermischt ist, so daſs ein Theil trockener Thon, nachdem er in Wasser erweicht worden, sich mit dem 4 bis 6fachen Volumen Sand mischen läſst, und dennoch immer eine zusammenhaltende, knetbare Masse liefert. Die unterste Lage des Thonflötzes, bei den Arbeitern unter dem Namen Eiserschicht bekannt, hat eine gröſsere Festigkeit als der darüberliegende Thon und einen bedeutenden Eisengehalt, der sich durch gelbere Farbe und durch den auf kleinen Klüften abgesetzten, braunen Ocker zeigt; die hangenden Schichten dagegen, die nicht überall auftreten, sind heller in Farbe und nicht ganz so fett und fest, als die liegenden. Unter dem ganzen Lager ist der Sand an allen Puncten zu finden und durchaus derselbe Sand, der die Oberfläche bedeckt. Er ist hellgelb, mit rothem Feldspath und einigen schwarzen Körnern, die Diorit oder Hyperit zu sein scheinen, und nur dadurch vom oberen unterschieden, dafs er gleichmäfsiger im Korn ist, und kleine Geschiebe oder kleine Brocken von Gneufs und Granit führt. Nicht überall ist der Thon von derselben Mächtigkeit. In der zuerst erwähnten Grube liegt er mit gleichmäfsiger, horizontaler Oberfläche, 8 Fufs stark, aber in den andern Gruben, in denen sehr schöne und ausgedehnte Profile entblöfst sind, hebt er sich öfter wallartig in die Höhe. Der jüngere Sand lagert sich wellig über ihn fort, stets in seinen Schichten der unterliegenden Form des Thons folgend, aber sie doch, je länger, je mehr verwischend. Dieser Sand, welcher unmittelbar über dem Thon liegt, führt entweder mehr oder weniger bedeutende Streifen von gelbem Thon oder Lehm, oder es ist in ihm der Lehm oder Mergel fein in der ganzen Masse vertheilt, so dafs, wenn man von dem feuchten, gelbbraunen Sande eine Probe völlig trocknen läfst, diese fest wird, und die feinen, erdigen Theile zwischen den Sandkörnern sehr wohl erkennbar sind. Diese thonhaltige Sandschicht scheint nicht völlig horizontal abgesetzt, denn an manchen Stellen hat sie 20 Grad Neigung und darüber, trennt sich aber scharf durch eine horizontale Linie von einer obern Sandlage, die keinen Thon enthält, und nur wagerechte Schichtungsstreifen zeigt. Es scheint, dafs an dieser Stelle der thonreiche Sand den Lehm vertritt, denn auch in den Gruben, welche zu den Ziegeleien hinter Petzow gehören, wird der dunkle Thon unmittelbar vom Lehm überlagert. Wahrscheinlich ist es eben so an den Ufern des Schwielow-See's, nur dafs hier die Thonschicht unter dem Wasserstand des See's liegt und somit nicht mehr nutzbar ist. Die Lehmbildung ist dafür an dieser Stelle mehr entwickelt, denn es findet sich unter einer Decke von 5 bis 10 Fufs Sand eine Lehmlage von 15 bis 20 Fuſs Mächtigkeit, die wieder ein Mal recht deutlich zeigt, wie Lehm und Sand nie scharf getrennt sind, da mitten durch den Lehm hindurch eine schwache Sandschicht von 4 Zoll geht, die auf die ganze Strecke der Entblöſsungen am Ufer aushält. Auch dieser Sand ist derselbe, wie der Sand von Glindow, der allgemein verbreitete nordische Sand.

Bei dem nördlich von Glindow gelegenen, schon oben erwähnten Städtchen Werder wird eine ausgebreitete Obstcultur betrieben, hauptsächlich zum Verkauf von frischem Obste in Berlin, deren heiterer und üppiger Anblick, wie ein süddeutscher Beobachter [1]) sagt, zu dem Irrthum verführen könnte, daſs man sich nicht in der Mark Brandenburg, sondern an den gesegneten Ufern des Bodensee's befände. Durch den See von Werder geht die Potsdam-Magdeburger Eisenbahn hindurch, und es erweist sich hierdurch, wie durch den Uebergang über einen Seearm bei Potsdam, daſs die Seen hier nicht von bedeutender Tiefe sind.

An einer andern Stelle hat sich gerade bei dem Bau der Eisenbahn ein tiefer See als ganz besonderes Hinderniſs erwiesen. Es findet sich nämlich zwischen den Dörfern Goetz und Jeserig ein See, an dessen Rande die Eisenbahn vorübergehen sollte. Sie hatte hier auf noch nicht 150 Schritte einen moorigen Grund zu überschreiten, sonst aber überall auf festem Boden fortzugehen. Auf diesem sollte ein 4 — 5 Fuſs hoher Damm aufgeschüttet werden, der in derselben Höhe den Sumpf zu überschreiten hatte. Als man mit der Aufschüttung den schwarzen Grund erreichte, fing dieser an unter der Last des aufgeschütteten Sandes nachzugeben. Er sank in die Tiefe, wich zur Seite aus, quoll über und was am Tage aufgeschüttet war, war regelmäſsig in der folgenden Nacht wieder verschwunden. Man hätte an die Arbeit nächtlicher Kobolde glauben mögen. Bei der geringen Ausdehnung der bedenklichen Stelle gab man indeſs die Hoffnung nicht auf, die Schwierigkeit sehr bald zu überwinden, man schüttete und schüttete, von Tag zu Tag, von Woche zu Woche, mit so viel Kräften,

[1]) C. Mettenheimer in einer noch ungedruckten Reise in der Mark.

als man nur auf einem schmalen Damm verwenden konnte. Die ganze übrige Bahn war beendet, zwei Brücken dicht dabei, die über ein kleines Wasser führen, standen untadelig und fest, aber erst nach mehr als drei Monaten gelang es, den Damm zum Stehen zu bringen. Man hatte in dem höher liegenden Terrain, jenseit der Chaussée ein Loch gegraben von mindestens 200 Schritt Länge, mehr als 100 Schritt Breite und 8 bis 12 Fufs Tiefe. Man hat also mehr als eine Million Kubikfufs Sand aufschütten müssen, um diese Strecke von nicht 150 Schritten fest herzustellen. Die scheinbare Erdlage, welche die Oberfläche des Sumpfes bedeckte, war, als der Damm endlich fest war, zu den Seiten mehrere Fufs über ihr früheres Niveau hervorgequollen, zerborsten und zeigte trocken eine graue weiche Masse, die aus verwitterten Pflanzenresten und aus Kalk zu bestehen schien. Eine mikroskopische Untersuchung des Herrn Ehrenberg ergab, dafs sie zum grofsen Theil organischen Ursprungs sei, und von 75 theilweise ganz neuen Species von Bacillarien gebildet werde. Eine spätere Untersuchung des Herrn Mettenheimer ergab in der benutzten Probe, die vielleicht einer andern Schicht angehörte, als die von Herrn Ehrenberg untersuchte, keine solche Menge von Arten, ja nicht einmal die Anwesenheit zahlreicher Individuen, dagegen zeigte sich in der Materie eine grofse Menge kohlensauren Kalks, so dafs es wahrscheinlich wird, dafs das Vorkommen von Bacillarien hier nicht überall gleich häufig ist.

Von den höheren Puncten der Chaussée von Jeserig und Werder hat man gegen Norden und Westen einen weiten Blick über die Niederungen der Havel fort. Weithin dehnen sich grünende Wiesen und fruchtbare Kornfelder aus, zwischen denen nur einzelne Hügel wie Inseln, oftmals mit Wald bedeckt, sich hervorheben. Denselben Character behält die Gegend auch über Brandenburg und Plaue hinaus. Unterhalb Pritzerbe gegen Rathenow hin sind viele Ziegeleien am Ufer der Havel gelegen, deren Steine unter dem Namen Rathenower Steine, als schwere höchst dauerhafte Ziegel in der Mark wohl bekannt sind. Sie nehmen das Material aber nicht, wie sonst gewöhnlich aus den Thonlagern der allgemeinen nordischen Formation, sondern sie benutzen dazu (wie schon oben erwähnt wurde) einen Thon, der auf den Wiesen dieser Gegend unmittelbar unter dem schwarzen Moorboden gegraben wird. Er steht hier nur 2 bis 3 Fufs mächtig an, hat eine gelblichgraue Farbe, ist sehr fett und liefert schwere, dunkelrothe Steine, die besonders zu Fundamentbauten benutzt werden. Dieser Thon ist wahrscheinlich eine Süfswasserbildung, die in diesen Gegenden vor sich gegangen ist, als die gesammten Niederungen noch einen grofsen zusammenhängenden See bildeten, aus dem die höheren Stellen als flache Inseln hervorragten.

Bei Rathenow verengt sich das niedrige Terrain und die allgemeine Hochfläche wird herrschend. Steigt man auf dieser mit der Strafse nach Friesack allmälig aufwärts, so kommt man, ehe man Ferchesar erreicht, an den Rand des langen und schmalen See's, der sich in der Gestalt eines Z von Hohennauen bis Ferchesar ausdehnt. Die Ränder sind ziemlich steil, das Vorland schmal, ganz so wie die zahlreichen Seen des Plateau's in den östlichen Gegenden der Mark vorkommen. Das Gehänge besteht aus Sand, unter dem der gewöhnliche Lehm zum Vorschein kommt. Erreicht man einen höheren Punct, wie sich ein solcher diesseit Friesack findet, so hat man einen weiten Blick gegen Nordwesten, Norden und Osten über die ausgedehnten Flächen der Luche.

Luch nennt man hier die weiten Moorflächen, welche von Torfgrund bedeckt, ohne andere Unterbrechung als einige schwache Sanddünen in fast völliger Ebene sich ausbreiten und in denen Kiefernwälder auf dem Sande mit offenen Wiesen auf dem Moore abzuwechseln pflegen. Oft sind Torfstiche darin angelegt und Berlin erhält z. B. einen grofsen Theil dieses billigen Brennmaterials aus dem Cremmenschen Luch, in dem die Torfstiche von Linum seit dem Ende des vorigen Jahrhunderts ausgebeutet werden, und sich immer wieder erneuern. Es ist in hohem Grade interessant die Wiederbildung des Torfs in diesen grofsartigen Gräbereien [1]) zu verfolgen. Man sticht den Torf zu 4 bis 6 Fufs Tiefe aus, läfst dann die Gruben voll Wasser treten und überläfst sie nun sich selbst, wo dann nach 30 bis 40 Jahren eine neue Torfbildung die Grube gänzlich wieder ausgefüllt hat.

[1]) Sie liefern jährlich 20 bis 25 Millionen Stück Torf.

Wo Sandschollen in der Niederung sich finden, sind sie flach, meist in der Richtung des Thales gegen N.W. ausgedehnt und aus reinem Flugsand ohne Geschiebe und ohne Lehm gebildet. Sie tragen in der Regel Kiefernwälder, an deren Rande dünne Brombeersträucher den Anfang des Wiesenbodens bezeichnen. Der Wiesenboden trägt mitunter gröfsere Laubholzmassen und eine Flora von Gewächsen, wie sie sonst in der Mark nicht wieder vorkommt. Brieselang, am Anfang des Havelländischen Luches ist den Berliner Botanikern als eine Schatzkammer seltener Gewächse bekannt. Wo man von den Wiesengründen wieder zum allgemeinen Plateau kommt, da findet man dasselbe ebenso wie sonst überall zusammengesetzt: die Ränder versandet, die Oberfläche abwechselnd lehmig und sandig, stets aber in einigen Fufsen unter der Oberfläche die nordische Lehmschicht verbreitet. Daher sieht man auch am Rande des Plateau's viele Ziegeleien liegen, welche den Bedarf für die Niederung liefern, nie aber eine solche in der Niederung. Man betrachte in dieser Beziehung nur die Insel zwischen Fehrbellin und Spandow, wo ringsum am Rande der Höhe die Ziegeleien sich angesiedelt haben.

6. Das Spreeland.

Unter Spreeland soll hier die Gegend verstanden sein, welche ungefähr zwischen Cottbus und Berlin, zwischen Müllrose und Potsdam gelegen ist. Zwei grofse Thalflächen durchziehen sie, die eine ist das viel erwähnte Spreethal zwischen Oder und Havel, die andere die Niederung, welche von Peitz durch den Spreewald über Baruth und Luckenwalde sich an der Nordseite des Flemming bis nach Genthin fortsetzt.

Je cultivirter eine Gegend ist, desto mehr geologische Aufschlüsse pflegt sie zu enthalten. Daher ist die Umgegend von Berlin besonders geeignet eine Einsicht in die Structur der rings verbreiteten Plateau's zu geben. Nördlich und südlich von der Stadt breitet sich eine Hochfläche aus, die sich 80 bis 100 Fufs über den Flufsspiegel erhebt. An beiden Seiten ist durch Lehm- und Sandgruben, durch Einschnitte für Eisenbahnen die Zusammensetzung des Bodens aufgeschlossen und sie zeigt sich im Allgemeinen sehr gleichförmig, da man zumeist unter einer

Schicht von 2 bis 3 Fuſs lehmigen Sandes, ein Lehmlager von 15 bis 25 Fuſs Mächtigkeit findet, das weithin fortsetzt. Für die Berlin-Anhaltische Eisenbahn war ein Einschnitt gemacht worden, der von dem Rande des Plateau's bis in die Gegend von Steglitz reichte, und dieser zeigte ununterbrochen auf beinah drei Viertelmeilen, die regelmäſsige Folge von 2 bis 4 Fuſs oberem Sand und 12 bis 15 Fuſs Lehm, unter dem wieder Sand folgte. Dasselbe ergab sich an der Stettiner Eisenbahn zwischen Berlin und Pankow. Der Sand, unter dem Lehm, unterscheidet sich in etwas von dem oberen, er ist grobkörniger und führt fast keine Geschiebe, so daſs er zur Mörtelbereitung sehr gesucht ist. Er enthält oftmals Knochen und Zähne von Elephas primigenius, vom Rhinoceros und andern groſsen Thieren, die lose mitten darin liegen. Bernstein hat sich mehrmals über dem Lehm gefunden, ob auch darin, ist die Frage. Die Geschiebe, welche darin vorkommen, sind durch Klöden höchst sorgfältig gesammelt und beschrieben worden und die Kenntniſs nordischer Gerölle beruht zum groſsen Theil auf diesen Beobachtungen, insbesondere was das Vorkommen seltener Mineralien und Gebirgsarten anbelangt.

Eine scheinbare Ausnahme von den allgemeinen Lagerungsverhältnissen scheint sich in den Sandgruben des sogenannten Kreuzberges zu finden. Er liegt hart am Rande eines Plateau's, das sich in 80 bis 90 Fuſs Höhe über den Spreespiegel auf dem linken Fluſsufer ausbreitet und steigt um 20 bis 30 Fuſs über dasselbe empor. Seine höchste Stelle liegt indessen nicht höher als 209 Fuſs (wenn die Angabe genau ist). Gegen Norden fällt er steil ab, gegen Westen, Osten und Süden schlieſst er sich dem Plateau an. Dieses ist an mehrern Stellen durch Lehmgruben aufgeschlossen und zeigt die oben erwähnte einfache Zusammensetzung, so daſs unter 2 bis 3 Fuſs lehmigem Sande eine Lehmschicht von 15 bis 20 Fuſs Mächtigkeit liegt, unter welcher ziemlich reine, gleichkörnige Sandlager von einer bis jetzt unbekannten Stärke folgen. Dies Verhalten zeigt sich in den Gruben vor dem Cottbusser Thore, in der Ebene zwischen der Hasenhaide und dem Kreuzberg, zwischen dem Kreuzberg und Schöneberg, und in der ganzen Gegend zwischen Schöneberg und Zehlendorf. Im Kreuzberge selbst scheinen jedoch die Lagerungsverhältnisse ein wenig verändert. Dennoch gelingt es bei sorgfältiger Untersuchung, sie mit dem geregelten Zustande ihrer Umgebung in Einklang zu bringen. In zwei Sandgruben, die zu beiden Seiten der Chaussée liegen, sind grofsartige Aufschlüsse hierüber zu finden. In der Sandgrube links der Chaussée von der Stadt aus werden die obersten Schichten von einem sandigen Lehm gebildet, dessen Lager jedoch nicht regelmäfsig aushält, sondern bald eine starke Schicht ausmacht, bald in zwei oder drei schwächere Streifen durch zwischenlagernde Sandschmitze getrennt wird. Die ganze Schicht mag 10 bis 12 Fufs Mächtigkeit besitzen, unter ihr folgt ein Sandlager von ungefähr gleicher Stärke, welches sich dadurch auszeichnet, dafs in ihm der Sand nicht gleichförmig horizontal gelagert ist, sondern in unregelmäfsigen, wellenförmig verworrenen Linien abgesetzt scheint. Dadurch trennt er sich scharf von einer unter ihm liegenden Abtheilung des Sandes, deren Lager völlig horizontal sind, obgleich die einzelnen oft in verschiedener Richtung gestreift erscheinen [1]). Der untere Sand führt weniger Geschiebe, als der darüberliegende, und ist zur Mörtelbereitung sehr gesucht. Hinter dieser ersten Grube liegt eine zweite nach Osten zu, in der man ebenfalls Sand gräbt, die jedoch höher gelegen ist als die erste und nur bis auf einige Fufs unter die Lehmschicht herabgeht. Der Sand unter dem Lehm ist sehr weifs und gleichkörnig, der Lehm sandig und grob, hält nur 4 Fufs, über ihm folgt wieder Sand in 10 Fufs und dann eine Kiesschicht von 1 bis 1½ Fufs Mächtigkeit, die scharf gegen die oberste Sandbedeckung abschneidet. Diese Kiesschicht findet sich auf der rechten Seite der Chaussée wieder, wo unter ihr ein gelber Lehm und darunter heller Sand folgt. Man hat in diesen Gruben, mitten im Sande, eine Masse von grauen und gelben Mergeln gefunden, die, wie es scheint, nicht mehr in horizontaler Richtung liegen, und man hatte daraus gefolgert, dafs diese Schichten gehoben sein müfs-

[1]) Forchhammer hat durch feine Beobachtungen nachgewiesen, dafs solche entgegengesetzte Streifungen von der wechselnden Richtung des Windes und der Wellen gebildet werden, so dafs eine scheinbar geneigte Schichtung der Lagen entsteht, ohne dafs dieselben irgend wie gehoben wären.

ten. Indessen findet sich unter dieser Lehm- oder Mergelschicht, die in ihrem Aeufsern den Lehmlagern der erst erwähnten Grube sehr nahe steht, zuerst ein unregelmäfsig gelagerter, dann oben ein regelmäfsig geschichteter Sand, der hier, wie auf der andern Seite der Chaussée völlig horizontal liegt. Man hat diese Sandlager bis auf 20 Fufs Tiefe entblöfst und ihre Lager immer gleichmäfsig gefunden. Daraus geht nun hervor, dafs, wenn die Lehmschicht hier sich nicht in horizontaler Lage befindet, sondern offenbar durch spätere Einflüsse aus derselben gebracht worden ist, dies doch nicht einer Erhebung von Innen, sondern einer lokalen Verschiebung an der Oberfläche zugeschrieben werden mufs. Umgeht man den eigentlichen Hügel gegen Westen, so gelangt man in eine flache, weite Lehmgrube, in welcher der Lehm in einer Schicht von 10 bis 15 Fufs völlig horizontal und ungestört abgelagert ist. Geschiebe von Gneufs und Granit, von Uebergangskalk und Kreide kommen darin vor und unter ihm folgt ein gröblicher Sand mit wenigen Geschieben. In diesem Sande sind oftmals Knochen und Zähne [1]) von Elephas primigenius gefunden worden, eine höchst interessante Thatsache, da sie beweist, dafs die Geschlechter dieser Thiere vor der Periode, in welcher die Lehmschicht an unsern Küsten verbreitet wurde, bereits vorhanden waren, und in dieser, vielleicht durch dieselbe, untergegangen sind.

Berlin liegt im Thale und von der Lehmschicht kommt darin keine Spur mehr vor, nur Sand, schwarzer Moorboden und an einigen Stellen kleine Ablagerungen von Infusorien bilden den Boden.

Obgleich das Plateau im Süden von Berlin auf einige Meilen ziemlich ununterbrochen fortsetzt, so hört doch dieser Character des Terrains weiter gegen Süden und Osten bald auf und ein häufiger Wechsel von Hügeln und von Niederungen und Seen stellt sich ein. Hier liegen viele der berühmtesten Berge der Mark. Die Müggelsberge bei Köpenick 343 Fufs, der Kolberger Berg bei Storkow 396 Fufs; die Rauenschen Berge bei Fürstenwalde 452 Fufs, die Duberow-Berge eben-

[1]) Das Mineralien-Cabinet der Universität in Berlin besitzt viele Stücke von diesem Fundorte.

daselbst 443 Fufs, der Marienberg bei Lübben 352 Fufs und andere mehr. Die Höhe der Seen scheint zwischen 120 und 160 Fufs zu schwanken, die des Plateau's zwischen 180 und 200 Fufs, da aber auch Puncte von 250 bis 300 Fufs Höhe sehr zahlreich verbreitet sind, so geben diese höheren Puncte, wo sie in der Nähe der niedrig gelegenen Wasserflächen auftreten, mit diesen vereint oft recht anmuthige Landschaften. Der landschaftlich schönste Theil der Mark liegt offenbar im Südosten von Berlin und die Gegend von Teupitz und Storkow verdient hier besonders genannt zu werden.

Teupitz liegt an oder eigentlich in dem See gleichen Namens. Die Hügel, welche den See im Westen, Osten und Süden umgeben, erreichen an einigen Puncten eine Höhe von mehr als 150 Fufs über demselben und fallen von da ziemlich steil gegen die Niederung ab. An einigen Stellen berührt der Wasserspiegel ihr Gehänge, an anderen liegt ein grünes Vorland zwischen beiden. Die Ränder und Gehänge sind nicht etwa durch besonders kühne Formen ausgezeichnet, sie bilden im Gegentheil meist nur wellige Contouren, die nicht einmal auf ihrer Höhe durch Wald gekrönt sind, aber der Anblick üppiger Saaten, zwischen denen, nach südlichem Gebrauche, zahlreiche Obstbäume und einzelne rothbedachte Häuser vertheilt stehen, macht einen äufserst wohlthuenden Eindruck. Auf einer schmalen grünen Halbinsel liegt das reinliche Städtchen, die Hauptzierde des See's, das sein altergraues, burgähnliches Amt, zwischen bejahrten Laubbäumen auf die vorderste Spitze der Landzunge in das Wasser hineingebaut hat. Kleine grüne Inseln unterbrechen die Fläche des See's und an einigen Puncten, besonders um das Amt herum, hat eine aufserordentliche Menge von Equiseten, Potamogetonen, gelben und weifsen Seerosen, das sonst so klare Wasser in eine kleine Sargasso-See verwandelt. Die schmalen Niederungen, welche das Vorland am Ost- und Süd-Ufer bilden, beweisen durch ihren schwarzen Boden, durch ihre grofse Feuchtigkeit und durch die an Saftigkeit und schöner Ausbildung der Pflanzen ausgezeichnete Vegetation, dafs einst die Wasser des See's auch hier gestanden und sich im Laufe der Zeit erst auf ihren jetzigen Umfang zurückgezogen haben.

An den Ziegeleien, welche am Westufer des See's liegen, ist ein großer Aufschluß über die geognostische Beschaffenheit des Bodens durch bedeutende Thongruben eröffnet. Unter einer sehr mächtigen Lage nordischen Sandes, der mit größeren und kleineren Geschieben erfüllt ist, tritt, durch eine scharfe Grenze geschieden, ein feiner Sand ohne alle Geschiebe auf, der 10 bis 20 Fuß mächtig ist. Erst im Liegenden dieses zweiten Sandes findet sich der Thon, welchen die Ziegeleien verarbeiten. Aller Wahrscheinlichkeit nach ist er Septarienthon.

Wenn man von Teupitz nach Baruth in die große Niederung vor dem Flemming gelangen will, muß man wieder hinauf auf das Plateau und den südlichen Theil eines großen Forstes durchwandern, der sich zwischen Streganz, Teupitz und Baruth ausbreitet. Er bietet hier durch dichte Verwachsung, durch große Guirlanden grauer Flechten, die an Stämmen und Aesten herabhängen, durch eine ununterbrochene Decke dürren Mooses, die den Boden überzieht, so wie durch die größte Armuth an niedrigen, krautartigen Gewächsen, einen wilden, nordischen Anblick dar, der um so entschiedener empfunden wird, wenn man so eben die lachenden Gehänge des Teupitz-See's, die früher sogar der erfreulichsten aller Agriculturen, dem Weinbau, gedient haben, verlassen hat. Die Höhe senkt sich in schwach welligen, ausgedehnten Flächen zu der flachen Gegend vor dem Flemming herab. Der Wald, welcher öfters mit offenen Haiden abwechselt, auf denen nur Pflanzen gedeihen, welche auch mit der spärlichsten Nahrung und Feuchtigkeit vorlieb nehmen, hört zuletzt ganz auf und der Boden löst sich in ein wüstes Meer lockeren Sandes auf, aus welchem der Wind einen bedeutenden Dünenzug aufgerichtet hat. Jenseit der von Ost nach West verbreiteten Dünenzüge beginnt das schönste Wiesen- und Ackerland, welches das Städtchen Baruth umgebend, hier in völlig horizontaler Fläche, das ganze alte Fluß- oder Seebette ausfüllt und bis zum jenseitigen Waldgebirge, dem Golmberge reicht, der mit seinen Ausläufern den südlichen Horizont mit dunklem Saume abschließt.

Weiter gegen Westen verändert sich der Character der Landschaft. Der Ackerbau tritt zurück gegen Laubwälder, welche aus Eichen, Buchen, Hainbuchen und Erlen zusammengesetzt, einer üppigen Vegetation von Farrenkräutern Schatten und Feuchtigkeit gewähren. Wiesen, deren Boden und Pflanzendecke für eine torfige, moorige Natur spricht, dehnen sich weithin aus, und hinter ihnen wohl eine halbe Stunde entfernt wird der lange Rücken einer mächtigen Düne sichtbar, die auf mehr als eine Meile Erstreckung ununterbrochen von Osten nach Westen fortsetzt. Die Mitte des Thales zwischen ihr und den nördlichen Sandhügeln wird von dem Flüfschen Nuthe durchflossen, welches bei Gottow von seinem westlichen Laufe in eine nördliche Richtung übergeht und bei Potsdam in die Havel einmündet. In der nächsten Umgebung des Flüfschens ist das Terrain äufserst wasserreich und sumpfig, giebt aber doch nicht ausschliefslich einer Vegetation von Wasserpflanzen Nahrung. Sehr oft trägt es Erlenhaine, in denen jede Erle, freudig vegetirend, auf einem besonderen kleinen Hügel steht, der sich um ihre Wurzel gebildet hat. Zwischen diesen Bulten, um sie nach einer analogen Erscheinung der echten Moore zu benennen, steht das Wasser und die eigentlichen Wasserpflanzen, die von dem Laubdache der Erlen gegen die zu heftige Einwirkung der Sonnenstrahlen geschützt sind, gelangen hier zu einer bewunderungswürdigen Höhe und Ausbildung ihrer Organe. Einer der schönsten dieser eigenthümlichen Brucherlenwälder ist bei dem Dörfchen Schönfeld zu sehen. Die Erlen erreichen hier, wenn auch nicht den Umfang, doch die Höhe kräftiger Buchen. Die Dünenzüge, von denen sich der südliche unmittelbar an denjenigen Zug anschliefst, welcher bei Baruth erwähnt wurde, und über die Nuthe setzt, laufen diesem Flüfschen parallel genau von Osten nach Westen. Sie tragen nur Kiefernwaldung und zeigen an ihren Abhängen oft den nackten Sand. Zwischen den Dünen kommt unter und in dem Torfe Raseneisenstein vor. Er sammelt sich nicht selten um die Wurzeln der Erlen an und enthält Spuren zerstörter Pflanzentheile. Besonders häufig ist er im sogenannten Schönfelder Busch [1]). Er liegt hier im Sumpfe 1 bis 2 Fufs tief, hat eine Mächtigkeit von 6 bis 12 Zoll, ist ockergelb, sehr weich, faserig, erdig im Bruch und matt. Er wurde früher

[1]) Siehe Klöden Beiträge Heft IX. p. 65.

auf einem Eisenhüttenwerk bei Gottow verschmolzen, das in neuerer Zeit eingegangen ist.

Oestlich von Baruth breitet sich eine weite Niederung aus, durch welche die Dahme nach Norden, die Berste nach Osten ihren Lauf nehmen. Beide sind durch den Quergraben mit einander verbunden, der einen Cassiquiare im Kleinen bildet. Ein bedeutender Dünenzug dehnt sich westlich von Lübben aus, ohne sich jedoch irgend wo an höheres Terrain anzulehnen.

Lübben liegt in der Mitte des sogenannten Spreewaldes. Man unterscheidet einen oberen und unteren Spreewald. Der obere geht aus der Gegend von Peitz bis Lübben, der untere von Lübben bis zum Prahm-See bei Neu-Schadow [1]). Der obere Spreewald, welcher bei dem Dorfe Fehrow ungefähr beginnt, zieht sich auf eine Länge von 4 Meilen bis Lübben fort und behält dabei meist eine Breite von anderthalb Meilen. Die ganze niedrige Fläche ist mit sandigem Humusboden bedeckt, in dem die Spree sich in mehr als hundert Arme verbreitet hat, die als ein wunderliches Netzgeflechte diese Gegend bewässern und ein labyrinthisches Gewirre von Flufsverbindungen darstellen. Der bedeutendste Arm behält den Namen Spree, führt aber doch an einzelnen Stellen noch besondere Namen, wie die Minckwitz, die Grosche, die neue Spree u. s. w. Von Süden und Südwesten her ergiefsen sich eine Menge kleiner Bäche in den Spreewald, von Osten und Norden dagegen keine.

Der östliche Theil der Niederung heifst der Burg'sche Spreewald und ist auf seiner westlichen Seite ein Elsbruch, der gröfsere östliche Theil dagegen ist ausgerodet, besteht aus vortrefflichen Wiesen und ist mit einer grofsen Zahl von zerstreut liegenden Wohnungen besetzt. Diese Wohnungen stehen auf Inseln und sind durch Brücken, hohe Dämme und Fufssteige mit einander verbunden. Nach Straupitz zu breitet sich ein grofses Bruch aus, das theils offene, bruchige Flecke mit Wiesen und Huthungen enthält, theils waldige Stellen mit vielem Laubholze, Erlen, Eschen, Ulmen, Espen, Buchen, Birken, Linden, Eichen und Ahorn, mitunter auch Kiefern. Eine Menge Mühlen und einzelne Wohnungen, auch Rüllen genannt,

[1]) Siehe Klöden Beiträge Heft VIII. p. 39.

liegen an den Flufsarmen entlang. Hier und da findet sich unter der Humusdecke ein weifser und grauer Thon, aus dem sehr feste Gefäfse gemacht werden.

Nördlich von Lübben beginnt der untere Spreewald. Anfangs fliefst die Spree einfach und ungetheilt fort, bald aber fängt sie an sich wieder mannigfaltig zu verzweigen und eine der vorigen sehr ähnliche Gegend zu bilden. Nur ist der untere Spreewald kleiner und ärmer an Bäumen, als der obere. Er ist mehr ein Elsbruch, zum Theil fehlen die Bäume ganz. Ein Theil der Wiesen enthält Torf und Raseneisenstein. Der östliche Theil von ihm liegt etwas höher und ist nicht von Flufsarmen durchzogen, doch wechseln immer noch Sumpf und Sand und Waldstellen mit einander.

Aus der weiten Ebene dieser Gegenden taucht der Marienberg im Nordosten von Lübben einsam hervor. Er erreicht nach Mädler eine Höhe von 352 Fufs, die sich ungefähr 200 Fufs über den Wasserspiegel der Spree in diesen Gegenden erhebt. Verläfst man die Stadt in der Richtung zum Berge, so gelangt man bald in eine Reihe von flachen, niedrigen Dünen, die sehr constant in ihrer Richtung sind, und indem sie von Westen nach Osten streichen deutlich zeigen, dafs ihr steiler Abfall gegen Norden, die sanfte Böschung aber gegen Süden gerichtet ist. Man kann daher nicht zweifeln, dafs sie durch ein im Norden ausgebreitetes Gewässer bei vorherrschendem Nord- oder Nordostwinden gebildet sind. Ist man über die Dünen hinaus, so tritt man in eine völlige Ebene ein, die sich auf mehrere Stunden weit nach Norden, am Fufse des Marienbergs vorüber ausdehnt, während sie sich nach Westen mit dem unteren Spreewalde vereinigt. Nach keiner Seite hin scheint hier ein Gefälle vorhanden, denn man sieht auf der ganzen Erstreckung das Wasser stets in flachen, kleinen Tümpeln stehen, ohne sich auch nur zu einem kleinen Teiche oder See zu vereinigen. Gegen diese Ebene, also nach Westen zu, fällt der Marienberg steil ab, steigt aber auf den andern Seiten ganz allmälig bis zur Mitte seiner Höhe an. Der Fufs besteht aus gewöhnlichem gelben Sande, in der Mitte der Höhe scheint Lehm anzustehen, und auf dem Gipfel, der aus zwei Spitzen besteht, welche durch eine kleine Mulde verbunden werden, ist wieder Alles mit grobem Sande bedeckt. Dieser Sand scheint allgemein über die Höhen der Mark verbreitet zu sein, und ist dem gewöhnlichen Sande der Flufsbetten ganz gleich, nur führt er etwas mehr Geschiebe, die aber selten die Gröfse einer Faust überschreiten, so dafs man glauben könnte, er sei der Rest einer allmälig ausgewaschenen Lehmschicht, welche zuerst die Gipfel der Höhen bedeckte. So zeigt der Marienberg ein Verhalten jenem des Golmberges ganz ähnlich, sowohl in seiner äufsern Form, als auch wahrscheinlich in seiner Structur, nur ist es zu bedauern, dafs man nicht auch hier einige Versuchsarbeiten gemacht hat, um die Lagerungen näher zu bestimmen.

Ein eigenthümliches und merkwürdiges Terrain bietet die Umgegend des Städtchens Peitz, das durch das Vorkommen reicher Raseneisensteinlager in seiner Umgebung einigermafsen bekannt geworden ist [1]). Die flache Bruchgegend dieser Stadt scheint ganz besonders günstige Bedingungen für die Entstehung des Eisensteins darzubieten, so dafs er rings um verbreitet vorkommt, und, für die Ausbeutung, nach besonderen Revieren abgetheilt ist. Das wichtigste derselben ist das Buschwiesen-Revier, westlich von Peitz, da es das nächste und reichhaltigste für den Betrieb des dortigen Eisenhüttenwerks ist. Es erstreckt sich unterhalb des neuen Hammers und des Teufelsteichs, den Hammerstrom entlang, bis an die Wiesen und Huthungen der angrenzenden Dörfer. An der westlichen Begrenzung wird weiterhin die Sandbedeckung zu hoch, als dafs es sich verlohnte den Eisenstein zu graben, wie denn auch der ganze untere Strich nach Fehrow hin, wo der Hammerstrom an mehreren Stellen seines Ufers Eisenstein entblöfst hat, noch nicht für untersuchungswürdig gehalten worden ist. Ziemlich in der Mitte wird dieses Revier von dem Abzugsgraben durchschnitten, der aus dem Teufelsteiche und dem Hammerstrome führt und der zugleich Gelegenheit giebt, den hier gegrabenen Eisenstein von den Wiesen bis zum Hüttenwerke in Kähnen zu transportiren. Dies ist um so wichtiger, als diese Wiesengegend so tief und so sumpfig liegt, dafs sie nur bei anhaltend trockener Witterung zugänglich ist.

[1]) Siehe Klöden Beiträge Heft IX. p. 55.

Der Eisenstein liegt unter einer Lage von Rasentorf, deren Mächtigkeit von 3 bis 30 Zoll wechselt. Im Durchschnitt ist sie 18 bis 24 Zoll stark und sehr mit Eisenmulm durchzogen. In der untersten Lage enthält der Torf sehr schöne Blau-Eisenerde, theils in reinen, oft ziemlich grofsen Nestern, theils ist er nur überall von ihr durchdrungen. Frisch gegraben ist sie blafs und bläulichgrau, aber schon am andern Tage wird sie blauer und nach 5 bis 6 Tagen geht sie bis in das reinste Smalteblau über. Unter dieser Lage folgt der Eisenstein, meist in einzelnen Nestern, die im Ganzen wellenförmig gelagert und in Distanzen von 10 bis 20 Schritten von einander entfernt sind. Da schon seit 150 bis 160 Jahren, besonders aber seit den letzten 100 Jahren hier Eisenstein ausgefördert worden ist, so trifft man jetzt nur noch selten gröfsere Nester und nur in dem entfernteren Theile des Reviers kommt man noch auf Partien von 60 bis 80 Fufs Länge und 5 bis 6 Fufs Breite.

Die durchschnittliche Stärke der Eisensteinlager ist 12 bis 15 Zoll, selten bis 30 Zoll, aber auch fast nie unter 6 bis 8 Zoll. Wo die Eisensteinlage mächtiger und reiner vorkommt, hat sie hier wie auch an andern Stellen eine Art Schichtung. Zu oberst liegt eine etliche Zoll starke poröse mit Sandmergel und vielen thonigen Stellen von weifslicher Farbe (wahrscheinlich Infusorien) durchzogene Schaale, in welcher nur einzelne reinere, sogenannte stahlganze Knollen eingewachsen sind. Unter dieser Schaale liegt dichterer Raseneisenstein in mächtigern Lagen, die in der Mitte jeder einzelnen Parthie am reinsten sind. Er ist deutlich geschichtet, sogenannter Schieferstein und mit fauligen Wurzeln, um die er sich angelegt hat, durchwachsen. In dem untern Theile des Reviers, näher dem Hammerstrome besteht er meist aus Wiesenerz, in dem oberen, näher dem Teufelsteiche auch aus mulmigem oder Morasterze. Unter den reineren Lagen wird der Eisenstein wieder etwas porös und unrein, und unter dieser Schicht folgt eine lettige, mit einzelnen Wurzeln durchwachsene Lage, welche unmittelbar auf ganz feinem Sande aufliegt, der, so wie man den Eisenstein abgeräumt hat, mit dem Wasser emporquillt, so dafs die Eisensteingräber oft binnen der nächsten Viertelstunden bis zu den Knieen in ihn einsinken. Bei einer Dicke der Eisensteinlage von 20 bis 24 Zoll bestehen die obersten 5 Zoll aus porösern, unreinerem, die nächsten 8 Zoll aus reinem Wiesenerz, dann 4 Zoll aus porösem und unreinem Eisenstein, und die letzten 5 Zoll aus der Lettenschaale. Die unterste Lage, die man, besonders wenn sie fest und mit Sand verwachsen ist, auch Grundstein nennt, läſst man, sobald sie von dem übrigen Eisenstein nur einigermaſsen zu trennen ist, lieber liegen.

Dieser Eisenstein stimmt in seinen Eigenschaften nicht ganz mit dem gewöhnlichen Raseneisenerze überein. Seine Farbe ist gelblichbraun, er hat blättrig-erdigen Bruch und glänzt stark, geht aber bis zum Matten. Die gröſseren Stücke vom blättrigen Erze werden von einem körnigen braunen Eisenocker eingeschlossen. Sandartige Beimengungen fehlen. Dagegen führt der Stein von den Buschwiesen viel Mulm (ockriger Brauneisenstein), noch mehr der von den Laſswiesen mit sich, und beide sind daher sehr gelind und leichtflüssig. Nach Karsten enthält das beste Wiesenerz von den Buschwiesen 41,97 Procent Eisen und 3,2 Procent Phosphorsäure. Die alten Festungsmauern von Peitz sind aus Eisenstein erbaut.

Zwischen Lübben und Lieberose hat man wieder das Spreethal zu überschreiten, das breit und sandig erst zwischen Kaminchen und Waldow aufhört, dann tritt man in eine schwach hügelige Gegend, welche Lehm an der Oberfläche führt, aus dem bei Straupitz vortreffliche Steine gebrannt werden. Lieberose, in dem Thale eines kleinen Flusses, das Flieſs, hat in seiner Nähe einige ziemlich bedeutende Hügel, die aber weder durch Lehm- oder Sandgruben, noch auf irgend eine andere Weise aufgeschlossen sind. Sie sind mit Sand bedeckt, wie die ganze Gegend umher, und wenn nicht in einer halben Stunde von der Stadt bei dem Dorfe Hollbrun ein vortrefflicher Lehm gefunden würde, so könnte man zweifeln, ob die allgemeine Bedeckung auch hier vorhanden sei. Im Thale des Flüſschens steht an vielen Stellen sehr guter Torf an und man weiſs daraus einen doppelten Vortheil zu ziehen, indem man den Torf auf einige Fuſs tief aussticht und dann die Abfälle desselben mit Sand vermischt wieder aufschüttet und dadurch einen vortrefflichen Wiesenboden gewinnt.

Von Lieberose führt der Weg nach Beeskow gerade gegen Norden. Man verläfst das Thal und steigt allmälig auf ein Plateau, das zwar manchmal von kleinen Thälern durchschnitten wird, sich aber stets wieder einsetzt und so ununterbrochen, weit über Beeskow hinaus, bis zum Rande des grofsen Spree- oder alten Oderthales reicht. Es ist der südliche Theil des grofsen Plateau's, der sich über die ganze östliche Mark ausbreitet. Die Hauptmasse desselben bildet der Lehm, der sich auch bald, nachdem man Lieberose verlassen hat, an der Oberfläche durch das Vorkommen grofser Geschiebe verräth, die wiederum ein Zeichen ihrer Abkunft in den Kalksteinen führen, welche mit Versteinerungen der Insel Gothland erfüllt, sie begleiten. Sobald sich der Weg in's Spreethal, das hier sehr eng ist, herabsenkt, hat man mit tiefem Sande zu kämpfen, während auf der Höhe der Boden nur an der Oberfläche sandreich ist. Dies hat einige Gutsbesitzer der Gegend bewogen, Lehmgruben auf ihren Feldern anzulegen, aus denen sie den nicht allzu fetten, etwas mergeligen Lehm auf den Acker schaffen, und diesen dadurch mit der Zeit sehr wesentlich verbessern. Die Spree fliefst bei Beeskow von Süden nach Norden, wie von der Lausitz an ihre eigentliche Hauptrichtung ist, an dem östlichen Rande eines höheren Terrains fort, das von den Rauenschen Bergen bei Fürstenwalde sich langsam gegen Süden verflacht. An dem südlichsten Theile dieser Abdachung kommt bei dem Dorfe Wulfersdorf das schon oben erwähnte Lager von Süfswasserkalk vor.

Bei Beeskow ist das Gehänge des Spreethales durch eine Lehmgrube am rechten Ufer aufgeschlossen und zeigt unter der Ackerkrume eine Lehmschicht von 10 bis 12 Fufs Mächtigkeit, unter welcher eine schwarze thonige Schicht liegt, die viel kleine Geschiebe von Gothländer Kalk führt. Weiter gegen Müllrose bleibt man in der Ebene und meist auch im Sande, wahrscheinlich weil ehemals an dieser Stelle die Vereinigung von Oder und Spree stattfand und dadurch Weitungen im Bette beider Flüsse sich bildeten. Folgt man von Beeskow aus dem Gehänge des Spreethals gegen Nordosten, so gelangt man nach Fürstenwalde.

Das Städtchen Fürstenwalde liegt in dem Thale der Spree,

hart an dem Ufer des Flusses, der hier durch eine Schleuse gesperrt, mehrere bedeutende Mühlenwerke in Bewegung setzt. Im Osten und Westen der Stadt breitet sich das Spreethal aus, während im Norden der Rand desselben schnell zu einem Plateau ansteigt, das in der Nähe von Müncheberg die Höhe von 250 Fuſs über dem Meere hat, und im Süden als ein Höhenzug ausgebreitet liegt, der, von dem Dorfe Rauen gegen Osten fortsetzend, erst zwischen Alt-Golm und Kunersdorf sein Ende erreicht.

Verläſst man das jetzige Spreethal und wendet sich den Bergen zu, so muſs man zuerst einen kleinen Absatz ersteigen, der ungefähr 15 Fuſs höher liegt, als das Niveau der Straſse, die wiederum 10 Fuſs über den Spreespiegel erhoben ist, und erreicht damit eine weite unfruchtbare Sandfläche, welche den höheren Theil des alten Thales ausmacht. Einige Kiefern stehen an dem Abfall einer zweiten Stufe, die, gröſser als die vorige, 40 bis 50 Fuſs ansteigt und wiederum auf ein Plateau führt, das aber nicht wie das erste in einer Sandfläche besteht, sondern die allgemein verbreitete fruchtbare Lehmdecke trägt, in welcher Geschiebe verbreitet sind, die im tieferen Thale fast gänzlich fehlen. Allmälig hebt sich die Fläche ein wenig, so daſs sie hinter dem Dorfe Rauen, am Fuſse der Berge um 120 Fuſs höher, als der Spiegel der Spree unterhalb Fürstenwalde liegt. Die Berge steigen hier, sowohl im Süden, als im Osten des Dorfes schnell an und bilden eine ununterbrochene Gruppe, die von Rauen gegen Osten bis Petersdorf, im Süden aber bis in die Gegend von Sarow fortsetzt, ein Terrain von mehr als einer Viertel-Quadratmeile einnehmend.

Dieser kleine Gebirgsstock hat seine höchsten Puncte, die sich bis circa 450 Fuſs erheben, in seinem nördlichen Rande und fällt von dort allmälig, in vielen kleinen Wellen, nach Süden ab, während nach Norden zu, fast ohne Absatz, die Berge gegen die vorliegende Ebene abschneiden. Deutliche Rücken, fortlaufende Thäler, wie man sie parallel dem Streichen erwarten könnte, finden sich gar nicht, es sind nur kleine Mulden oder Kessel und flach gewölbte Kuppen, die mit einander wechseln, selten einen gröſsern Höhenunterschied, als 60 bis 80 Fuſs zeigend. Dadurch stellt sich das Terrain als ein bedeutend gehobenes dar, denn wenn der höchste Punct desselben 452 Fuſs nach Hoffmann erreicht und wir im Mittel 350 Fuſs als die Spitzen vieler Hügel annehmen können, die Thäler zwischen diesen aber höchstens 100 Fuſs tiefer liegen, so haben wir für den Boden derselben am nördlichen Rande der Berge mindestens 250 Fuſs anzunehmen.

In dieser Weise breitet sich das Gebirge von Rauen bis Petersdorf aus, hier aber fällt es plötzlich zu einem tiefen Thale ab, in dem ein kleiner See liegt. Man sollte erwarten, daſs dieser See, nicht weit vom Spreethale entfernt gelegen, einen Abfluſs dorthin besitzen würde, aber den hat er nicht, sondern er steht durch ein kleines Wasser mit dem südlich gelegenen groſsen Scharmützel-See in Verbindung, dessen Abfluſs erst nach weiten Umwegen bei Köpnick zur Spree gelangt, und deutet so auf denselben Abfall nach Süden hin, den die Rauenschen Berge besitzen. Es scheinen diese Seen und ihre Verbindungen in einer Spalte zu liegen, welche die westlichen Berge von Rauen von den östlich gelegenen, weniger ausgedehnten, aber fast eben so hohen Duberowbergen trennt. Diese letzteren bilden nicht wie die oben beschriebenen ein zusammenhängendes hochgebirgiges Terrain, sondern es sind mehrere getrennte Hügelgruppen, von denen die bedeutendste zwischen den Dörfern Langenwahl, Alt- und Neu-Golm liegt und Duberowberge heiſst. Sie erheben sich bis zu 443 Fuſs und es ist nicht unwahrscheinlich, daſs gerade diese bedeutende Hebung jene Spalte, die bei Petersdorf beginnt und nach Süden fortsetzt, so wie wahrscheinlich auch eine groſse Verwerfung der Schichten, hervorgebracht hat.

Aus den Duberowbergen besaſs man die erste Nachricht von dem Vorkommen der Braunkohlen in der Gegend von Fürstenwalde, da man bei dem Ausgraben von Thon zum Bedarf der Töpfereien auf Kohlenletten gestoſsen war. Eben so hatte man auch bei heimlichem Thongraben in dem Schlangengrund in den Rauenschen Bergen Kohlenletten, und in der Gegend des Vorwerks Silberberg (durch den Namen wird schon auf Formsand, der weiſsen glänzenden Glimmer führt, hingedeutet) am Scharmützel-See sogar wirkliche Braunkohle entdeckt. Dies alles führte dazu, daſs nach der Aufnahme der

Braunkohlen bei Buckow, auch diese Gegenden mit Muthungen belegt wurden, und in Folge der angestellten Bohrversuche ist der Bau sowohl bei dem Dorfe Rauen, als bei Petersdorf auf grofsartige Weise geführt worden.

Die Bedeckung der Oberfläche besteht aus lehmigem Sande, der zuweilen Lehm führt. In ihm finden sich mitunter gröfsere Geschiebe, jedoch nicht gerade häufig; desto mehr mufs es auffallen, dafs der gröfste Geschiebeblock, den man bis jetzt aus der norddeutschen Ebene kennt, der sogenannte Markgrafenstein, oben auf den Rauenschen Bergen gefunden worden ist. Dieser Block besteht nicht mehr. Man hat die gröfsere Hälfte von ihm abgesprengt und daraus die Schaale verfertigt, welche vor dem Museum in Berlin steht [1]). Sie ist aus einem Stücke gearbeitet und hat 22 Fufs Durchmesser und 5 Fufs Tiefe. Früher glaubte man, dafs das Gestein Granit sei, es ist indefs schon oben erwähnt worden, dafs es Gneufs ist. Die Gestalt des Blockes war unregelmäfsig vierseitig, nach oben schief dachförmig abgerundet, überhaupt stumpfkantig. Neben dem grofsen Steine von 27 Fufs Höhe, 26 Fufs Breite und 25 Fufs Dicke liegt noch ein kleinerer, der ungefähr ein Viertheil der Masse des ersteren enthält. Er ist nur 40 Schritt entfernt vom gröfseren und besteht aus demselben Gestein. Er ist ein sehr granitähnlicher Gneufs, mit röthlichem Feldspath, oft in grofsen Zwillingskrystallen der Karlsbader Art, spargelgrünem Oligoklas, nelkenbraunem Quarz und braunschwarzem Glimmer. Seine Schichtung ist sehr versteckt und nicht von allen Seiten gleich sichtbar, dennoch aber unzweifelhaft. Etwa eine Viertelmeile von den Markgrafensteinen nördlich entfernt, lag früher am Abfall der Berge 170 Fufs tiefer, ein dritter grofser Block, der 25 Fufs lang, 16 Fufs breit und 12 Fufs hoch war. Er hatte eine dreikantige, fast keilförmige Gestalt und bestand aus demselben Gneufs, wie die Markgrafensteine. Auch er ist gesprengt und zu vier grofsen Säulen verarbeitet worden. Obgleich auf den Rauenschen Bergen noch mehrere ansehnliche Blöcke liegen, so findet sich doch der Gneufs dieser

[1]) Es ist glücklicher Weise ein Kupferstich vorhanden, der die beiden Steine abgebildet zeigt, in Schultz Beiträge zur Geognosie und Bergbaukunde.

drei Steine in keinem derselben wieder, Klöden hat hierüber sehr sorgfältige Nachforschungen angestellt [1]). Eine grofse Mannigfaltigkeit nordischer Gesteine, wie sonst gewöhnlich, zeigt sich auch bei ihnen.

Unter dem nordischen Sand und Lehm, welcher die Oberfläche bedeckt, scheint überall in diesen Bergen die Braunkohlenformation verbreitet zu sein. Zwei ausgedehnte Bergwerke, die von Petersdorf und die von Rauen bauen die Kohlenfelder aus, und auf eigends dazu angelegten Eisenbahnen werden die Kohlen bis an den Fluſs befördert. Der Betrieb ist lebhaft und dem Reichthum der Lager an Kohle entsprechend, von der die obersten Flötze, unter denen wahrscheinlich noch andere liegen, allein 13 bis 14 Hundert Millionen Kubikfuſs nach einer ungefähren Schätzung enthalten. Bei der Aufnahme dieser Bergwerke im Anfang der vierziger Jahre hat man vorher umfassende Bohrversuche in den ganzen Rauenschen Bergen angestellt, die eine im Allgemeinen übereinstimmende Zusammensetzung der Braunkohlenformation herausstellen. Unter einer mehr oder weniger mächtigen Schicht (5 bis 30 Fuſs) von nordischem Sand und Lehm, folgt ohne eine andere Zwischenlage, ohne eine Spur von Septarienthon, Formsand und in diesem die Braunkohle in drei Flötzen. Das unterste ist das bedeutendste und enthält 8 bis 11 Fuſs Kohle, darauf folgt, nach 5 bis 8 Fuſs feinem Formsande, ein neues Flötz von 2 bis 4 Fuſs Mächtigkeit, dann wieder jener Sand, doch meist nicht stärker als 4 Fuſs, und endlich ein neues Kohlenflötz von 4 bis 6 Fuſs Stärke. Ueber dem obersten liegt wieder Formsand und in diesem mitunter ein Lager kohlehaltigen Thons, oder thonigen Sandes, das nicht selten Eisenkies enthält und daher als Alaunerz brauchbar wäre. Der obere Formsand, der, je nach der Lagerung der Schichten, verschieden mächtig ist, hat eine gelbliche oder braunliche Farbe und jene eigenthümliche Zeichnung, die man in Norddeutschland unter dem Namen „Baumkuchen-artig" wohl verstehen wird. Dunklere braune Streifen gehen in einer gelblichen Grundmasse unregelmäſsig wellig, aber doch ungefähr nach einer Richtung, fort. Zwischen den Kohlen und darunter ist der Formsand meist grau, mitunter sogar

[1]) Siehe Klöden Beiträge Heft V. p. 60.

schwarz. Im sogenannten Schlangengrunde findet sich im oberen Formsande ein sehr fetter, hell chocoladenfarbiger Thon, den die Töpfer in Fürstenwalde früher verarbeiteten, ähnlicher soll auch in den Duberowbergen vorkommen (siehe oben).

Die Kohlen sind theils Knorpelkohlen, theils Erdkohlen, theils bituminöses Holz. Die Knorpelkohlen sind am meisten geschätzt, weil sie sich am besten transportiren und am leichtesten verfeuern lassen, die Erdkohlen stehen im Geruch geringer Brauchbarkeit, was auch in so fern seine Richtigkeit hat, dafs sie schwierig auf den Heerd zu bringen sind, sonst besitzen sie nach der Aussage eines bedeutenden Consumenten, dieselbe Heizkraft, als die Knorpelkohle und geben weniger Asche. Das bituminöse Holz kommt nur eingesprengt, besonders in der Knorpelkohle vor, es brennt leicht, giebt aber nur geringe Hitze.

Häufig findet sich mit den Kohlen Gyps, mitunter in solcher Menge, dafs die Kohle dadurch unbrauchbar wird. Oft ist er fein vertheilt oder in schmalen Schnüren verbreitet, doch erkennt man ihn immer an dem weifsen Pulver, das er beim Zerschlagen oder beim Reiben der Stücke an einander giebt. Gewöhnlich sitzt er in kleinen Nadeln oder Sternen auf den Klüften der Kohle. Aufser dem Gyps kommt auch jenes gelbliche Harz vor, dessen schon oben erwähnt wurde, das aber kein Bernstein ist.

Ueber die Lagerungsverhältnisse der Kohlen hat man durch Plettner's sorgfältige Untersuchungen und durch Zusammenstellung dessen, was von den Bergbehörden mitgetheilt war, eine ziemlich deutliche Anschauung erhalten [1]). Im Allgemeinen liegen die Kohlen in den Rauenschen Bergen immer in Sätteln und Mulden, die von N.O. mit einer kleinen Neigung gegen N. nach S.W. streichen. Diese Mulden und Sättel setzen aber nicht durch das ganze Gebirge fort, sondern heben sich von Zeit zu Zeit aus und senken sich wieder ein, so dafs man von einem Sattel, wenn man im Streichen fortgeht, zu einer Mulde wie z. B. auf Taf. II. Fig. 2. angedeutet ist, und umgekehrt wieder gelangen kann. Zumeist haben diese Sättel und Mulden in ihren Flügeln kein sehr grofses Fallen und nur

[1]) Siehe Plettner a. a. O. p. 55 ff.

an einzelnen Stellen oder wo Verwerfungen durch sie hindurchsetzen, pflegt das Fallen ein steileres zu werden.

Die Figur 1. auf Tafel II zeigt ein Profil, welches von N.W. nach S.O. geführt, die Lagerung auf den Petersdorfer Gruben im östlichen Theil der Rauenschen Berge rechtwinklig gegen das Streichen durchschneidet. Die Baue haben zu gleicher Zeit in den Grubenfeldern Adam und Glückauf, zwischen den Schächten Albert und Elise eine flache, zwischen N.N.O. und N.O. streichende Mulde aufgeschlossen, deren beide Flügel im Streichen sowohl wie im Fallen mancherlei Krümmungen und Verwerfungen zeigen. Im Allgemeinen übersteigt die Neigung der Flügel nicht 15 Grad. Nahe der Muldenlinie wird dieselbe von einer dem Streichen parallelen Verwerfungskluft durchsetzt, welche den Nordwest-Flügel um ungefähr 13 Fuſs in die Tiefe versenkt. Die Kluft fällt mit 50 Grad gegen Norden ein. In gleicher Richtung erstreckt sich eine zweite Störung, welche den Südost-Flügel der Mulde in S.O. begrenzt und denselben von den Flötzen trennt, die in 400 Fuſs Entfernung im Sethe-Schachte aufgeschlossen sind. Diese letztern streichen jenen parallel und zeigen starkes nordwestliches Fallen, 45 bis 50 Grad. Es ist somit als wahrscheinlich anzunehmen, daſs zwischen jener Verwerfung und dem Sethe-Schachte eine zweite, jener ersten parallele Mulde abgelagert sei, die aber des hohen Wasserstandes wegen bisher noch nicht in Angriff genommen werden konnte. An den Nordwest-Flügel jener zuerst bezeichneten Mulde lagern sich in dem Grubenfelde Adam zwei auf einander folgende flachgeneigte Sättel, mit dazwischen liegender flacher Mulde, unter parallelem Streichen an und sind durch eine groſse Tagesförderstrecke aufgeschlossen und abgebaut worden. Diese geht über zwei tiefere Mulden fort und berührt die Spitze eines kurzen und steilen Sattels.

In den westlichen Abhängen der Rauenschen Berge stehen die Gruben Paul und Klöden, dem Rauenschen Bergwerks-Verein gehörig, im Betriebe und sind neben Glückauf die ältesten. Nahe bei dem Dorfe Rauen liegt das Mundloch des 2460 Fuſs langen Beuststollens, welcher von N.N.W. gegen S.S.O. in's Gebirge getrieben ist und zur Förderung der Kohlen mit der Eisenbahn benutzt wird. Dieser Stollen hat bis jetzt drei auf einander folgende Mulden aufgeschlossen (siehe Taf. II. Fig. 2.). Die erste nördlichste Hauptmulde liegt zwischen den Schächten Fanny und Trümpler und hat in der Richtung des Streichens eine Ausdehnung von 670 Fufs, in der dagegen senkrechten mifst sie 470 Fufs. Die Muldenlinie streicht von N.W. zu N. gegen S.O. zu S., das Einfallen des nordwestlichen Flügels beträgt 10 bis 12 Grad; das des südöstlichen Flügels ist steiler und steigt in oberer Teufe bis zu 20 und 25 Grad. Im N.O. und S.W. wird die Mulde von jüngeren Sandmassen des Diluviums begrenzt, die als Ausfüllungen schmälerer oder breiterer Klufträume sich nicht selten zwischen die Lager des Braunkohlengebirges einzulegen pflegen.

Die zweite Hauptmulde, welche sich im S.S.O. unmittelbar an die erste Hauptmulde anlagert, liegt zwischen den Schächten Conrad und Robert einerseits und diesen beiden und dem Wilhelm-Schachte andererseits, über welchen hinaus sie in nordöstlicher Richtung noch auf 335 Fufs bekannt ist. Aber die Oberflötze sind von so geringer Festigkeit, dafs dieselben nur am Robert-Schachte, auf dem südöstlichen Flügel der Mulde und auch nur in geringer Ausdehnung gebaut worden sind. Die Flötze fielen hier mit 25 bis 36 Grad Nordwest. Das dritte festere Flötz wurde am nordwestlichen Flügel der Mulde in gröfserer Ausdehnung abgebaut und zeigte 15 bis 20 Grad südöstliches Einfallen bei einem Streichen von O.N.O. gegen S.W. Im Westen wurde auch diese Mulde von jüngeren Sandmassen begrenzt; ihre Ausdehnung gegen Osten aber ist noch nicht genauer bekannt und bis jetzt nur erst bis in die Nähe des Schachtes „gute Hoffnung" mit dem Bau auf dem dritten Flötz vorgeschritten.

Von der dritten Hauptmulde, welche mit gleichem Streichen von dem Beuststollen erreicht worden ist, kennt man bis jetzt nur den Anfang des nördlichen Flügels, welcher durch zwei streichende Strecken im dritten Flötze auf 100 Fufs Länge angebrochen ist.

Diese drei Hauptmulden erstrecken sich gegen Westen über den Beuststollen hinaus; ihre herrschende Ausdehnung ist gegen Osten gerichtet. Im Westen werden sie überall durch zahlreiche Verwerfungen und Klüfte unterbrochen und begrenzt, die bald hangende bald liegende Schichten der Braunkohlenflötze vorschieben. Alle diese Klüfte verlaufen in der Richtung von Norden gegen Süden, die erst im Süden am Schachte Robert eine südöstliche Wendung macht. In geringer Entfernung pflegen die Flötze am schwimmenden Gebirge abzuschneiden, das nirgend hat durchbrochen werden können, und auch jenseit desselben hat es bis jetzt noch nicht gelingen wollen, zusammenhängendere Flötzlager in beträchtlicher Ausdehnung aufzufinden.

Erfolgreicher sind die Nachforschungen im östlichen Felde gewesen. Freilich erkannte man bei dem ferneren Bau, dafs die Sandspalte, welche die erste Hauptmulde im Osten begrenzte und über dem Flügelorte No. 1. gegen Osten sogar eine Breite von fast 120 Fufs erreichte, sich gegen Süden fortsetzte und auch die zweite Hauptmulde nahe am Wilhelms-Schachte durchsetzte, obgleich in geringerer Breite als im Norden, aber es gelang doch sie in der zweiten Hauptmulde bei 55 Fufs Erlängung der Strecken zu durchbrechen und den Bau der Mulde ungestört fortzusetzen.

Oestlich von der ersten Hauptmulde aber fand man jenseit der Sandspalte eine Nebenmulde so gelagert, dafs sie bei gleichem Streichen gegen die erste Hauptmulde um ihre halbe Breite gleichsam gegen Süden fortgeschoben erschien. Der Nordflügel dieser Nebenmulde mit 10 bis 12 Grad südlich fallend, lag in der gradlinigen Verlängerung des Südflügels der ersten Hauptmulde, gleichwie die gegenüberstehenden Flügel einer Windmühle. Die Ausdehnung des Nordflügels im Streichen vom Lichtloche No. A. bis jenseit des Hugo-Schachtes betrug über 630 Fufs, die Breite in der Richtung des Fallens gegen 170 Fufs. Der zugehörige Gegenflügel wurde in 400 Fufs südlicher Entfernung vom Hugo-Schachte durch den Schacht „gute Hoffnung" zwar aufgefunden, aber nicht in Angriff genommen, weil die Kohlen von zu milder, lockerer Beschaffenheit waren.

Unter den zahlreichen Störungen, welche auch in dieser Mulde den Zusammenhang der Flötze auf mannigfache Weise unterbrechen, verdienen zwei namhaft gemacht zu werden. Die eine von ihnen verläuft nahe der Muldenlinie von O.N.O. gegen W.S.W., also fast parallel dem Streichen und trennt unter 40 bis 50 Grad südlich einfallend, beide Muldenflügel so von einander, dafs der südliche in die Tiefe versenkt ist, und im Nordflügel die Flötze plötzlich an den hangenden Schichten des Gegenflügels abschneiden. Die zweite Störung von Nord nach Süd streichend, beginnt südlich am Hugo-Schacht und trennt den Nordflügel der Nebenmulde in zwei Theile, deren östlicher circa 7 Fufs tiefer liegt. Die Spalte klafft circa $1\frac{1}{2}$ Fufs und ist mit Rollsand, d. h. mit grobkörnigem nordischem Sand erfüllt, der offenbar von oben hineingerollt ist.

Von der dritten Hauptmulde ist zu wenig bekannt, um über ihre Gestalt und Ausdehnung mehr beibringen zu können; doch scheint die langgestreckte Sandspalte, welche schon die ersten beiden Mulden in stets gleichbleibender Richtung von Norden nach Süden durchsetzte, sich auch in der dritten Hauptmulde fortzusetzen, und man kann sich kaum der Vermuthung erwehren, dafs diese lang ausgedehnte Spaltenbildung im Kohlengebirge, der sich eine grofse Zahl kleinerer Störungen in paralleler Richtung anreiht, in tieferen geologischen Ursachen ihren Grund habe, zumal sich auch in der Gestaltung der Oberflächenverhältnisse dieselbe Richtung so augenscheinlich hervorthut. In das Profil, welches die Lagerung der Flötze auf den Gruben Paul und Klöden darstellt, sind auch die Flötze der ersten Nebenmulde mit aufgenommen, obgleich die Profillinie durch die Schächte Fanny und Wilhelm gelegt worden ist und die Nebenmulde somit eigentlich aufserhalb derselben fällt. Die Flötze sind daher auch in lichterer Schraffirung angelegt, und auf diese Weise wird es daher am leichtesten gelingen, einen schnellen und leicht fafslichen Ueberblick über die gegenseitige Lagerung der einzelnen Mulden zu geben.

Im Anfange des Jahres 1844 brach in der ersten Hauptmulde, in der Nähe der Muldenlinie, ein Grubenbrand aus, ohne dafs die nähere Veranlassung damals bekannt war. Erst später, als dieselbe Erscheinung sich auch auf andern Gruben (bei Frankfurt, Liebenau, Spudlow) wiederholte, zeigte es sich, dafs Schwefelkiesgehalt der Kohlen, zu starke Ansammlungen von Luft und der mechanische Druck des Deckgebirges, bei übermäfsiger Durchörterung der Kohlenlager, die Hauptursachen der

Selbstentzündung seien. Damals versuchte man durch Umdämmung des Brandfeldes der Zerstörung eines gröfseren Kohlenfeldes vorzubeugen; allein vergeblich, denn als auf drei Seiten die Umdämmung fertig war, schritt der Brand auf der vierten den Stollen zugewendeten Seite so rasch fort, dafs nur ein überaus schneller Abbau der Kohlen den Stollen gegen die Zerstörung sichern konnte.

Die Förderung der Kohlen in den Rauenschen Bergen ist zum gröfseren Theil Stollenförderung, und die Stollen münden alle am Nordabhange der Berge, wo diese sich mit ihrem Fufs an das Niveau den Lehmplateau's anschliefsen. Drei lange Pferde-Eisenbahnen führen dann die Kohlen von hier aus bis zum Spreeufer zu den verschiedenen Ablagen, aus denen sie auf Spreekähnen nach Berlin verladen werden. Durch mehrmaliges Sieben werden die Kohlen vom Kohlenstaube befreit und in mehrere Gattungen von Knorpel- und Stückkohle vertheilt.

Ueber die Verhältnisse, unter denen die Braunkohlen in den Soldaten- und Duberowbergen östlich von den Rauenschen Bergen auftreten, ist bis jetzt nichts bekannt, da die eröffneten Gruben für eine geraume Zeit den Kohlenbedarf so vollständig decken können, dafs für neue Nachforschungen in diesen Bergen kein Grund vorhanden ist.

7. Die Uckermark.

Wenn man von Berlin die Richtung gegen Norden einschlägt, so erhebt man sich auf das grofse Plateau, das sich vom Havelland bis zu dem jetzigen Oderbette ausbreitet. An mehreren Stellen wird dasselbe von kleinen Thälern unterbrochen, welche ihr Wasser zur Spree und zur Havel hinabschicken, doch sind diese nur wenig vertieft und bilden keine eigentlichen Unterbrechungen der grofsen Hochfläche. Nur zwischen Klosterfelde und Liebenwalde ist eine weite Niederung vorhanden, welche sich auf der einen Seite mit dem Havelthal oberhalb Oranienburg, auf der andern Seite mit dem Oderlauf bei Oderberg durch das Thal der Fühne verbindet. Der Weg für einen Kanal zur Verbindung von Oder und Havel war hier von der Natur vorgezeichnet und ist auch richtig benutzt worden. Der Finow-Kanal verbindet die Havel bei Liebenwalde mit der Fühne bei Schöpfurth. Da der Oderlauf bei Oderberg noch nicht 40 Fufs über der Ostsee liegt, die Havel bei Liebenwalde aber 119 Fufs hoch, so hat der Kanal die bedeutende Differenz von 70 Fufs zu überwinden.

Mit Leichtigkeit könnte man daher das Wasser der Havel von Liebenwalde aus zur Oder leiten, ebenso wie das Wasser der Spree über Müllrose, und das ganze Terrain zwischen Oder und Elbe würde dann ohne schiffbare Flüsse, nur von kleinen Bächen bewässert, einen andern Character annehmen. Der Lauf der oberen Havel und der oberen Spree würde sich um vieles tiefer einschneiden, die Seen in der westlichen Uckermark und im angrenzenden Meklenburg würden trocken gelegt werden, die Spree würde die Seen bei Beeskow entwässern, den Spreewald von Sumpf und Wiesen befreien, die Teiche bei Peitz entleeren, kurz — die Physiognomie der ganzen Mark Brandenburg würde eine durchaus andere werden. Hätte die Natur nicht durch kleine und allmälige Sandanhäufungen diesem Abflufs der Gewässer Dämme entgegengesetzt und die Flüsse nach Westen getrieben, die Mark Brandenburg hätte nie die Bedeutung erreicht, welche sie jetzt besitzt, Berlin wäre nicht entstanden und Norddeutschland hätte einen andern Mittelpunct an der Elbe und Oder, in der Gegend von Frankfurt oder Magdeburg, gesucht und gefunden.

Jenseit des Fühne-Thales beginnt die Uckermark. Sie führt ihren Namen nach den beiden grofsen Ucker oder Uecker-Seen, welche südlich von Prenzlau liegen und mit der dazwischen liegenden Möllnitz eine Länge von 2½ Meilen bei einer Viertelmeile Breite haben. Beide werden durch das Flüfschen Ucker entwässert, das bei Prenzlau und Pasewalk vorüber gerade gegen Norden bei Uckermünde in's Stettiner Haf geht. Die Uckermark bildet die südöstliche allmälige Abdachung des meklenburgischen Landrückens und enthält daher wie dieser zahlreiche Vertiefungen und Seebecken, welche zumeist noch mit Wasser erfüllt sind, da das hochgelegene Terrain sich nicht auf kurze und leichte Art zu den tiefen Flufsbetten entwässert. Am Rande des Oderthales bildet dies Plateau die Höhen von Oderberg und von Stolpe, dem Geburtsort von **Leopold** von Buch. Im Grofsen und Ganzen erscheint es als eine Ebene, deren mittlere Höhe im östlichen Theile circa 150 Fufs, im westlichen circa 200 Fufs betragen wird. Die Oberfläche, die besonders im östlichen und nördlichen Theile wegen ihres guten Bodens berühmt ist (die Uckermark hiefs sonst die Kornkammer Berlins), wird von nordischem Lehm und Sand bedeckt, doch ist der Lehm verbreiteter, als meist in den übrigen Theilen der Mark und von einer lockeren, mehr mergeligen Beschaffenheit, als in den südlichen Gegenden.

In diesem Lehm liegen an einigen Stellen eine grofse Menge von Geschieben. Ein in neuerer Zeit entdeckter Punct dieser Art wird am besten ein Bild des Vorkommens liefern. Die Berlin-Stettiner Eisenbahn tritt bei dem Dorfe Chorinchen, nördlich von Neustadt-Eberswalde, nachdem sie über das Thal der Schwarze und Fühne fortgegangen ist, in eine kleine Hügelreihe ein, welche von S.O. her gegen N.W. fortsetzt. Nachdem das Gleis über einige kleine Hügel fortgegangen ist und den Rand eines kleinen Sumpfes bedeckt hat, schneidet es in den letzten Hügel vor Chorinchen tiefer ein und legt die innern Verhältnisse desselben an den Tag. Der Hügelzug mag an dieser Stelle eine Höhe von 50 bis 60 Fufs gegen das Niveau des vorliegenden Sumpfes haben und da er ungefähr in der Mitte von einem davor aufgeführten Damme erreicht wird, so bleiben nur noch 25 bis 30 Fufs, welche der Durchstich geöffnet hat. In der Höhe, wo der Damm den Hügel berührt, besteht dieser aus einer Schicht feinen Sandes, wie sie gewöhnlich das Liegende des Lehms zu bilden pflegt und darüber zeigt sich eine Lehmlage von 20 bis 25 Fufs Mächtigkeit. Indessen kann man von ihr nicht wohl sagen, ob sie zum gröfsern Theil aus Lehm oder aus Geschieben besteht, denn wenn in der obersten Hälfte die Geschiebe in nicht sehr grofser Menge vorhanden sind, nur wie Rosinen in einen Kuchen eingebacken, so ist doch der untere Theil so ganz von ihnen erfüllt, dafs der Lehm nur das Verkittende zwischen den Steinblöcken bildet. In allen Gröfsen und von allen Arten sind sie zu einem festen Wall aufeinander gepackt, dessen Durchbrechen beim Bau der Eisenbahn grofse Schwierigkeiten an einer Stelle verursachte, wo man nur einen einfachen Sandhügel erwartet hatte. Manche Geschiebe waren so grofs, dafs man sie nicht von der Stelle schaffen konnte, sondern an ihrem Fundorte selbst bohren und sprengen mufste. Aus dem kurzen Durchstiche, der höchstens 200 Schritt Länge hat, sind 1000 bis 1200 Schachtruthen von grofsen Geschieben herausgeschafft worden, während man die kleineren alle beim Aufführen des Dammes in der vorliegenden Vertiefung benutzt hatte. Auf der Lehmschicht lag noch ein schwaches Sandlager mit Geröllen, das offenbar durch die Auswaschung des Lehms gebildet war, und auch allmälig in ihn überging. Dieses Geschiebelager scheint eine Fortsetzung der zahlreichen Geschiebeblöcke bei Oderberg und bei Landsberg an der Warthe zu sein, so wie es wieder an die Vorkommen von Joachimsthal, von Storkow, südlich von Templin und von Fürstenberg sich anschliefst.

Merkwürdig ist ein Vorkommen von Kalkstein bei Storkow südlich von Templin [1]). Seitwärts des Weges, der von Zehdenick nach Templin führt, liegt das Dorf Storkow, welches mit seiner Feldmark sich nur wenig über das angrenzende Havelthal erhebt. Fast die ganze Feldmark ist mehr oder weniger mit theils abgerundeten, theils scharfkantigen Bruchstücken von Kalkstein bedeckt. Sie liegen auf einem Boden, der stellenweise aus Sand, an anderen Orten aber aus mildem oder auch strengem Lehm besteht. In der Tiefe von einigen Fufsen sind keine Kalksteingeschiebe mehr anzutreffen, die also nur auf der Oberfläche zerstreut sind. Nur wenige Stellen im Dorfe selbst und auf der Feldmark machen davon eine Ausnahme. Eine Stelle erhebt sich aus dem sie rundum einschliefsenden sehr guten Ackerboden und besteht aus strengem blauen Thon, der viele Kalksteine, so wie auch einiges Gemisch von rothem Thon enthält, aber auch mit kleinen Kalksteingeröllen in dem Maafse besäet ist, dafs der Pflug hier seine Dienste versagt, und die Stelle wüste liegt. Man hat im Jahre 1822 fast mitten auf dieser kleinen Erhöhung einen Schurfversuch bis auf 12 Fufs niedergebracht. Das Thon- und Kalksteingemenge lag ohne Regel und blieb sich ziemlich gleich, der Kalk mochte ungefähr ein Zehntheil des Ganzen betragen. Man fand es zuletzt wahrscheinlich, dafs diese Thonmasse nicht

[1]) Siehe Klöden Beiträge Heft I. p. 70.

aus der Tiefe hervortrete, sondern auf dem Lehmboden aufgesetzt sei, was indessen doch noch nicht entschieden ist. Am westlichen Ende des Dorfes liegt ein wirkliches Flötzlager von Kalkstein in blauem Thon und mit blauem Thon abwechselnd, hauptsächlich in der Dorfstrafse und auf den angrenzenden Gehöften zu Tage stehend. Die Kalksteinlager sind ungefähr 3 bis 4 Zoll stark, fest, aber sehr zersplittert und haben immer zwischen sich eine 1 bis 2 Zoll starke Thonlage. Als wirkliche Flötzlagen sind sie nicht zu verkennen, aber so zerstört, dafs für die technische Anwendung etwa nur ein Viertel des Ganzen brauchbar sein möchte. Der Kalk ist hellgrau, im Bruch uneben, sich fast dem Erdigen im Ansehen nähernd, die Härte die gewöhnliche des dichten Kalksteins.

Die Ausdehnung dieser Lager ist sehr gering. Auf 50 bis 60 Schritt nach Westen entfernt von der Stelle, wo sie in der Dorfstrafse zu Tage stehen, trifft man die Flötze nicht mehr an, obgleich noch viele Kalksteine auf dem Boden umherliegen. Oestlich davon befindet sich in 40 Schritt Entfernung ein Brunnen von 30 Fufs Tiefe bis auf das Wasser, der ebenfalls keine Kalkschicht zeigt. Noch weiter östlich zeigen die übrigen Brunnen des Dorfes ebenfalls keinen Kalk, obwohl diese Gegend mit vielen kleinen Kalkgeröllen bedeckt ist. Besonders findet sich weiter nördlich eine kleine Erhöhung, die mit sehr viel Kalksteingeröllen überschüttet ist, unter denen viele verschlackte Stücke von einem ehemaligen Kalkofen herzurühren scheinen. Die Kalksteintrümmer verbreiten sich noch ziemlich weit nach Nordosten, denn selbst bei dem Dorfe Beutel liegen sie noch in bedeutender Menge. Man hat das Flötz im Dorfe durchbohrt und dabei 11 Fufs dick gefunden, darunter lag der milde Lehm, der in der Gegend überhaupt verbreitet ist. So scheint es denn eine Scholle zu sein, die hier abgesetzt ist, ähnlich wie die grofsen Kreidestücke, welche in Meklenburg und Holstein häufiger an der Oberfläche vorkommen. Leider hat man keine nähere Bestimmung über die Formation, zu der dieser Kalkstein zu rechnen wäre, indessen ist es am wahrscheinlichsten, dafs er der Uebergangsformation zugehören möchte.

Bei Joachimsthal zieht sich, südwestlich von der Stadt,

ein sanft ansteigender flacher Rücken am nördlichen Ende des Werbellin-See's fort und dann weiter in der Richtung von Chorin und Oderberg. Er hat eine Breite von etwa 300 Fufs, geht in völlig grader Linie fort und läfst sich auf mehr als eine Meile deutlich verfolgen. Er besteht unter der Oberfläche ganz aus Geschieben, die in noch unbekannter Tiefe einsetzen und zwischen denen sich nur wenig Sand findet. Die Geschiebe haben zum Theil eine aufserordentliche Gröfse, und Blöcke von 16 bis 18 Fufs Durchmesser gehören nicht zu den Seltenheiten. Dieser Wall, der offenbar mit dem von Chorinchen und Oderberg und Zehden zusammenhängt, erinnert an die Geschiebewälle oder Osar in Schweden, nur scheint der Ursprung beider doch ein sehr verschiedener zu sein. Denn wenn die schwedischen Blockwälle entweder durch Wasser oder Eis, das sich aus den Gebirgen abwärts bewegte, aufgehäuft worden sind, so scheinen die norddeutschen Massen dagegen Anhäufungen am ehemaligen Meeresstrande oder auf Untiefen zu sein, die durch das Stranden und Abschmelzen Blöcke führender Eisschollen entstanden sind. Doch genügt auch diese Erklärung noch nicht völlig. Hier, wie so oft in der Geologie, trifft das Wort Leopold von Buch's zu: „So lange man sich am Schreibtisch noch quälen mufs Erklärungen zu finden, ist dies nur ein Beweis, dafs es an Beobachtungen in der Natur fehlt. Sind die nöthigen Beobachtungen da, so springen die Erklärungen von selbst heraus."

Eins steht indessen fest, dafs die Verbreitung der Blöcke hier die Richtung von N.W. gegen S.O. mit einer Neigung gegen Osten einhält. Wenn man die Vorkommen von Storkow und Fürstenberg an der Meklenburgischen Grenze hierzu rechnen darf, so ist diese Geschiebereihe auf mehr als 10 Meilen zu verfolgen, und zieht man gar noch Landsberg an der Warthe hinzu, so ergeben sich 20 Meilen Erstreckung. Bemerkenswerth bleibt es immer, dafs die Hauptrichtung der Verbreitung, die zwischen Oderberg und Joachimsthal nicht zweifelhaft sein kann, mit der Richtung des Meklenburger Landrückens, des alten Oderthales, der Lüneburger Haide, des Flemmings, des Harzes, ja der ganzen Nordküste des ehemaligen deutschen Continents zusammenfällt.

In südlichern Gegenden kommen weit erstreckte Geschiebelager nicht mehr vor. Man erwähnt deren östlich von Bernau, im Blumenthal, nördlich von Straufsberg, zwischen Müncheberg und Fürstenwalde, auf den Rauenschen Bergen, bei Grofs-Rietz, nördlich von Beeskow, bei Woltersdorf zwischen Berlin und Königs-Wusterhausen und endlich bei Petkus auf dem niedern Flemming, aber dies sind doch nur Vorkommen vieler, obgleich vereinzelter Blöcke, und nicht die Bildung ganzer Wälle. Nur von dem Blumenthal wird berichtet [1]), dafs dort eine grofse Zahl von Geschieben reihenweise zusammengestellt gewesen sei, so dafs noch im Jahre 1689 förmliche Mauern von Mannshöhe davon gebildet wurden. Man hielt deshalb diese mehr als 1500 Fufs langen Mauern für Ueberbleibsel einer Stadt, doch ist es durch spätere Nachgrabungen wahrscheinlich geworden, dafs hier ein alter Begräbnifsplatz zu suchen sei. Jetzt ist von regelmäfsigen Mauern nichts mehr zu sehen.

In der mittleren und nördlichen Uckermark sind noch zahlreiche Geschiebe-Ablagerungen vorhanden, von denen einige die vorerwähnte Richtung in ihrer Verbreitung einzuhalten scheinen. So die Lager von Stolpe, Angermünde, Greifenberg, Fredenwalde und Gerswalde, die mit den Vorkommen zwischen Boitzenburg und Lychen in Zusammenhang zu stehen scheinen. Ebenso die Vorkommnisse zwischen Gramzow, Prenzlow und Schönermark, während noch weiter nördlich zwischen Pasewalk, Löcknitz, Brüssow und Prenzlow die grofsen Geschiebe gleichmäfsig über das ganze Terrain verbreitet sind. Ueberhaupt mufs man sehr vorsichtig in der Annahme bestimmt verbreiteter Geröllzüge sein, da sich das Vorkommen der Lager leicht unter dem Sand der Oberfläche verbirgt, und man daher durch das zu Tage kommen derselben an vereinzelten Puncten leicht zu falschen Schlüssen über ihre Verbreitung verleitet wird.

Als ältere Bildungen hat man in der neueren Zeit die Thonlager von Joachimsthal erkannt. Sie gehören dem Septarienthon an. Man findet dieselben in den Höhen südlich von der Stadt in der Grimmnitzer Forst am linken Ufer des Wehr-

[1]) Siehe Klöden Beiträge Heft V. p. 51.

bellin-See's. Die Hauptgrube hat einen beträchtlichen Umfang, aber nur 10 Fuſs Tiefe. Ihre Sohle liegt 140 Fuſs über dem Spiegel des See's, der bei der Ziegelei 160 Fuſs über der Ostsee sich befinden soll. Die Mächtigkeit des Thonlagers ist nicht bekannt, es fällt gegen den See ein wenig ein. Der Thon ist grünlichgrau, beschlägt an der Luft leicht mit einer bräunlichen Haut und läſst manchmal kleine Nadeln auswittern, die wahrscheinlich Gyps sind. Er enthält nicht selten groſse Septarien, so wie kleine Knollen von Schwefelkies und Krystalle von Gyps. Die Versteinerungen, die darin vorkommen, sind identisch mit denen von Hermsdorf, nur finden sich hier in den Septarien auch Abdrücke von Blättern und Samen, die man von andern Fundorten, auſser von Stroppen in den Trebnitzer Bergen, noch nicht erwähnt hat. Der Thon wird zu vortreſflichen Ziegeln verarbeitet und ist so gut, daſs sich auch feinere Thonwaaren daraus fertigen lassen. Von Saaten am rechten Oderufer zwischen Stolpe und Schwedt beschreibt Plettner [1]) ebenfalls Septarienthon, und der Töpferthon von Mürow bei Angermünde und von Greiffenberg gehört wahrscheinlich ebenfalls zu diesen Lagen. Auch bei dem Thon von Rheinsberg und Dierberg könnte dies der Fall sein. Näheres ist jedoch hierüber nicht bekannt.

Nur noch ein Punct in der Uckermark verdient eine besondere Beachtung, weil er der südlichste ist, bis zu dem sich die dänischen Kreidebildungen verbreitet haben: das ist das Kreidelager bei Potzlow. Das Dorf Potzlow liegt südlich von Prenzlow, an der westlichen Seite der Seen, welche zwischen Ober- und Unter-Ucker sich befinden und südlich vom Dorfe, einer ehemaligen Stadt, die Gerechtsame über Leben und Tod hatte, zeigt ein niedriger Hügel das jetzt kaum noch bemerkbare Vorkommen von Kreidemergel mit Feuersteinen. Früher wurde dieser Mergel gebrannt, seit mehr als 20 Jahren geschieht dies aber nicht mehr, der ehemalige Bruch ist verschüttet und man kann Nachrichten über das Kreidelager nur aus älteren Berichten schöpfen [2]).

Es war früher in dem Hügel ein Bruch eröffnet, in welchem man die Kreide mit ihren Feuersteinlagen 10 bis 14 Fuſs

[1]) Siehe a. a. O. p. 181.

[2]) Siehe Klöden Beiträge Heft I. p. 78.

mächtig anstehen sah, darunter aber den Kreidemergel, welcher das Material zum Betriebe eines danebenliegenden Kalkofens lieferte. Zu oberst lagen ein paar 4 bis 6 Fuſs mächtige Schichten unreiner thoniger Kreide, dann folgte sie in regelmäſsigeren Lagen, die mit plattenförmigen Feuersteinen wechselten. Letztere sind eigentlich nur mehr oder weniger zusammenhängende Nester, die in breiten, plattgedrückten, fast scheibenförmigen Massen das Kreideflötz in mehrere Lagen trennen, deren Flächen jedoch nicht immer völlig parallel laufen. Man unterschied vier solche übereinander liegende Kreidelager. Die Kreide war nicht rein, sondern enthielt viel Kiesel und etwas Thontheile. Die Feuersteine waren dunkelgrau bis schwarz mit einer weiſsen Rinde, meist ungefähr 1 Zoll dick. Der unter diesen Lagern vorhandene Kreidemergel war rein und ganz milde. Seine Mächtigkeit war unbekannt, da man ihn nur bis auf 4 Fuſs entblöſst hatte. Er lieferte einen schneeweiſsen, durchgängig gaaren Mehlkalk. Versteinerungen wurden nicht gefunden. Wie weit sich die Kreidebildungen hier verbreiten, ist bis jetzt noch nicht bekannt, da Schürf- und Bohrversuche nicht angestellt sind. In derselben Richtung von Potzlow, wie der Kalkberg, doch noch einmal so weit, soll die Kreide an einem Gehänge wieder zum Vorschein kommen. An andern Puncten der Gegend ist sie nicht bemerkt worden.

8. Die märkische Schweiz.

Die Umgegend des Städtchens Buckow führt den Namen der märkischen Schweiz und deutet damit ein, wenn nicht gebirgiges, doch mindestens sehr hügelreiches Terrain an. Das ist sie denn auch, wenn auch nicht durch gewaltige Erhebungen, sondern durch eine bedeutende Verstürzung. Nähert man sich dieser berühmten Gegend von Müncheberg aus, von wo Buckow nur eine kleine Meile entfernt ist, so sucht man natürlich im Horizont umher nach Bergen, welche den romantischen Namen hervorgerufen haben, allein man findet keine. Nur im Süden tauchen die Rauenschen Berge aus weiter Entfernung auf, im Norden, wo die Schweiz liegen soll, bemerkt man nur einige waldbedeckte Hügel, die kaum 50 bis 60 Fuſs über die Ebene erhaben zu sein scheinen. Voller Erwartung entfernt man sich von Müncheberg. Der Weg führt nach Norden, aber er hebt sich nicht wie sonst, wenn man in's Gebirge geht, sondern er senkt sich je länger je mehr bis man endlich Buckow erreicht, das von einigen Seen umgeben in einem Kessel liegt. Auf zwei Seiten sind die Ränder dieser Vertiefung sehr steil, einerseits im Westen, wo das gegenüberliegende Gehänge des grofsen Schermitzel-See's die Begrenzung bildet, anderseits im Norden, wo eine Reihe von Höhen, welche schnell gegen den Kessel abfallen, sich ununterbrochen von Bollersdorf bis nach Pritzhagen fortziehen. Diese Höhen liegen nach genauern trigonometrischen Messungen, welche in der ausgezeichneten Karte des Herrn Sineck eingetragen sind, zwischen 150 und 300 Fufs über dem Spiegel des Schermitzel-See's. Dieser See selbst zeigt noch unter dem Wasserspiegel so schnell abfallendes Terrain, dafs bei den Bewohnern der Umgegend der Glaube verbreitet ist, er sei unergründlich. Genaue Messungen haben die Tiefe seines Grundes nachgewiesen. Der See hat von Norden nach Süden eine Länge von ungefähr 7000 Fufs, bei einer Breite, die 2000 bis 2500 Fufs erreicht. Seine Tiefe ist in der südlichen Hälfte ziemlich gleichmäfsig 40 bis 50 Fufs, nimmt aber von der Mitte gegen Norden mehr und mehr zu, bis sie dicht vor dem Ende des See's bei dem Fischerhäuschen 142 Fufs erreicht. Zwölf Messungen von der Mitte des See's bis gegen Norden gaben auf je 100 Schritte circa Entfernung in dem ersten Viertel eine allmälige Zunahme bis 100 Fufs, dann in dem letzten Viertel des See's, ungefähr 200 Schritte von dem Fischerhäuschen, an der Bollersdorfer Seite die aufserordentliche Tiefe von 142 Fufs. Um diese tiefe Stelle herum breitet sich der Seeboden ziemlich gleichmäfsig in 100 bis 120 Fufs Tiefe aus, steigt aber mit wirklich wunderbarer Schnelligkeit gegen das Ufer an. Ungeachtet, dafs hier ein kleiner Bach, der von Nordosten herabkommt, Sand und Gerölle beständig dem See zuführt, beträgt seine Tiefe in kaum 100 Schritt vom Ufer schon 50 bis 55 Fufs. Sogar weiter gegen das Fischerhaus, im nördlichsten Theile, ist schon bei 50 Schritt vom Ufer eine Tiefe von 60 Fufs. Diese Erscheinung der schnell zunehmenden Tiefe zeigt sich am ganzen westlichen Ufer entlang, so dafs man z. B. mit der Spitze eines Nachens von ungefähr

15 Fufs Länge dicht am Ufer über 2 Fufs Tiefe liegt, während in der Mitte 6 bis 7 Fufs und am Ende 11 bis 12 Fufs Tiefe sich zeigt. Solche schnell zunehmende und so bedeutende Tiefe besitzt, so viel bis jetzt bekannt geworden, kein anderer See in der Mark Brandenburg, denn selbst die grofsen Havelseen sollen nicht mehr als 30 bis 40 Fufs Tiefe beweisen. Augenscheinlich mufs daher dieser See, dessen Boden bis zu dem Niveau der Ostsee herabgeht, seinen Ursprung durch eine Verstürzung der ehemals gleichförmigen Oberfläche erhalten haben, und da der Unterschied zwischen seinem jetzigen Boden und dem unmittelbar angrenzenden Bollersdorfer Berge 300 Fufs beträgt, so ist es wohl erklärlich, dafs eine solche Katastrophe das umgebende Terrain auch weiterhin noch zu bewegen und zu zerreifsen vermochte. Daher stammen die steilen, scharf begrenzten Bergformen dieser Gegend und die schmalen, tief in sie hineinsetzenden Spaltenthäler. Am tiefsten sind die Schluchten, welche zwischen den im Norden liegenden Höhen sich hineinziehen.

Die Höhenverhältnisse sind neuerdings durch ein Nivellement näher ermittelt worden, das für die Anlage eines Kanals von der alten Oder bei Friedland durch das Rothe Luch zur Spree bei Erkner geführt wurde. Danach läge, wenn man die alte Oder in circa 50 Fufs über der Ostsee annimmt: die Dammmühle bei Friedland in 60 Fufs, der Schermitzel-See in 143 Fufs, die Sieversdorfer Mühle in 165 Fufs, der höchste Punct des Rothen Luchs in 194 Fufs, der Max-See in 165 Fufs und der Moellen-See bei Buchhorst 147 Fufs über der Ostsee. Der Bollersdorfer Berg, der nach der Messung des Herrn Sineck 154 Fufs über dem Schermitzel-See liegt, würde damit eine Höhe von 297 Fufs haben. Weiter gegen Osten liegen die höchsten Puncte der Gegend, unter denen der Dachsberg die Höhe von 381 Fufs erreicht.

Die kurzen tief eingeschnittenen Thäler, sowohl in den Bergen nördlich von Buckow, als in dem westlichen Ufer des Schermitzel-See's geben, besonders die letzteren, Aufschlüsse über die Schichten, welche den Erdboden zusammensetzen.

Im Jahre 1841, wo man in dieser Gegend viele Versuchsarbeiten auf Braunkohle machte, fand sich in der sogenannten

Grenzkehle, einem Thale, das zwischen Bollersdorf und Hasenholz zum Schermitzel-See geht, bei einem Schürfversuch:

2	Fuſs	gelber gröblicher Sand,
4	-	Lehm mit Geschieben,
12	-	hellerer gelber Sand,
8	-	weiſser Formsand,
5	-	thonige Kohlenletten,
3	-	brauner Formsand,
$\frac{3}{4}$	-	Kohle,
$2\frac{1}{2}$	-	grauer Formsand,
1	-	Kohle,
2	-	grauer Formsand,
$1\frac{1}{4}$	-	Kohle,
$41\frac{1}{2}$	Fuſs,	

und darunter wiederum grauer Formsand, der jedoch keine weitere Untersuchung zulieſs. Einfacher war die Lage der Schichten, welche im Jahre darauf durch neue Schürfe weiter oben im Thale aufgedeckt war. Hier lag unter dem Lehm eine Schicht Formsand von 12 bis 15 Fuſs, unter dieser Kohlenletten in 8 bis 10 Fuſs, dann Formsand und unter diesem das erste Kohlenflötz, dessen Mächtigkeit nicht sichtbar war. Ueber den Kohlenletten lag eine kleine aber scharf abgegrenzte Schicht von Geschieben, die ungefähr einen Fuſs Mächtigkeit hatte und durch einen sandigen Brauneisenstein verkittet war. Es waren Brocken von Gneuſs, Granit, Syenit, Diorit und Feuersteine. Alle waren stark abgerundet, auch der Feuerstein, was bei den Geröllen der Oberfläche nicht in dem Grade der Fall zu sein pflegt. Es ist dies das einzige Mal, daſs Geschiebe in der Braunkohlenformation beobachtet worden sind, und da diese Schicht von Geröllen nicht weiter fortsetzt, da sie bei späteren Untersuchungen in der Grenzkehle nicht wieder aufgefunden werden konnte, so hat man wohl die Sache als eine einzelne Ausnahme von der tausendfach bestätigten Regel, daſs Geschiebe in der Braunkohlenformation nicht vorkommen, zu betrachten [1]). In einer so jungen Wissenschaft,

[1]) Herr v. Beningsen hat diese Thatsache, die auf einer Excursion, auf der er mich begleitete, von uns beobachtet wurde, zuerst zur Sprache gebracht. Herr Plettner hat gemeint, es walte ein Irrthum dabei ob, was indeſs nicht der Fall ist.

wie die Geologie, mufs man froh sein, wenn man die allgemeinen Regeln zu finden vermag und einzelne Ausnahmen müssen einstweilen für spätere Verarbeitung aufbewahrt werden, sie dürfen aber nicht die bewährte Regel in Frage stellen. Sonst würde es nicht gelingen ein wissenschaftliches System zu erbauen.

Höher heraufgehoben, als am Schermitzel-See, sind die Kohlen an der östlichen Seite des rothen Luches, wo sie bei der Mühle, die zu Wüsten-Sieversdorf gehört, unmittelbar unter einer schwachen Sandbedeckung in bedeutender Mächtigkeit anstehen. Man hatte sich zu der oben erwähnten Zeit durch diese Mächtigkeit, die nach den Bohrversuchen über 20 Fufs betrug, verleiten lassen hier den ersten Abbau einzuleiten, aber es erwies sich bald, dafs gerade an der gewählten Stelle die Wasserzugänge so bedeutend waren, dafs man sich genöthigt sah, den weiteren Bau einzustellen. Doch bleibt diese Stelle für immer merkwürdig, denn sie ist der Punct, an dem der jetzt schon so bedeutend entwickelte Braunkohlenbergbau im Sommer 1841 seinen ersten Anfang genommen hat. Erst nachdem dieser Versuch mifslungen, wandte man sich zu den Rauenschen Bergen, die bereits durch Bohrversuche untersucht waren und versuchte dort den Abbau. Im Osten und Nordosten von Wüsten-Sieversdorf fand man keine Kohlen, dagegen ein mächtiges Thonlager. Bei einem Bohrversuche brach der Bohrer in 76 Fufs in einem grauen Kalksteine ab, nachdem 30 Fufs Lehm und Sand und 46 Fufs blaugrauer Thon durchsunken waren. Offenbar hatte man es hier mit Septarienthon zu thun. Später sind Braunkohlengruben bei Bollersdorf eröffnet worden und Bohrversuche östlich von denselben haben die Verhältnisse der Gegend noch weiter aufgeklärt [1]).

In der Bollersdorfer Grube kommen sowohl Kohlenlager der hangenden d. i. oberen, als auch der liegenden d. i. unteren Flötzpartie vor; letztere aber hat man ihrer geringen Mächtigkeit wegen nicht in Abbau genommen. Das Hangende des obersten Flötzes sind dünnschiefrige schwarzbraune Letten mit deutlichem Alaungeschmack und zahlreichen Glimmerblättchen, die gewöhnlich auf den Schichtungsflächen angehäuft sind.

[1]) Siehe Plettner p. 148 ff.

Ueber diesem Letten oder Alaunerz bildet aschgrauer Formsand mit braunen Streifen das allgemeine Hangende des Kohlengebirges. Die Kohle der oberen Flötze ist schwärzlichbraun, recht fest und zum Theil schiefrig. Auf den Schieferungsflächen erblickt man licht gefärbte oder undeutlich erhaltene Pflanzenreste und nur äufserst selten sind wohlerhaltene kleine Coniferen-Zapfen vorgekommen. Bituminöses Holz, Gyps und Retinit fehlen auch der Buckower Kohle nicht. Wesentlich verschieden sind die Kohlen der liegenden Flötzabtheilung. Sie zeichnen sich durch pechschwarze Farbe, glänzenden ebenen Bruch und durch gröfsere Sprödigkeit aus. Bituminöses Holz hat sich noch niemals in ihnen gefunden und beim Verbrennen erzeugen sie einen mehr torfähnlichen Geruch, der bei weitem widerlicher ist als der, welchen die Braunkohlen der oberen Flötze verbreiten.

Das Streichen der Lager ist etwa von W.N.W. zu N.W. gegen O.S.O. zu S.O. gerichtet, wie dies auch von andern Puncten schon erwähnt wurde, das Fallen aber ist an verschiedenen Stellen sehr verschieden. Im südwestlichen Theile der Grube fallen die Flötze schwach gegen N.O., senken sich aber, wenn man in dieser Richtung fortgeht, plötzlich viel steiler, so dafs sie sehr bald unter das Niveau des nebenliegenden und Wasser spendenden Schermitzel-See's einschiefsen, aus diesem erheben sie sich aber in nordöstlicher Richtung. Sie bilden also eine spitze von N.W. nach S.O. streichende Mulde, deren N.O.-Flügel steiler, der S.W.-Flügel sanfter einfällt. Die Lager der liegenden Flötzpartie sind bisher nur auf dem steilen Muldenflügel aufgefunden worden. Auffallend ist, dafs die Verlängerung der Muldenlinie gegen S.O. gerade auf die tiefste Stelle im Schermitzel-See trifft und dafs diese Vertiefung wie es scheint in südöstlicher Richtung in einem Thale fortsetzt, das im Norden vom Judendikten, im Süden vom Leuseberge begrenzt wird. Dafs die Gegend von Buckow nach dem Absatz des Braunkohlengebirges wesentliche Veränderung ihrer äufseren Gestaltung erlitten haben mufs, dafür sprechen unabweisbar die zahlreichen Abweichungen der Braunkohlenflötze von der horizontalen Lagerung. Und diese Veränderungen können nicht überall aus der Einwirkung von fliefsenden Gewässern allein abgeleitet werden, sondern man wird hier direct auf die Wirkungen hebender Kräfte hingewiesen, welche sehr wohl in unterliegenden festen Gesteinsmassen ihren Sitz gehabt haben mögen.

So sind namentlich auf der kürzlich erst eröffneten Grube „Willenbücher", nordwestlich von der Grube „Max" die Kohlenflötze in einer L-förmigen Lagerung angetroffen worden, die unabweifslich auf eine gewaltsame, wenn auch vielleicht allmälig erst vollendete Aufrichtung der Flötze hindeutet. Mit dieser mufs zugleich eine Verschiebung und Zusammenpressung von der Seite her verbunden gewesen sein, denn in dem horizontal gelagerten Theile der Flötze und der begleitenden Schichten findet sich eine grofse Menge sattel- und muldenförmiger Faltungen, die kaum auf andere Weise möchten erklärt werden können. Eine alte Sage behauptet [1]), dafs in dem Haussee, dicht bei Buckow, vor Alters eine Stadt versunken sei, von der alle Spuren verschwunden seien, nur dafs man am Johannistage noch unten tief am Grunde den Kirchthurm erblicken könne. Mag diese Sage wahr oder grundlos sein, augenscheinlich sind die Oberflächenverhältnisse in der Gegend um Buckow so angethan, dafs selbst ein ganz unbefangener Beobachter auf die Annahme einer mächtigen Senkung des Terrains geführt werden mufs, welcher die Gegend vornehmlich ihre wechselvolle Gestaltung zu danken hat. Mit einer solchen mächtigen Verstürzung, die im Scherimtzel-See ihre gröfste Tiefe erreicht hätte, würden sich sehr wohl alle die Unregelmäfsigkeiten in der Lagerung des Kohlengebirges und die auffallenden Höhenunterschiede der Oberflächenbildung in Zusammenhang bringen lassen. Weitere Vermuthungen über die Art dieser Verstürzungen anstellen zu wollen, würde vollkommen fruchtlos und unnütz sein, da man von der Beschaffenheit und Tiefe des festen Grundgebirges gar keine Kenntnifs hat.

Das Thonlager, dessen schon oben Erwähnung geschah, breitet sich hier bei Bollersdorf auch über einen Theil der Kohlenlager aus, aber der Thon ist, worauf nicht genug Werth gelegt werden kann, dem Kohlengebirge abweichend aufgelagert. Derselbe Thon ist in geringer Entfernung durch

[1]) A. Kuhn, Märkische Sagen und Mährchen. Berlin 1843. S. 198.

eine Reihe von Schürflöchern blofsgelegt und stimmt in allen Eigenschaften mit dem Thon überein, welcher in der Buckower Ziegelei verarbeitet wird, die am Südrande des Schermützel-See's liegt. In der Thongrube der Ziegelei hat man die bezeichnenden Versteinerungen des Septarienthons aufgefunden. Oestlich von Bollersdorf setzt dieser Thon, wie es scheint, bis zum Rande des Oderthales fort, obgleich immer an der Oberfläche durch den nordischen Lehm und Sand bedeckt. Er erreicht nach Bohrversuchen in der Gegend nordöstlich von Buckow mehr als 60 Fufs Mächtigkeit.

Demnach vertheilt sich Braunkohle und Septarienthon in der Gegend von Buckow so, dafs erstere an der Westseite des Schermitzel-See's zum Vorschein kommt und sich wahrscheinlich gegen S.O. in einer oder mehreren Sätteln und Mulden ausbreitet, während der Thon sich nördlich und südlich an diese Kohlenlager anlegt und sie zum Theil in abweichender Lagerung bedeckt. Denn es steht nach den Beobachtungen in der Bollersdorfer Grube fest, dafs die Braunkohlenschichten bereits aus ihrer Lage gerückt waren, als sie von dem Absatze des Thons bedeckt wurden.

Weiter gegen Norden schliefsen sich an das Vorkommen bei Buckow zunächst noch folgende Fundorte an:

1) das Ausgehende eines von Formsand begleiteten Braunkohlenflötzes in dem Thale der Batzlower Mühle in der Mitte zwischen Buckow und Wrietzen a. d. O.;

2) ein Braunkohlenvorkommen zwischen Strausberg und Wrietzen in der Mitte und zwar bei dem Vorwerk Herzhorn auf der Chaussée von Prötzel nach Wrietzen und endlich

3) ein Braunkohlenlager, $\frac{1}{2}$ Meile nördlich von dem vorigen, bei dem Dorfe Sternebeck; die letzteren beiden Funde sind in Folge von Bohrversuchen gemacht, aber nicht weiter ausgebeutet worden.

Ungefähr im Streichen der Bollersdorfer Kohlen sind dieselben östlich von Müncheberg bei Jahnsfelde wieder entdeckt worden. Sie werden auch hier von einem blaugrauen plastischen Thon bedeckt, der Septarienthon zu sein scheint. Es treten sowohl die oberen als auch die unteren Kohlenflötze auf und zwar meist in demselben Streichen von N.W. zu S.O., wie bei Bollersdorf.

Nördlich von der märkischen Schweiz liegt, an dem westlichen Rande des Oderbruches, die Gegend von Freienwalde, wie jenes vorerwähnte Terrain berühmt wegen der anmuthigen Puncte, welche sie enthält. Hohe Ufer, deren Rand sich bis viertehalbhundert Fufs über die Fläche des Oderbruches erhebt, werden von kleinen tief eingeschnittenen Thälern durchfurcht und gestatten einerseits eine weite Aussicht über grüne Wiesen der vorliegenden Niederung, über den ansehnlichen Strom bis zu dem jenseitigen Ufer, während sich andererseits der Blick in freundliche Thäler öffnet, die mit Laubholz bewaldet und von kleinen Wässern durchströmt sind.

Im Anfang des vorigen Jahrhunderts wurde in diesen Bergen in der Nähe des Städtchens Freienwalde ein Alaunerzlager entdeckt, das bis gegen die Mitte dieses Jahrhunderts zur Alaunfabrikation benutzt wurde, in neuester Zeit aber zum Erliegen gekommen ist. Die Entdeckung wurde durch das Aufsuchen von Sandsteinen herbeigeführt, von denen man einzelne Blöcke an der Oberfläche bemerkt hatte. Beckmann erzählt darüber in seiner historischen Beschreibung der Kurmark Brandenburg ungefähr folgendes:

Im Jahre 1714 fanden bei Freienwalde die ersten Schürfarbeiten statt, auf dem Falkenbergischen Boden. Man gewann einige grofse Blöcke, welche zu Mühlsteinen verarbeitet worden sind. Die Fortsetzung der Schürfe unterblieb wegen Mangel an Bergleuten. Man betrieb nur einige Schürfe am Marienberge, deren Ergebnifs zwar nicht wie man hoffte Mühlstein, aber als ein reichlicher Ersatz dafür Thoneisenstein war, zu dessen Zugutemachung im jetzt sogenannten Hammerthale ein Hochofen und Hammerwerk angelegt wurde. Bei dem Fortbetrieb eines Stollens in dem Marienberge zum weiteren Verfolge des Eisensteins fand man eine schwarze harte, der Steinkohle ähnliche Erde oder Alaun und Vitriolerz. Im Jahre 1718 erhielt der Besitzer der Grube General von Dörflinger die Concession zur Anlage einer Alaunhütte.

Das Alaunerz ist schwarz, flasrig, hart und im Bruch fettglänzend. Es liegt wohl 100 und mehr Fufs tief unterm Sande, in einem Flötze von verschiedener Stärke, an einigen Stellen Mannsstark, an anderen 3 — 6 Fufs und darüber. Hin und wieder findet sich Marienglas (Gyps) in ziemlicher Menge, auch fehlt es nicht an Ueberbleibseln von Holz, die dem Eichenholz am ähnlichsten sind. In 70 Fufs Tiefe fand man einen Stamm mit dem Oberende gegen Osten. Was das Verhalten des Alaunflötzes bei Freienwalde anbetrifft, so ist dies leider nur wenig ermittelt worden, da es an zusammenhängenden Aufschlüssen gefehlt hat. Dieselben beschränken sich auf die Auskunft, welche der Betrieb in den letzten Jahren geliefert, auf einige Bohrversuche und auf die spärlichen Nachrichten über den früheren Betrieb. Um daher die Verhältnisse völlig klar zu verstehen, bedarf man einer ausführlicheren Karte als die ist, welche diesem Werke beigefügt werden konnte.

Die bis jetzt bekannte Erstreckung des Flötzes geht in der Richtung von Norden nach Süden, von dem Alaunwerke an der Mündung des Marienthales bis zur Chaussée von Freienwalde nach Berlin, circa 7000 Fufs weit und in der Richtung von Osten nach Westen von der Mündung des Hammerthales bis zu den alten Bauen des Klemmersberger Flötzflügels, circa 5500 Fufs. An allen Puncten in der so begrenzten Ausdehnung zeigte das Alaunflötz im Allgemeinen dieselben Lagerungsverhältnisse in Beziehung auf die es begleitenden Schichten. Das Flötz selbst besitzt eine Mächtigkeit von 5 — 7 Fufs, welche im Hangenden durch einen feinen weifsen Sand, im Liegenden durch einen graugrünlichen Thon begrenzt wird.

Die Sandablagerung, die wie oben erwähnt, oft sehr mächtig wird, ist in mannigfache Schichten getrennt, indem der weifse Sand mehrmals mit gelblichem bis ockergelbem Sand und mit gelbbraunen, dünnen, oft sehr eisenschüssigen Lagen wechselt. All dieser Sand ist jedoch gleichmäfsig fein und Gerölle finden sich nur in der obersten Bedeckung. Das unmittelbare Dach des Flötzes bildet meist der weifse Sand selbst, nur an wenigen Stellen weicht er den eisenschüssigen Streifen, die jedoch nie so fest sind, dafs sie Ersparnisse für die Auszimmerung gestatten könnten. Das Liegende des Flötzes bildet ein grünlichgrauer Thon und zwar in bedeutender Mächtigkeit, da die Thonlage mit Bohrversuchen bis auf 88 Fufs

Tiefe verfolgt worden ist, ohne dafs man sie durchsunken hätte. Die Mächtigkeit der einzelnen vorkommenden Lagen ergiebt sich am besten aus den Resultaten der Bohrversuche, von denen der eine an der Mündung des Hammerthales das abnorme Verhalten zeigt, dafs auch im Liegenden des Flötzes noch Sand vorkommt, unter dem jedoch wieder der gewöhnliche Thon der Sohle abgelagert ist. Ein Bohrloch am Fischerweg (im Hammerthal in der Nähe der Schneidemühle) ergab:

Weifser Sand . .	14	Fufs
Alaunerz	6	-
Blauer Thon . . .	88	-

ohne das Liegende desselben erreicht zu haben.

Das oben erwähnte Bohrloch an der Mündung des Hammerthales zeigte:

Gewöhnlichen Lehm	6	Fufs
Grauen Sand . . .	19	-
Hangendes . . .	3	-
Alaunerz	$3\frac{1}{2}$	-
Eisenschüssigen Sand	$1\frac{7}{12}$	-
Gelben Sand . . .	$7\frac{1}{2}$	-
Eisenschaale . . .	$\frac{1}{12}$	-
Gelben Sand . . .	$2\frac{11}{12}$	-
Grauen Sand . .	12	-
Gelben Sand . . .	5	-
Blauen Thon . . .	77	-

durchbohrt, wobei kein Liegendes erreicht war.

Das Alaunerzflötz hat, wie schon angegeben ist, eine durchschnittliche Mächtigkeit von 5—7 Fufs, die durch Verdrückungen bis zum Verschwinden abnimmt, an einigen Stellen dagegen auch bedeutend gröfser wird; beide Verhältnisse sind indessen nur ganz lokal, während die eigentliche Mächtigkeit sich im Allgemeinen sehr gleich bleibt. Das Alaunerz besteht aus einem bituminösen braunen bis braunschwarzen Thon, in welchem einzelne Schwefelkiesparthien, wenngleich nicht häufig, ausgeschieden sind. Die Reichhaltigkeit an Alaun beträgt circa 5 Procent. Eine Analyse der Alaunerde von Klaproth ergiebt deren Bestandtheile als:

Thonerde	16,00
Kieselerde	40,00
Talkerde	0,25
Schwefel	2,85
Kohle	19,65
Eisenoxyd	6,40
Schwefelsaures Eisenoxydul	1,80
Schwefelsaure Thonerde . .	1,50
Schwefelsaure Kalkerde . .	1,50
Chlorkalium	0,50
Wasser	10,75
	101,20.

Die Streichungslinie des Flötzes geht von Nord nach Süd und das Generalfallen ist nach dem Oderbruch, d. h. nach Osten. Der Fallungswinkel ist sehr schwankend und variirt von 5 bis 48 Grad, was bei der Bildung von Sätteln und Mulden nicht anders zu erwarten ist. Von dieser allgemeinen Richtung im Streichen und Fallen treten einzelne Abweichungen auf, die in kleinen Ueberstürzungen, hauptsächlich aber in einer Sattel- und Muldenbildung zwischen dem Klemensberg, Herrenberg und Martinsflötz bestehen. Obgleich das Verhalten durch den Grubenbau noch nicht vollständig aufgeschlossen ist, so kann doch nach dem bis jetzt Bekannten kein grofser Zweifel über die allgemeinen Verhältnisse bleiben.

In den alten Grubenfeldern vom Alaunwerk bis zum Klemensberg hatte man überall ein östliches Fallen beobachtet, dasselbe zeigte das im Betrieb stehende Martinsflötz, dagegen hat das Herrenberger Flötz westliches Einfallen, das aus der Gerhardstollensohle von circa 20 Grad nach der oberen Teufe bis zu 48 Grad zunimmt. Dieses flache Fallen nach dem Klemensberger Flötz hin, welches ebenfalls nach der Teufe hin ein geringeres Fallen gehabt haben soll, beweist offenbar, dafs die beiden Flötztheile durch eine in die Streichungslinie des Flötzes fallende Mulde mit einander in Verbindung stehen. Das Herrenberger Flötz geht nach dem Ausgehenden zu durch eine Verdrückung verloren und in den oberen Bauen desselben ergab der Betrieb einer nach Süden getriebenen Strecke, dafs das Streichen des Flötzes sich allmälig nach Osten wendet.

Ein anderes interessantes Resultat gab das Abteufen eines Schachtes, der im Liegenden des Herrenberger Flötztheils steht. Beim Abteufen des Schachtes, in der Nähe der schon erwähnten Verdrückung des Herrenberger Flötzes, traf man ein Alaunflötz, welches östliches Fallen hatte, übereinstimmend mit dem des Martinsflötzes. Die Nähe des angehauenen Flötzes zu dem letzteren, so wie verschiedene Versuchsarbeiten, beweisen offenbar die Identität der beiden Flötztheile.

Eine directe Verbindung des Martinsflötzes und somit auch des neu angehauenen Flötzes, war nicht nachweisbar, ist indessen wohl anzunehmen, da der höchste Theil des Sattels, welcher zwischen beiden liegt, durch Wasserfluthen weggewaschen sein kann. Betrachtet man aber das östliche Anlegen der Streichungslinie des Herrenberger Flötztheils in dem südlichen Theile der Strecke No. 2. und nimmt hierzu das eben erwähnte Verhalten, so ist es wohl kaum zu bezweifeln, dafs der Herrenberger Flötztheil mit dem des Martinsberges in Verbindung steht. Nähere Bestätigung dieser Vermuthung hätten vielleicht die weiteren Baue auf dem Herrenberge geben können, besonders sind von dem Forttreiben des Gerhardstollens die nächsten Aufschlüsse zu erwarten gewesen. Klüfte und Verwerfungen kommen in dem Flötz nirgends vor, die einzigen Störungen in der regelmäfsigen Lagerung bestehen in lokalen Verdrückungen und Ueberstürzungen. So kam eine solche am Klemensberge vor und eine andere am Martinsberge in dem Tagebaue. Die beiden einzeln stehenden Bohrlöcher am Fischerwege und am Müllerland konnten über das Fallen des Flötzes keine weiteren Aufschlüsse geben, indessen ist das östliche Einfallen kaum zu bezweifeln.

Als Endresultat der erlangten Aufschlüsse über das Alaunflötz ergiebt sich also, dafs das Flötz ein Streichen von Norden nach Süden hat, bei östlichem Einfallen von 5 bis 30 Grad. Zwischen dem Klemensberge und dem Herrenberge legt sich das Flötz zu einer Mulde an, aus der es zu einem Sattel ansteigt, dessen westlicher Flügel der Flötztheil des Herrenberges ist, während der östliche Theil das Martinsflötz bildet. Das Verhalten der Mulde und des Sattels nach Nord und Süd ist unbekannt, indessen scheint der Sattel nach Süden hin abzufallen, so dafs sich also auch die Mulde nach dieser Richtung hin ausheben wird.

Es wird hiernach wahrscheinlich [1]), dafs der Thon, welchen man anhaltend als Liegendes des Alaunerzes gefunden hat, Septarienthon sei und dafs das Alaunerz hier ein untergeordnetes Lager in dem obern Theil desselben bilde, denn westlich von der Stadt in der Rathsziegelei wird der Septarienthon mit den ihm eigenen Versteinerungen angetroffen. Darum ist es nicht nothwendig, dafs alle Alaunerde, die im aufgeschwemmten Lande der norddeutschen Ebene vorkommt, desselben Alters sei. Das Alaunerz von Muskau gehört sicherlich zu den Braunkohlen und nicht zum Septarienthon.

Indessen kommen zwischen Neustadt-Eberswalde, Freienwalde und bei Wrietzen noch Braunkohlen vor. Wenn man von Neustadt-Eberswalde dem Thale der Fühne folgt, so bewegt man sich bis Nieder-Finow zwischen den Thalrändern, die theils aus Lehm bestehen, theils aus Sand und bei anfangs mäfsiger Höhe von 30 bis 40 Fufs, gegen die Mündung des Thales hin auf dem rechten Ufer sich mehr und mehr erheben. Wo das Fühnethal sich mit dem weiten Bette der Oder vereinigt, sieht man von Westen nach Osten die Hügel mehr und mehr ansteigen, dabei gegen Süden in gleichmäfsiger Höhe fortsetzen, aber nach Nordosten einen steilen Abfall bilden. Eine grofse Menge ausgedehnter Thaleinschnitte unterbrechen das Gehänge, besonders jenseit Freienwalde und ziehen, zum Theil mannigfach verzweigt, weit in das Plateau hinauf. Ein solches Thal ist unter vielen andern der sogenannte Reinecke's Grund, welcher bei Rathsdorf, zwischen Alt-Ranft und Wrietzen, in die Thalebene des Oderbruches ausmündet. Im oberen Theile dieses Thales ist kurze Zeit hindurch eine kleine Braunkohlengrube in Betrieb gewesen [2]). Aber die Flötze lagen zu tief, so dafs sie durch die Grundwasser unzugänglich wurden. Durch Bohrversuche hatte man die vier Lager der liegenden Flötzpartie aufgefunden, die im Kohlensand eingelagert waren, konnte aber nur das oberste Flötz in Angriff

[1]) Was auch schon Plettner, der die obigen Beobachtungen durch meine Mittheilung kannte, ausgesprochen hat.

[2]) Siehe Plettner a. a. O. p. 166.

nehmen. Da das Einfallen nur 10 Grad ungefähr beträgt, so können die unteren Flötze nicht wohl über den natürlichen Wasserspiegel emportauchen und für eine künstliche Beseitigung der Grundwasser sind vorläufig auf allen kleinen Gruben die Aussichten auf Absatz noch nicht vortheilhaft genug. Das Streichen liegt in N.W. gegen S.O. mit Schwankungen nach W. und N. Die Kohle ist dunkelbraun bis pechschwarz und gleicht überhaupt der unteren Kohle. Bituminöses Holz ist nicht darin zu bemerken, wie dies überhaupt nur selten in der unteren angetroffen wird. Das Hangende des unteren Lagers bestand in fast 60 Fufs aus buntstreifigem Formsand, dessen mannigfach abwechselnde Lager hell aschgrau, dunkelbraun und gelblichgrau gefärbt erscheinen, denn bald tritt der reine Formsand auf, bald mischt er sich stark mit Kohlentheilchen, bald sind einzelne schwefelkieshaltige Lagen durch die Oxydation des Eisens von einer gelblichen und selbst röthlichen Färbung durchzogen. Weiter gegen N.O. zwischen Ranft und Freienwalde treten die Flötze der liegenden Abtheilung in Verbindung mit Formsandflötzen auf. Man hat hier einen regelmäfsigen Bergbau begonnen, aber über die Resultate desselben ist bisher noch nichts bekannt geworden.

Dicht vor Freienwalde mündet von Süden her ein tiefes, ziemlich breites Thal, das im oberen Theile der Papengrund, im unteren, wo eine Mineralquelle entspringt, die Freienwalde als Badeort in der Mark Brandenburg berühmt gemacht hat, das Brunnenthal genannt wird. Auf dem hügeligen Plateau im Osten des Thales liegen die vorher erwähnten Ranfter-Gruben, und hier sind schon im Anfang dieses Jahrhunderts Baue auf Braunkohlen betrieben worden, von denen das Stollenmundloch, „das schwarze Loch" genannt, noch jetzt erhalten ist. Es liegt einige hundert Schritte aufwärts vom Gesundbrunnen.

Im Jahre 1814 wurde hier ein Braunkohlenflötz von 4 bis 5 Fufs Stärke entdeckt und bis zum Jahre 1820 darauf gebaut. Es zeigte ein Streichen von N. nach S. und östliches Fallen. Das Hangende bestand aus Kohlenletten, das Liegende aus schwarzem Sande. Nachdem man durch eine Tagesstrecke das häufig verdrückte Flötz abgebaut und an verschiedenen

Puncten alte zu Bruch gegangene Baue erreicht hatte (die aber nicht von beträchtlicher Ausdehnung gewesen sind), wurde die Grube gänzlich verlassen.

Zwischen Freienwalde und Neustadt, westlich vom Alaunwerke, hat man in dem Thale, das dicht vor Falkenberg von Süden herabkommt, oberhalb der Falkenberger Mühle ein bauwürdiges Braunkohlenflötz aufgefunden, und in Angriff genommen. Indessen leidet der Bau gar sehr von starkem Wasserandrang, welcher in der hohen Lage des benachbarten Mühlenteiches seinen Grund hat. An der Oberfläche liegt hier nordischer Lehm und Sand mit zahlreichen Geschieben, darunter folgt, nach den Schürfversuchen, hellgrauer Formsand mit bräunlichschwarzen Lettenstreifen wechselnd. Glimmerblättchen sind besonders im Sande häufig und bringen durch ihre Anhäufung in parallelen Lagen eine dünnschiefrige Structur hervor. Unter diesen Lagern tritt grobkörniger Kohlensand auf, in dem ein Kohlenflötz von 9 Fufs Mächtigkeit aufsetzt. Es streicht von Norden nach Süden und fällt mit 45 bis 50 Grad nach Osten ein. Die Kohle erweist sich zwar durch ihre ganze Beschaffenheit als der untern Abtheilung angehörig, doch führt sie Harz und Holz, in welchem man sogar das Genus Pinus hat erkennen wollen [1]). Das Liegende des Kohlenflötzes ist ein grobkörniger weifser Quarzsand, in welchem nur äufserst selten ein Glimmerblättchen aufzufinden ist. Ob im Liegenden dieses Sandes wieder andere Kohlenflötze auftreten, ist noch nicht bekannt geworden.

Nach diesen Resultaten scheint in der Freienwalder Gegend, die obere Abtheilung der Braunkohlen, die man auch Formsandkohlen nennen kann, fast ganz verschwunden, die untere dagegen, die man Torfkohlen nennen kann, ziemlich gleichmäfsig entwickelt zu sein. Der Septarienthon, der sonst keine Pflanzen führt, und dessen Glimmer sehr mächtig wird, enthält auf der Grenze zwischen Thon und Sand das kohlige Alaunerz.

[1]) Siehe Plettner a. a. O. p. 178 ff. Wonach, ist nicht gesagt.

9. Das Oderland.

Nicht mit Unrecht könnte man fragen, weshalb die zuletzt erwähnten Gegenden nicht zu dem Oderlande zu rechnen seien, da sie doch der Oder sehr nahe liegen, und es wäre darauf nur zu antworten, dafs sie sich natürlich an die Gegend von Buckow anschliefsen und deshalb bei dieser mit beschrieben worden sind. Ueberhaupt sind in dieser Arbeit die Abtheilungen nicht darum gemacht, weil man sich dazu gezwungen sah, sondern nur um den Stoff einigermafsen übersichtlich und nicht unnatürlich zu ordnen.

Der Lauf der Oder scheint schon oberhalb Breslau in das Flachland hineinzutreten, wenn man es aber genauer nimmt, wird man den Eintritt in die eigentliche norddeutsche Ebene erst unterhalb der Hauptstadt von Schlesien setzen dürfen. Die anstehenden Gesteine der Gegend von Zobten, Striegau, Jauer und Goldberg bilden die letzten Ausläufer der festen Gebirge gegen Osten, aber sie setzen wahrscheinlich noch einige Meilen weit gegen Osten und Norden unmittelbar unter der Oberfläche fort. So würde denn hier das Oderthal selbst ungefähr den Anfang der norddeutschen Ebene bezeichnen und damit einen Höhenzug derselben zuweisen, der ähnlich wie der Flemming in bedeutender Ausdehnung von S.O. gegen N.W. vor den höheren Gegenden fortstreicht. Er führt zum gröfsten Theil den Namen der Trebnitzer Berge, beginnt an der oberen Prosna, an der oberschlesischen Grenze und setzt bis zum unteren Bober westlich von Glogau fort. Die Oder durchbricht ihn zwischen Breslau und Glogau an der Stelle, wo sie ihren nordwestlichen Lauf, auf 6 bis 7 Meilen Erstreckung, in einen nördlichen verändert. Die Trebnitzer Berge, die in ihrer Fortsetzung auf dem linken Oderufer den Namen Katzenberge führen, sollen eine Höhe von mehr als 900 Fufs über dem Meere in ihren höchsten Puncten erreichen. So weit man ihr Inneres bis jetzt kennt, enthalten sie nur tertiäre Schichten, in denen an mehreren Puncten Braunkohle vorkommt und gebaut wird.

Bei Striese unweit Stroppen, 5 Meilen nördlich von Breslau, wurden im Jahre 1845 Braunkohlen gefördert. Kies mit Geschieben von 2 bis 3 Fufs Durchmesser bildet die oberste, jedoch nicht mächtige Bedeckung. Unter den Geschieben kommen rothe Sandsteine, grüne Schiefer, Granit und Gneufs am häufigsten vor. Um der grünen Schiefer und rothen Sandsteine willen hat man alle Ursache diese Geschiebe für schlesischen Ursprungs zu halten, besonders da auch die Granite und Gneufse anderer Art sind, als die im angrenzenden Polen verbreiteten nordischen. Man mufs sich sehr hüten nach dem Vorkommen eines einzigen Granitblockes schon zu folgern, dafs man jene gewöhnlichen Geschiebe der norddeutschen Ebene vor sich habe, denn man mufs bedenken, dafs jedes Gebirge dergleichen Brocken in seiner Nähe wird verbreitet haben, und dafs man daher jederzeit zuerst untersuchen mufs, ob solche Findlinge nicht in der Nähe ihr Muttergestein besitzen.

Unter diesem Kies folgt Thon, der in den oberen Lagen sehr kalkhaltig ist, sonst aber in allen Eigenschaften mit dem Septarienthon übereinstimmt. Er enthält jedoch keine Septarien, sondern statt ihrer ein kleines zusammenhängendes Kalklager von 1½ bis 2 Fufs Mächtigkeit, welches, sowohl in äufserer Beschaffenheit als nach der Lagerung, mit den Kalklagen desselben Thons übereinstimmt, die bei Wronke und Owinsk an der Warthe vorkommen und später im Zusammenhange beschrieben werden sollen. Das Kalklager enthält Blätterabdrücke, von denen Herr Göppert gesagt hat [1]), dafs sie ganz fremdartigen Credneria ähnlichen Formen, einer Thuja und grofsen Monokotyledonen von palmenartiger Beschaffenheit anzugehören scheinen, aufserdem aber auch Abdrücke von Wurzeln, wie sie in den sogenannten Knollensteinen mit den westdeutschen Braunkohlen vorzukommen pflegen. Wie mächtig der Thon lag, war nicht genau zu bestimmen, doch schien er 20 bis 30 Fufs stark zu sein. Auch war die Zahl der Flötze noch nicht genau ermittelt, da die Lagerung verwickelt war, doch sind es wahrscheinlich deren drei, die bei einem Streichen von O. nach W. kurze Mulden und Sättel bilden, welche im Westen wahrscheinlich stark verstürzt sind. Dort setzt der Thon plötzlich gegen Sand ab. Ein Mal hat man im Liegenden feinen Formsand gefunden, doch war nicht klar, ob als Kohlenmittel oder unter

[1]) Uebersicht der Arbeiten der schlesischen Gesellschaft im Jahre 1845 p. 139.

dem letzten Flötze. Der Formsand ist grau, äufserst fein und gleichkörnig und enthält etwas weifsen Glimmer. Hiernach stimmen auch die Lagerungsverhältnisse der Kohlen recht gut zu denen an der Warthe und Weichsel und dadurch wird es wahrscheinlich, dafs diese schlesischen Braunkohlen ganz derselben Formation als die oberen polnischen angehören.

Nördlich von den Trebnitzer Bergen breitet sich eine weite Niederung aus, in der Horle und Bartsch ihren Lauf gegen Westen nehmen und kurz vor Glogau in die Oder münden. Diese Niederungen der Horle und Bartsch sind dadurch besonders merkwürdig, dafs sie zwischen Mixstadt und Schildberg bis Herrnstadt ein weites Becken enthalten, das, bei einem deutlichen Abfall nach W., gegen N. sowohl, als gegen S. allmälig ansteigt Es ist eine Vertiefung ähnlich der, in welcher die Oder bei Breslau fliefst. Im Norden wird die Niederung durch das höhere Flachland begrenzt, das von der Prosna über Ostrowo, Sulmirschütz, Krotoschin und Kobylin nach Rawitz fortsetzt, im Osten durch die Ausläufer des Plateau's von Oberschlesien in der Gegend von Mixstadt und Schildberg, und im Süden durch das Vorland der Hügel, welche, von Wartenberg bis Winzig hinab, die Bartsch von der Oder trennen.

Da bei solcher Gestaltung der Oberfläche der Abflufs des Wassers keine sehr bestimmte Richtung hat und daher leicht zu unterbrechen ist, so ist die Gegend von Adelnau, Goschütz, Militsch, Sulau und Trachenberg seit den ältesten Zeiten durch ihre Teichwirthschaft berühmt. Früher sollen die Trachenberger Teiche allein durch den Verkauf ihrer Fische jährlich 15000 (?) Thaler eingebracht haben, jetzt aber, wo die Fasten nicht mehr so streng als früher gehalten werden, ist der Ertrag aufserordentlich gesunken. Der Charakter der ganzen Gegend erinnert an die Nieder-Lausitz und ähnlich wie dort, finden sich auch hier Raseneisensteine an vielen Puncten, besonders zwischen Adelnau, Mixstadt, Wartenberg, Goschütz und Sulau. Die Niederung, welche ungefähr 10 Quadratmeilen einnimmt, ist zum Theil mit Teichen, sonst mit Wald bedeckt und durchgängig findet sich darin ein Lager von Raseneisenstein, das entweder unmittelbar unter dem Wiesenboden, oder in geringer Tiefe unter einer schwachen Sandschicht liegt. Das

Lager scheint viel ausgedehnter und auch reicher, als die Vorkommen von Peitz und von der Lausitz und würde daher, bei dem Reichthum von Holz und Wasserkraft in der Umgebung die Ausbeutung wohl verlohnen. Der Transport der Gufswaaren nach Breslau wie in's Grofsherzogthum Posen würde nicht zu weit sein.

Die Oberfläche der Niederung bedeckt entweder Sand oder schwarzer Moorboden, lehmiger oder thoniger Boden findet sich nirgends. Unter dem Moorboden liegt an den verschiedensten Puncten eine Schicht von 1½ bis 3 Fufs Raseneisenstein. Er ist theils schwarz und pechglänzend im Bruch, theils braun und mehr erdig. Schon oben wurde dieser Varietäten bei der Beschreibung der Lager von Peitz gedacht. Beide sind indefs brauchbar. Eisenhämmer existiren der Karte nach noch jetzt in der Gegend von Medzibor, Goschütz und Sulau, diese verarbeiten aber wahrscheinlich nur oberschlesisches Eisen.

Gegen Norden breitet sich das Terrain ziemlich gleichförmig aus und die kleinen Städtchen Ostrowo, Kobylin, Krotoschin und Rawitsch liegen auf einer gleichförmigen Ebene, die nach Süden allmälig abfällt. An der Oberfläche findet man einen gröberen Sand als Bedeckung, der mehr oder weniger mit einem fetten Lehm gemischt ist. Wo der Lehm ziemlich rein ist, benutzt man ihn zu Ziegeln und sticht ihn unmittelbar unter der Ackerkrume fort, doch nur 3 bis 4 Fufs tief. Bei Polnisch Damme, südlich von Rawitsch, liegt er 4 Fufs stark, darunter folgt nach der Aussage des Zieglers ein mehr mergeliger Lehm, der tief anhält, aber mehr kalkig ist, als der obere. Der untere scheint der im Posenschen weit verbreiteten, eigentlich polnischen Lehmbildung anzugehören, von der später zu reden ist, der obere aber, wie die früher erwähnten Gerölle aus Schlesien zu stammen. Die Ziegel sind auch wesentlich von den polnischen verschieden, rother, fester, nicht leicht in Feuer verglasend. Ganz ähnlich ist der Boden in der Umgegend von Fraustadt zusammengesetzt. Zu oberst liegen 2 Fufs gröblicher gelber Sand, dann 7 bis 8 Fufs von einem braunen lehmigen Sande, mit schwachen Streifen eines fetteren Lehms, dann 5 bis 6 Fufs brauner mergeliger Lehm und darunter 30 Fufs brauner Sand, der in dieser Tiefe Wasser führen soll, also wahrscheinlich auf einer Thonschicht ruht, die das Wasser nicht durchläfst. So wenigstens zeigten sich die Verhältnisse in einer Lehmgrube unweit der Stadt.

Weiter nördlich dehnt sich eine merkwürdige Niederung zwischen Warthe und Oder aus, die in ihrem mittleren Theile den Namen des Obrabruches führt. Die Arbeiten für Entwässerung desselben haben für alle einzelne Theile die genauesten Höhenangaben bekannt gemacht und es hat sich erwiesen, dafs die höchsten Puncte darin sich nicht viel über den höchsten Wasserstand der Warthe erheben. Das Bruch hat sowohl nach Osten zur Warthe, als nach Westen zur Oder Abflufs und der Scheitelpunct desselben liegt in ¼ der ganzen Entfernung von der Warthe in ¾ von der Oder in 27′ 9″ über dem Warthespiegel bei Moschin.

Ein Kanal entwässert den kleineren Theil des Bruchs zur Warthe, zwei Kanäle, ein nördlicher und ein südlicher, den gröfsern Theil zur Oder. Das Gefälle und die Entfernungen verhalten sich folgendermafsen [1]):

	Entfernung	Gefälle	pro 100 R.
1. Canal zur Warthe			
von Sepienko bis Moschin . .	6,130 R.	27′ 9″	4″ 11‴
2. Canäle zur Oder.			
A. Nördl. Canal			
von Sepienko bis Dombrova .	8,000 R.	9′ 2″	1″ 4½‴
von Dombrova bis Grofsdorfer See	7,250 R.	24′ 9″	4″ 1‴
von Sepienko bis Grofsdorfer See	15,250 R.	35′ 11″	2″ 10‴
B. Südl. Canal			
von Bonikowo bis Ruden-See .	14,338 R.	33′ 4″	3″ 3½‴
Faule Obra oder Obszitzko-Flufs			
vom Ruhden-See bis Unruhstadt	3,000 R.	Fast ohne Gefälle.	
Daher mufs sein im Canal			
von Konnitz bis zur Obra bei Unruhstadt	1,500 R.	2′ 5″	2″ —‴

Das Gefälle von Unruhstadt zur Oder ist nicht bekannt.

Die vorstehenden Zahlen zeigen, dafs der Scheitelpunct der Niederung sich noch nicht 15 Fufs über dem höchsten

[1]) Nach Angaben, welche Herr Regierungs-Baurath Butzke zu Posen mitzutheilen die Güte hatte.

Wasserstand der Warthe erhebt und dafs daher noch in historischer Zeit, denn die Warthe hat nach Gedenktafeln in Posen ihr Bette in den letzten 300 Jahren noch bedeutend vertieft, bei hohem Wasserstande ein Abflufs durch das Obrabruch zur Oder stattgefunden haben mufs. Da nun, nach dem tief eingeschnittenen Bette der Warthe zu urtheilen, der Lauf derselben früher 30 Fufs und darüber höher gelegen haben mufs als jetzt, so ist kein Zweifel, dafs ehemals entweder der ganze Flufs oder doch ein Theil desselben seinen Abflufs durch das Obrabruch zur Oder gehabt hat. In späteren Zeiten hat sich die Verbindung gegen Norden tiefer und tiefer eingeschnitten und endlich die Warthe dem Obrabruch entzogen. Aehnliches geschieht noch jetzt zwischen Weichsel und Warthe, wo durch das Thal der Bzura und des Ner bei höherem Wasserstande eine Verbindung zwischen diesen beiden Flüssen besteht.

Bei Untersuchung des Warthethals zwischen Schrimm und Moschin kann man nicht umhin, diese Hypothese zur Ueberzeugung auszubilden, da sich die alten Thalränder des ehemaligen Warthebettes im ununterbrochenen Verlauf sowohl an seinem rechten, als am linken Ufer bestimmt nachweisen lassen. Zwischen Pietrowo und Gluchowo geht die Posen-Breslauer Strafse durch das Bruch und hier ungefähr über den Scheitelpunct desselben. Man übersieht an dieser Stelle die Niederung meilenweit und kann sehr deutlich ihre Ränder sowohl auf der Nord- als Südseite verfolgen. Im Norden fangen sie bei Moschin an, wo der Moschiner Berg ihren Abhang mit dem des Warthethals verbindet und gehen dann über Demanczewo, Bendlewo und Kl. Srocko nach Pietrowo. Von da setzen sie sehr gleichmäfsig fort über Zadory und Sepienko nach Sepno, wo das Thal der Maglinitza eine Unterbrechung bildet, treten aber deutlich bei Kl. und Gr. Lenki wieder auf, werden darauf bei Puszczykowo zweimal wieder unterbrochen, ziehen aber dann in einer graden Linie über Wielichowo, Prochy, Tarnowo, Blocko, Wroniowo und Stradynek bis Kiebel fort. Hier wendet sich das nördliche Gehänge, das bis dahin gegen S.W. gerichtet war, nach N.W. um und geht über Dembowitz und Obra nach Kopnitz, Unruhstadt u. s. w.

Der südliche Rand der Niederung wendet sich schon bei

Jaszkowo unterhalb Schrimm von dem Warthethal gegen N.W. ab, folgt dieser Richtung bis Zabno, biegt dann mehr westlich ein, und geht über Grzybno, Konstantinow und Petzen nach Siernicki. Hier erreicht er seine nördliche Spitze und fällt nun gegen S.W. ab, indem er über Gluchowo, Jarogniewice und Mikoszki fortgeht und bei Bonikowo bedeutendere weithin sichtbare Gehänge bildet. Westlich derselben mündet das Obrathal und die Ränder der Niederung treten erst jenseits desselben bei Szczodrowo wieder auf, von wo sie sich über Krzan und Belsch fortsetzen. Unterhalb Belsch mündet der Ziemiflufs und jenseits fängt bei Wilkowo der Rand des Bruchs wieder an und geht über Sniaty, Siekowo, Priement, Zaborowo, Neudorf bis Mauche, Drozawen, Lupice, Bruchdorf, Schlaberndorf und Kreutz nach Ruden. In den Rudener See mündet ein Flüfschen, das die Seen von Schlawa und Kontop entwässert und zwischen diesem See und der Oder scheint noch eine Höhe besonders in der Gegend von Dickstrauch und Boyadel zu liegen.

Offenbar hat sich hier im Westen der Wasserlauf weniger deutlich entwickelt, weil das Thal sich bei der höheren nach Osten vorgestreckten Landspitze, auf welcher die Colonie Kriebel liegt, gabelförmig in zwei Theile trennen mufste, deren südlicher zum Rudener See, der nördliche nach Kopnitz und Unruhstadt führt. Die Insel zwischen den beiden Armen der Niederung bildet ein gleichschenkliches Dreieck, dessen Spitze nach Osten gekehrt ist, während die Basis, von Norden nach Süden gehend, sich allmälig in die Sandebene von Karschin verliert. Dafs zwischen dem Ruden-See und Unruhstadt kein höheres Terrain mehr liegt, beweist die Faule Obra (Obrzisko-Flufs), die fast 0 Gefälle hat. Das Bruch selbst ist zum gröfsten Theil mit schwarzem Moorboden bedeckt, der nur saure Wiesen trägt, und wird bisher nur zum kleineren Theil cultivirt, es nimmt zwischen 4 und 5 Quadratmeilen Oberfläche ein, die bei vollständiger Entwässerung eine wohl ebenso vortheilhafte Bewirthschaftung zulassen werden, als zum Beispiel das Havelländische Luch. Doch wird die Entwässerung durch das geringe Gefälle, das sich auf ausgedehnten Strecken zeigt, bedeutend erschwert.

Die beiden Kanäle, welche das Obrabruch entwässern, führen das Wasser auf ganz verschiedenen Wegen zur Oder, denn während der südliche bei Unruhstadt vorüber grade gegen Westen geht und die Oder bald erreicht, mündet der nördliche in den Grofsdorfer See bei Kopnitz und führt sein Wasser von hier durch die eigentliche Obra bei Schwerin in die Warthe und mit dieser erst zur Oder. Vom Grofsdorfer See folgt eine ununterbrochene Reihe von Seen in 5 Meilen Länge, genau von Süden gegen Norden aufeinander, und der Abflufs dieser Seen geht bei Meseritz vorbei nach Norden in die Warthe. Durch die Niederung, in welcher diese Seen liegen, wird ungefähr die Hälfte in einem fast quadratischen Stücke von dem Plateau abgetrennt, das zwischen Frankfurt und Posen liegt, oder genauer gesagt, zwischen Warthe und Netze im Osten und Norden und zwischen Obrabruch und Oder im Süden und Westen eingeschlossen ist. In der westlichen Hälfte, also zwischen Obra und Oder enthält dieses Plateau eine Menge von Puncten, an denen Braunkohlen aufgefunden und bearbeitet worden sind, zum Theil schon seit früheren Jahren, wie bei dem Alaunwerke von Gleissen [1]).

Der südlichste Punct, an dem die Braunkohlen beobachtet worden sind, ist bei Padligar und Radewitz unweit Züllichau an der faulen Obra, eine Stunde von deren Mündung in die Oder. Die Hochfläche fällt hier ziemlich steil zu der Niederung ab, in welcher die Obra fliefst. Von Radewitz aus gelangt man in einem sanft ansteigenden Thal zu den Gruben und hat Gelegenheit an einzelnen Stellen des östlichen Thalgehänges auf kurze Strecken die Schichten des Braunkohlengebirges zu Tage ausgehen zu sehen. Es sind thonige Letten und streifige Lager von braunem Formsand, welche sich durch ihre auffallend dunklere Färbung und die steilere Böschung des Thalgehänges gegen die gewöhnliche Lehm- und Sandbedekkung auszeichnen. Doch sind die Aufschlüsse über Tage zu gering, um im Entferntesten nur einen Schlufs auf die Lagerungsverhältnisse zu gestatten.

[1]) Da ich diese Gegend und die Braunkohlen-Vorkommen nicht aus eigner Anschauung kenne, so folge ich besonders Plettner a. a. O. p. 84 ff.

Der Grubenbau hat folgende Resultate: das Tagesgebirge ist grauer lehmiger Sand mit vielen faustgrofsen nordischen Geschieben bedeckt und untermengt, unter ihm liegt ein harter, zäher, gelblichgrauer Lehm, der stellenweis in kalkigen Mergel übergeht, darunter folgt feinkörniger Formsand, dann drei Kohlenflötze. Das Mittel zwischen ihnen ist oben mehr sandig, unten mehr thonig und das Liegende bildet schiefrige Letten von schwärzlichbrauner Farbe und starkem Gehalt an Kohle. Die bald lichter, bald dunkler braun gefärbte Kohle ist von beträchtlicher Festigkeit und besonders ausgezeichnet durch das häufige Vorkommen von kleinen Stücken sogenannter Pechkohle. Diese ist pechschwarz, der Bruch im Kleinen flachmuschlig und fettglänzend. Nur selten läfst sich in diesen Kohlenstücken noch deutlich die Holzstructur erkennen und doch zeigen einzelne Stücke bituminösen Holzes einen unverkennbaren Uebergang aus reinem Holz in sogenannte Pechkohle, da in ihnen das deutlich faserige Coniferen-Holz mit Schichten ausgesprochener Pechkohle abwechselt.

Vor einiger Zeit hat der Besitzer der Gruben umfassende Versuche über Verkoakung der Braunkohlen anstellen lassen. Allein es hat sich, wie zu erwarten war, kein günstiges Resultat ergeben, obgleich man die Verkohlung mit den verschiedensten Kohlenarten und sowohl in Meilern als in eigens dazu gebauten Koaköfen vorgenommen hat. Die dichten Braunkohlen zerfielen durch den Verkohlungsprocefs zu kleinen sehr leichten und zerreiblichen Brocken von pechschwarzer glänzender Farbe. Das bituminöse Holz wurde gleichfalls glänzend schwarz, glich der gewöhnlichen Holzkohle, zersplitterte aber in dünne faserige Bündel, die nach allen Seiten sich wie Hobelspäne zusammenkrümmten. Von einer Sinterung oder gar von einer Schmelzung, wie bei Steinkohlen, zeigte sich nirgends auch nur eine Spur und da die gewonnenen Koaks durchaus keine anderen Vortheile als höchstens ihre gröfsere Leichtigkeit für den Transport darboten, durch den sie aber leicht in ein blofses Kohlenpulver verwandelt wurden, so gab man die Versuche als mifslungen auf.

Was die Lagerung der Kohlenflötze betrifft, so ist darüber nicht viel bekannt geworden. Das Streichen lag zwischen Ost und Nord zu West und Süd und das Fallen wechselte zwischen 40 und 90 Grad. Im Ganzen scheint die Ablagerung eine gegen S.O. geöffnete Mulde darzustellen, die aber durch mancherlei Buckel und Krümmungen unterbrochen ist.

Bei Bohrversuchen gegen N.W. auf Züllichau zu hat man keine Kohlen, sondern ein mächtiges Lager von blaugrauem Thon mit Schwefelkies mehr als 50 Fufs stark gefunden. Offenbar ist dies derselbe Thon, der bei Striese über den Kohlen liegt und der in der ganzen Warthe- und Weichselgegend allgemein verbreitet ist, nämlich Septarienthon.

Weiter gegen Norden trifft man die nächsten Kohlen bei Schwiebus, von wo sie, man kann wohl sagen, ununterbrochen gegen N.W. bis zur Mündung der Warthe in die Oder fortsetzen. Die Umgegend der kleinen Städte Schwiebus, Liebenau, Lagow, Schermeifsel, Zielenzig und Drossen hat deren aufzuweisen und an mehreren Puncten wird Bergbau darauf getrieben.

Die Gruben bei Schwiebus, welche nordöstlich vom Orte lagen, sind wieder verlassen worden. Sie zeigten die ähnliche Erscheinung, wei bei Padligar, dafs buckelförmige Erhebungen das Liegende der Kohlenlager in eine Menge wenig ausgedehnter Mulden zertheilen und so einen zusammenhängenden Abbau sehr erschwerten. Im Ganzen sind nur drei solcher kleiner Mulden, die kaum mehr als 200 Fufs Ausdehnung erreichten, abgebaut worden, deren gegenseitige Lagerung ungefähr der Richtung von O.S.O. gegen W.N.W. entsprach.

Zwischen Schwiebus und Liebenau ist ein lebhafter Kohlenbergbau auf mehreren Gruben besonders auf der Grube Graf Beust, welche bereits seit 10 Jahren im Betrieb steht. Man hat hier drei Kohlenflötze aufgefunden, von denen das obere 15 Fufs Mächtigkeit, aber keine besonderen Kohlen besitzt. Sind sie bräunlichschwarz und von geringer Festigkeit, besonders aber durch einen grofsen Gehalt an Gyps zum Brennen untauglich und daher unbauwürdig. Das mittlere Flötz, welches allein abgebaut wird, enthält eine vorzügliche Kohle, die so fest ist, dafs auf mehr als 100 Fufs Länge Baue in ihr ohne alle Zimmerung geführt sind. Sie ist dunkelbraun bis schwärzlichbraun und zum Theil von dickschiefrigem Gefüge. Auf den

Schichtungsflächen zeigen sich nicht selten lichter gefärbte deutlich begrenzte blatt- und stielähnliche Pflanzenreste, deren Structur aber fast ganz zerstört ist. Der Querbruch der Kohle ist matt, erdig und eben. Unregelmäfsige Klüfte zertheilen sie in vielgestaltige kleinere und gröfsere Blöcke und Bänke, die auf ihrer Oberfläche zuweilen einen bläulichen Anflug haben, der als ein Zeichen besonderer Güte der Kohlen angesehen wird und wohl von einem Absatz harziger Materie herrührt. Einzelne Harzpuncte sind häufig und zeigen eine rothgelbe Farbe, die sie ganz bernsteinartig erscheinen läfst. Bituminöses Holz fehlt auch nicht.

Ueber das dritte Flötz hat man keine weitere Nachricht als dafs es in einem Bohrloche erreicht worden ist. Auch über die Mächtigkeit des mittleren ist man nicht im Klaren, da der bisherige Bau auf der Höhe eines Sattels getrieben worden ist, wo die Kohlen offenbar mehr als gewöhnlich zusammengedrängt sind.

Das ganze Lager bildet nämlich einen Sattel (siehe Taf. II. Fig. 3.), der von N.W. gegen S.O. streicht und in der letzteren Richtung einsinkt. Die Flügel fallen mit 50 bis 70 Grad auf der westlichen, mit 60 Grad auf der östlichen Seite. Die Ostseite setzt weiterhin flach fort, fällt darauf aber wieder stärker ein. Auf diesem Flügel findet seit 1844 ein Grubenbrand statt, der wohl durch den Luftzutritt und vornehmlich durch den Gehalt der Kohlen an fein eingesprengtem Schwefelkies entstanden ist. Denn auch das Kohlenklein, welches beim Sieben der Förderkohle zurückbleibt und auf die Halden gestürzt wird, hat sich von selbst entzündet und ist vollständig abgebrannt. Dafs diese Kohlen Eisen in beträchtlicher Menge und daher ursprünglich wohl viel Schwefelkies enthalten, beweisen jene ausgebrannten Halden, durch die tiefrothe Färbung der zurückgebliebenen Aschenhaufen. Man kann daher wohl annehmen, dafs Kohlen, welche eine tiefrothe Asche hinterlassen, besonders zur Selbstentzündung geneigt sind und daher mit besonderer Vorsicht abgebaut werden müssen. Die sicherste Vorkehrung gegen Brand bleibt immer ein rascher und möglichst reiner Abbau der Flötze.

Das Hangende der Flötze ist aschgrauer, sehr feinkörniger

aber so fester Formsand, dafs er steile Wände ohne Unterstützung durch irgend eine Zimmerung bildet. Unter den ersten Kohlen liegen 3½ Fufs bräunlichschwarzer Letten mit schwachem Alaungeschmack. Sie bestehen aus einem innigen Gemisch von Sand, Thon, Kohlenstäubchen und glänzenden Glimmerblättchen. Ueber das Mittel zwischen dem zweiten und dritten Flötze ist nichts näheres bekannt. Es zeigt sich hiernach eine grofse Aehnlichkeit in der Ablagerung mit den Kohlen von Fürstenwalde, denn auch hier treten die dort gewöhnlichen drei Flötze in Formsand auf, und es könnte nur auffallend sein, dafs hier auch thonig-sandige Mittel auftreten, die dort nicht vorkommen. Unter ganz ähnlichen Verhältnissen lagern die Flötze auch auf den andern vorerwähnten Gruben, die eng aneinander schliefsend sich bis zum Dorfe Lugau ausdehnen. Im Betriebe stehende Kohlengruben trifft man nordwestlich von Liebenau erst bei Schermeifsel wieder, aber in der ganzen nordwestlichen Gegend überhaupt gehen Braunkohlen an verschiedenen Orten zu Tage aus, oder sind durch Bohrversuche und zufälligen Fund seit langer Zeit bekannt [1]). Nordwestlich von Liebenau liegen zunächst die drei Puncte Seeren, Schönow und das Lagower Vorwerk und daran schliefsen sich wieder Langenphul und Grofs-Kirschbaum an, während unmittelbar östlich von Schermeifsel, Tempel und Grochow genannt werden.

Am Hutberg südlich von Schermeifsel wird gleichzeitig auf Alaunerde und auf Braunkohlen Bergbau getrieben. Man findet auch hier drei Lager, das oberste ist Alaunerz, das im Thon liegt, darunter folgt ein sehr bauwürdiges festes und reines Kohlenflötz von 4 bis 5 Fufs Mächtigkeit und alsdann ein äufserst mächtiges 25 bis 30 Fufs starkes Lager, dessen Kohlen aber durch grofsen Gehalt an Gyps und geringe Festigkeit sich als unbrauchbar erweisen. Der Bau, welcher allein auf dem oberen Kohlenflötze getrieben wird, beschränkt sich auf die Beschaffung des Brennmaterials für den Betrieb der Alaunsiederei und ist daher nur wenig ausgedehnt. Im Hangenden der Kohlen lagert die Alaunerde. Sie ist in ein mächtiges Lager von grauem Thon eingeschlossen, gegen den

[1]) Siehe Klöden Beiträge Heft II. p. 70.

sie im Norden ganz plötzlich abschneidet und gewissermafsen nur eine untergeordnete Bildung in dem Thon zu sein scheint. Die Alaunerde ist ein inniges Gemisch aus überwiegendem Thon, etwas feinem Sande und Bitumen, in welchem Schwefelkies so fein eingesprengt ist, dafs er selbst mit der Loupe nicht als abgesonderter Gemengtheil erkannt werden kann. Allem Anschein nach umlagert das Alaunflötz den Sattel der Braunkohlenflötze in einem weiten gegen Norden offenen Bogen. Es ist schwer über die speciellen Lagerungsverhältnisse der Alaunerde Aufschlüsse zu erhalten, da der Bau derselben immer nur während einiger Wintermonate in wenig ausgedehntem Maafsstabe betrieben wird. Durch einen Schacht und einige Strecken schliefst man nur gerade so viel Feldestheil auf, als dem Bedürfnisse angemessen ist und in der nächst folgenden Zeit abgebaut werden kann.

In derselben Weise verfährt man auf den Gruben des benachbarten Dorfes und Badeorts Gleifsen, wo der Braunkohlenbergbau sich auf die Beschaffung des Brennmaterials beschränkt, welches die gleichzeitig in Betrieb stehende Alaunhütte in Anspruch nimmt. Aus diesen Ursachen können einzelne Untersuchungen der Localität keine besonderen Aufschlüsse geben, sondern man ist vorzüglich auf ältere Nachrichten und die Aussagen der Grubenarbeiter angewiesen. Plettner [1]) und Schultz [2]) berichten hierüber nur Thatsachen, welche mit den oben von Schermeifsel angeführten völlig harmoniren. Die Alaunerde liegt im Thon, die Kohle im Formsand. Die Lagerung scheint in der Hauptrichtung von N.W. gegen S.O. zu gehen und ist zum Theil gleichmäfsig mit starkem Fallen, zum Theil in Sättel und Mulden sich verlierend. Im Allgemeinen scheint es demnach, dafs die Braunkohle und Alaunerde Flötze einer ausgedehnten Mulde bilden, die im Osten von Gleifsen anhebt und sich mit dem Streichen von S.O. gegen N.W. hin ausdehnt, so dafs ihre Muldenlinie etwa durch den Schlofsgarten von Gleifsen gezogen werden kann, und dafs die Braunkohle sowohl, als die im Hangenden sich anlagernde Alaunerde von einer Menge Störungen und Klüften durchsetzt wer-

[1]) A. a. O. p. 101.

[2]) Beiträge zur Geognosie und Bergbaukunde. Berlin 1821. p. 19.

den, welche das Ganze in eine Anzahl einzelner Lagerstätten zertrennen. Nordwestlich von Gleifsen zwischen Königswalde und Zielenzig ist bei dem Dorfe Arensdorf Ausgehendes von Kohlenflötzen beobachtet, doch kein Bergbau darauf getrieben worden [1]).

Westlich dagegen, bei Zielenzig, findet man wieder eine Kohlengrube. Das ziemlich hoch gelegene Terrain dieser ganzen Gegend, das hier gegen 300 Fufs Höhe über dem Meere haben mufs, wird bei Zielenzig von dem Thale des Postumbaches ziemlich tief durchschnitten, so dafs tiefere Schichten, als der nordische Sand und Lehm, welche die Oberfläche bedecken, zum Vorschein kommen. Besonders ist es ein blendend weifser Glimmersand, der auch bei Schermeifsel sich findet, welcher sich in tieferen Wasserrissen und an steilen Gehängen entblöfst zeigt. Dieser Sand gehört wahrscheinlich zu dem Thon, der die Alaunerde enthält und zwar vermuthlich in das Hangende derselben. Er wird daher auch von den Puncten nicht erwähnt, wo Braunkohlen erbohrt oder gebaut worden sind und gehört wahrscheinlich der nur angelagerten, oder nur selten übergreifenden Bildung des Septarienthons zu. Die Braunkohlen liegen im Formsand, der von den nordischen Bildungen bedeckt wird. Durchschnittlich läfst sich folgende Lagerung annehmen:

Nordischer Lehm und Sand .	20	Fufs
Formsand	12	-
Schwarze Letten	10	-
Sandige Letten (vereinzelt) . .	5	-
Formsand	2	-
Braunkohlen	12	-
Glimmerfreier Quarzsand . . .	8	Zoll
Bituminöser Letten	2	Fufs
Glimmerfreier Quarzsand . . .	7	Zoll
Braunkohle	20	Fufs
Bräunlich gestreifter Sand . .	unbestimmt.	

Die Kohlen der beiden Flötze sind völlig gleich. Nach dem Vorkommen von glimmerfreiem Quarzsande hätte man in dem unteren ein Flötz der tieferen Abtheilung vermuthen können.

[1]) Siehe Klöden Beiträge Heft II. p. 72.

Doch scheint dies nicht der Fall zu sein. Ihre Festigkeit ist in den tiefer liegenden Theilen der Flötze gröfser als in den oberen, welche mitunter so stark mit Gyps gemengt sind, dafs sie ganz unbauwürdig werden.

Bituminöses Holz ist in der Kohle nicht selten und es finden sich Baumstämme bis zu 80 Fufs Länge und 3 bis 4 Fufs Durchmesser. In der Regel kommt es jedoch in kleineren Bruchstücken und besonders in den liegenden Theilen der Flötze vor. Es liegt dann meist so, dafs die Längenrichtung des Holzes der Schichtungsebene parallel ist. Nur äufserst selten haben sich Stücke, und unter diesen vornehmlich nur Wurzelstubben gefunden, welche senkrecht oder geneigt standen. Doch hat man an einzelnen Stellen auch Stücke beobachtet, welche eine ganz geringe Strecke weit in das Liegende der Flötze versenkt und augenscheinlich bei ihrer Ablagerung in den weichen Schlamm der Unterlage eingesunken waren. Theils ist das bituminöse Holz von der gewöhnlichen Beschaffenheit, theils aber auch in Pechkohlen-ähnliche Substanz verwandelt.

Die Kohlenflötze und die sie begleitenden Schichten streichen von S.O. nach N.W. und fallen flach gegen S.W. ein, so dafs sie einen flachen Sattel bilden, auf dessen S.O.-Flügel jetzt gebaut wird, während dessen Gegenflügel schon durch Bohrversuche aufgeschlossen ist. Es sind dies sehr günstige Lagerungsverhältnisse.

In nordwestlicher Richtung reihen sich zunächst die Fundorte von Trebow, Heinersdorf und Herzwalde weiter an, wo an mehreren Stellen Kohlen theils über Tage aufgefunden, theils durch früheren Bergbau bekannt geworden sind, während die äufsersten nordwestlichen Puncte diesseit der Oder und Warthe, die Gruben von Grunow und Spudlow jenseit des Städtchens Drossen sind. Bei Grunow findet man dieselben Kohlen und dieselben Lagerungsverhältnisse, wie sie bereits beschrieben wurden, bei Spudlow zeigen sich wahrscheinlich dieselben Flötze, aber mit einem Streichen von S.S.W. nach N.N.O. Näher dem Oderthal und weiter nach Süden hat man dann noch bei Lässig und bei Tuttin, eine Stunde nordöstlich von Frankfurt Braunkohlen gebaut, von denen der letztere

Punct wegen ungünstiger Lagerungsverhältnisse aber wieder verlassen worden ist.

Es schliefst sich hier wohl am natürlichsten die Erwähnung eines Punctes an, der nicht eigentlich in das oben bezeichnete Terrain gehört, ihm aber doch nahe und von anderen Vorkommen entfernt liegt, dies sind die Kohlen von Landsberg an der Warthe. Die Gegend von Landsberg bildet den Nordrand des Netzethals, da, wo das Warthethal sich von Süden her mit dem ersteren vereinigt. An der Nordseite der Stadt erhebt sich das Sand- und Lehmplateau mit steilen Gehängen und dehnt sich weit gegen Norden, Osten und Westen aus. Dicht unterhalb Landsberg fällt die Kladow mit starkem Gefälle in die Warthe. Sie kommt in einem engen Thale von Norden her aus dem Plateau herab. Wo sie auf halbem Wege von Kladow nach Landsberg ein kleines Wasser von der linken Seite her aufnimmt, liegt die Braunkohlengrube Vorwärts. Ausgehendes von Braunkohlenschichten ist hier nirgends zu bemerken, nur Sand und Lehm der nordischen Bildungen bedecken die Oberfläche. Auf der Grube hat man ein oberes festes, auch gutes Kohlenflötz von 5 bis 7 Fufs Stärke gefunden, das unter Formsand liegt und sich durch viel bituminöses Holz auszeichnet, darunter einen gröblichen Kohlensand und alsdann ein mehr als 20 Fufs mächtiges Kohlenlager, das aber durch geringe Festigkeit und sehr starken Gypsgehalt nicht bauwürdig erscheint. Die Lagerung bildet einen von S.O. nach N.W. streichenden Sattel, der nach beiden Seiten mit 30 bis 40 Grad einfällt und gegen S.O. völlig abgeschlossen ist.

In der Nähe von Frankfurt auf dem linken Ufer der Oder finden seit mehr als 10 Jahren ausgedehnte Baue auf Braunkohlen Statt, die wohl ebenso bedeutend, wo nicht bedeutender sind, als die in der Nähe von Fürstenwalde bisher betriebenen. Die Gegend von Frankfurt bildet ein ziemlich hoch gelegenes Plateau, das im Osten vom Oderthal scharf abgeschnitten wird, im Süden durch den Rand des ehemaligen Oderbettes begrenzt ist, gegen Westen und gegen Norden sich allmälig in die etwas niedrigen Flächen der Umgegend von Fürstenwalde, Müncheberg und Seelow verliert. Die höchsten Puncte der Gegend liegen zwischen den Dörfern Rosengarten, Boosen, Sieversdorf und Pilgram, wo sie ein eigenthümliches Terrain von kleinen Hügeln und flachen muldenförmigen Thälern bilden, die sich mindestens 250 Fuſs über den Spiegel der Ostsee erheben müssen.

An einigen Puncten gehen hier Braunkohlen zu Tage aus, wie in dem Wege von Boosen nach Frankfurt, dicht hinter dem Dorfe, wo die Kohlen an den Wänden eines kleinen Hohlweges unter einer Schicht ganz weiſsen Formsandes anstehen, und in den beiden Thälern, die von Boosen nach Kunersdorf und von Treplin nach Hohen-Jesar gehen. In beiden steht die Kohle in den Thalwänden unter einer Bedeckung von gelbem Sande mit Geschieben, unter dem weiſser Formsand folgt, an vielen Stellen zu Tage.

Der erste Abbau dieser Kohlen hat auf dem Grubenfelde Gruppe stattgefunden, das zwischen den Dörfern Boosen und Cliestow gelegen, einen Raum von 1200 Morgen einnimmt, in der Folge hat sich derselbe jedoch auf die Muthungen Goldfuſs, Arminius, Wilhelm und Julius nördlich, Auguste und Concordia südlich ausgedehnt. Die Gruben Gruppe berührt im Westen mit ihrer Markscheide das Dorf Boosen, während das Grubenfeld von Julius im Osten das Oder-Ufer in der Vorstadt von Frankfurt erreicht, eine Entfernung von mehr als 1700 Fuſs, in welcher die Grubenfelder in der Richtung von W.N.W. gegen O.S.O. aneinander schlieſsen, wobei sie auf 7000 Fuſs von N. gegen S. sich ausbreiten.

Die Oberfläche der Gegend wird von einem grauen geschiebereichen Lehm und von gelbem Sand gebildet, die im Durchschnitt 25 Fuſs Mächtigkeit haben mögen, darunter folgt Formsand und Letten in ungefähr gleicher Stärke und dann das erste Kohlenflötz von 8 bis 10 Fuſs Mächtigkeit Der wiederum folgende Formsand hat 2 bis 3 Fuſs Mächtigkeit, das zweite Kohlenflötz 5 bis 6 Fuſs. Der darauf folgende Formsand 4 bis 5 Fuſs und das dritte Kohlenflötz 10 bis 12 Fuſs. Als Liegendes erscheint ein brauner Letten. Alle drei Flötze zeigen durchaus gemeinschaftliche Lagerungsverhältnisse. Sie sind immer in Formsand eingelagert, der, obgleich er oftmals im äuſseren Ansehen wechselt, doch in seiner mineralogischen Natur sich völlig gleich bleibt. Im Wesentlichen stimmen diese Lagerungsverhältnisse mit denen von Fürstenwalde überein, nur in Mächtigkeit übertreffen die Frankfurter Flötze jene von Fürstenwalde bei Weitem.

Auf der Grube Auguste finden sich jedoch aufser diesen noch vier andere Flötze in folgender Weise gelagert [1]:

26	Fufs	Lehm und Sand,
6	-	bräunlichgrauer Sand,
7	-	Braunkohle,
3½	-	bräunlichgrauer Sand,
5	-	Braunkohle,
6½	-	bräunlichgrauer Sand,
1½	-	Braunkohle,
5	-	grauer Sand,
½	-	Braunkohlen,
61	Fufs.	

Unter dem letzten Flötze folgt abermals grauer Sand. Diese Flötze stimmen weder in Zahl noch in Mächtigkeit mit den andern überein, besonders auffallend ist die Beschaffenheit des Sandes. Der Sand ist bräunlichgrau, in verschiedenen Abstufungen bis zu reinem Quarz, je nachdem er mehr oder weniger feine Kohlentheilchen enthält. Er besteht einzig und allein aus kleinen rundlichen Quarzkörnern, die kaum die Gröfse eines Mohnkorns erreichen. Der Quarz ist farblos oder milchweifs, meist durchsichtig, seltener opak. Die Körner sind ohne Ausnahme kugelrund und der Sand daher sehr beweglich. Glimmerblättchen fehlen. Es ist dies derselbe Sand, in dem die unteren Flötze bei Buckow liegen.

Auch die Kohlen dieser vier Flötze weichen in aller Beziehung von den oberen ab. Sie sind pechschwarz, haben flachmuschligen fettglänzenden Bruch und einen hohen Grad von Sprödigkeit, so dafs sie leicht in kleine eckige Knorpeln zerspringen. Sie enthalten auffallender Weise kein bituminöses Holz und verbreiten beim Verbrennen einen unangenehmen torfartigen Geruch. Die Lagerungsverhältnisse sind ziemlich verwikkelt, theils dadurch, dafs mehrere Mulden und Sättel an einander stofsen, theils dadurch, dafs verschiedene Verwerfungen vorkommen. Die Mulden und Sättel streichen ungefähr von O. nach W., über den Zusammenhang der einzelnen unter-

[1] Siehe Plettner a. a. O. p. 133 ff.

einander kann man jedoch bis jetzt auch nicht einmal Vermuthungen aufstellen. Der beigefügte Durchschnitt (siehe Taf. II. Fig. 4.) erläutert die Verhältnisse auf der Grube Auguste, wo unter dem Lehm und Sand der Oberfläche das Braunkohlengebirge unregelmäfsig abschneidet. Es ist ein Beweis, dafs die Bewegungen in den Braunkohlenschichten früher vor sich gingen, ehe die nordischen Bildungen verbreitet wurden, und da es oben schon erwähnt worden ist, dafs die Septarienthone auch in abweichender Lagerung auf den Kohlen liegen, so sieht man, dafs diese Braunkohlenbildungen eine geologisch sehr scharf abgegrenzte Formation ausmachen, die nach oben in keine jüngere übergeht. Scharf abschneidend lagert sich der Lehm auf Formsand und die drei oberen Kohlenflötze, unter denen nach einer mächtigen Lage (wie stark, ist nicht bekannt geworden) von Sand und Letten, die unteren Flötze folgen. Eine Verwerfung hat die letzteren auf der Nordseite so hoch gehoben, dafs auch sie von Lehm unmittelbar bedeckt werden, während die oberen Flötze fehlen, wahrscheinlich fortgewaschen sind. Die oberen Flötze folgen genau der Lagerung der unteren, nur wie es scheint in etwas flacherer Lage, eine Erscheinung, die man oft sogar bei den festen Schichten des Uebergangsgebirges beobachten kann. Fig. 5. auf Taf. II. zeigt eine sehr merkwürdige Verwerfung. Der Schacht August hat fünf Kohlenflötze durchsunken, rechts und links in geringer Entfernung findet man deren nur drei von ganz gleicher Art und mit gleichem Streichen und Fallen.

Bei Wulkow, eine halbe Stunde nördlich von Boosen sind eine Zeitlang Baue auf Braunkohlen betrieben worden. Es lagern hier die drei Flötze der oberen Abtheilung mit dem begleitenden Formsandschichten in Gestalt eines spitzen Sattels, der von Ost nach West mit einer kleinen Neigung gegen N.O. streicht und in West vollständig geschlossen ist. Der Südflügel fällt mit 60 bis 70 Grad, der Nordflügel mit 35 bis 50 Grad ein, während sich an der Sattelspitze die Flötze mit sanfterer Neigung von 25 bis 30 Grad gegen Westen verflachen. Der Schacht, welcher gerade auf der Sattelspitze stand, erreichte die Wassersohle bereits in 30 Fufs Tiefe, so dafs wahrscheinlich diese geringe Erhebung der Kohlenlager über dem

Wasserspiegel das baldige Aufgeben der Baue veranlafst hat. Auch zwischen den Dörfern Treplin und Petershagen, wo schon in der zweiten Hälfte des vorigen Jahrhunderts Versuche auf Kohlen gemacht worden sind [1]), ist in neuerer Zeit wieder eine Grube eröffnet, jedoch ebenfalls bald wieder verlassen worden. Die drei oberen Flötze bildeten auch hier einen sehr spitzen Sattel, der von O.N.O. gegen W.S.W. gerichtet und in Osten geschlossen war, dessen Flügel ziemlich steil nach N. und S. einfielen. In jüngst vergangener Zeit soll aber auch hier zeitweise der Bau wieder aufgenommen worden sein.

Bedeutender und ausgedehnter sind die Gruben bei Jahnsfelde, eine kleine Meile östlich von Müncheberg und 2 Meilen nordwestlich von dem vorhin erwähnten Petershagen. Leider haben wir über diese Gruben keine directen Beobachtungen von Plettner, der sie zweimal besucht, aber wegen Wettermangel nicht hat befahren können. Schon auf den Halden sieht man, dafs hier, wie bei Frankfurt und Bollersdorf, beide Flötzpartien mit einander auftreten, da man z. B. auf dem Grubenfelde Waldeck am westlichsten Schachte den unverkennbaren Kohlensand der liegenden Flötze und kaum 600 Fufs davon an einem östlicheren Schachte die Formsand- und Lettenmasse der hangenden Abtheilung findet. Ueber den hangenden Schichten der Kohle hat sich auf der Grube Franke ein blaugrauer, plastischer Thon gefunden, der viel Gyps und Puncte von zersetztem Schwefelkies enthält. Aller Wahrscheinlichkeit nach ist es Septarienthon, derselben Ablagerung angehörend, die nordwestlich von hier bei Bollersdorf ebenfalls über und neben den Kohlen beobachtet worden ist. Auch auf den Gruben Harkort und Alexander, auf welchen die Flötze einen nach N.W. gerichteten langgestreckten Sattel bilden, finden sich wiederum beide Flötzpartien und auch in den Grubenfeldern von Justine und König zeigt sich beständig ein Streichen nach N.W. und ein nordöstliches Einfallen mit 35 bis 45 Grad. An diese Vorkommen schliefsen sich unmittelbar die oben beschriebenen von Buckow, Wrietzen und Freienwalde an.

Weiter abwärts an der Oder in der Nähe von Schwedt sind einige Vorkommen von Braunkohlen bekannt geworden.

[1]) Siehe Klöden Beiträge Heft II. p. 89.

Es scheint jedoch von ihnen nur das von Nieder-Kränich am rechten Oderufer von einiger Bedeutung zu sein. Man hat zwar auf dem linken Ufer bei Flemsdorf zwei Flötze entdeckt, die in Formsand eingelagert sind, aber sie waren nur 1 bis 2 Fuſs mächtig. Bis zur Tagesoberfläche werden sie von sandigem Kalkmergel, der manchmal weiſs ist, und von geschiebereichem Lehm bedeckt. Eins der Flötze, das sehr steil steht, wird sogar in der Nähe der Oberfläche zu beiden Seiten von Kalkmergel eingeschlossen, nichts destoweniger beweist dieser doch durch seine Geschiebe, daſs er zu den nordischen Bildungen gehört. Schwedt gegenüber, am rechten Ufer der Oder, sind die Braunkohlen theils durch Unterwaschungen des Flusses an Abstürzen, theils durch Arbeiten in einer Sandgrube zum Vorschein gekommen. Ungefähr 2 bis 300 Schritte südlich von Nieder-Kränich gehen in 20 Fuſs über dem Wasserspiegel zwei Kohlenflötze zu Tage, von denen das obere, einen Fuſs starke, in Formsand eingelagert ist, das tiefere, 2 Fuſs starke, aber in Kohlensand liegt. Das Streichen geht von Nord nach Süd bei 50 Grad westlichem Fallen. Das Ausgehende beider Flötze ist etwa 80 Schritt von einander entfernt und dazwischen finden sich an verschiedenen Puncten der schroffen Gehänge Spuren von Kohlensand. Hiernach läſst sich erwarten, daſs die Verhältnisse denen bei Frankfurt ähnlich sein werden.

Unlängst hat man nördlich von dieser Stelle ein Vorkommen von weiſser schreibender Kreide mit Feuersteinen und characteristischen Versteinerungen beim Schürfen aufgefunden, allein es hat die Kreide hier kein anstehendes Lager, sondern nur einem einzelnen Block angehört, über dem die nordischen Bildungen lagen, während unter ihm die Schichten der Braunkohlenformation zum Vorschein kamen. Südlich von dem Kohlenlager in der Nähe des Dorfes Saaten verarbeitet man auf einer Ziegelei einen bräunlichgrauen, festen plastischen Thon, der in den tiefern Lagen bläulichgrau erscheint. Im obersten Theil enthält er viele kleine Nieren von Thoneisenstein, die nicht über 1½ Zoll groſs sind, durch die ganze Masse des Thons aber finden sich kleine, wohl ausgebildete Gypskrystalle. Auch kalkig-thonige Septarien von gröſserem Durchmesser kommen mitunter vor, so daſs es nicht wohl einem Zweifel unterliegen kann, daſs man es mit Septarienthon zu thun hat, obgleich die Versteinerungen, welche an andern Puncten darin vorkommen, hier noch nicht gefunden sind.

Ebenso hat man an den steilen Gehängen des Oder-Ufers eine gute Meile oberhalb Stettin den Septarienthon in mächtigen Massen unter der allgemeinen Lehm- und Sandbedeckung zwischen den Dörfern Kurow und Nieder-Zahden aufgefunden. Bei Nieder-Zahden mündet ein tief und schroff eingeschnittenes Thal, welches von Westen her aus dem ungefähr 100 Fuſs hohen Plateau herabkommt, in das weite Oderthal. In dem unteren Theile desselben bildet der Septarienthon die steilen Gehänge und wird nur von einer schwachen Decke nordischen Lehms und Sandes überlagert. Weiter im Thale hinauf tritt aber unter dem Thon ein bräunlichschwarzer Letten hervor, in dessen Liegendem man mulmige Braunkohlen erschürft hat. Nördlich von dem genannten Puncte ist später auch in unmittelbarer Nähe von Stettin, am Fort Leopold, das Auftreten des Septarienthons mit seinen characteristischen Versteinerungen beobachtet worden [1]).

Aehnlich wie bei Zahden gestalten sich die Lagerungsverhältnisse des Septarienthons auf dem rechten Oder-Ufer bei Finkenwalde, westlich nahe bei Damm. Für den Bau der Eisenbahn von Stettin nach Damm wurde bei Finkenwalde eine Sandgrube angelegt. An dem steilen Südstoſse der Grube ragt der Septarienthon 30 Fuſs über die Sohle des Bruches empor und wird von grobem nordischen Sande überlagert, welcher die übrigen Gehänge des Bruches fast vollständig verschüttet hat. Der Thon ist blaugrau, sehr fest und im feuchten Zustande sehr plastisch. Das Vorkommen der Septarien läſst nicht wohl einen Zweifel, daſs dieses Thonlager dem von Zahden und Fort Leopold entspreche und mit ihnen vielleicht zusammenhange, wenn auch zwischen ihnen das doppelarmige Oderthal sich ausdehnt. Versteinerungen wurden in dem Thone freilich nicht aufgefunden; ob diese sich aber an jeder Stelle eines sonst gleichen Lagers finden müssen, um die Indentität desselben für zwei benachbarte Orte auszusprechen, darüber kann man verschiedener Meinung sein. Entsprechende Erschei-

[1]) Zeitschrift der deutschen geologischen Gesellschaft Bd. IV. p. 16.

nungen in älteren und selbst in den ältesten petrefactenführenden Gesteinen möchten diese Frage entschieden verneinen.

Wenige Schritte nördlich von dem anstehenden Thone hat man in geringer Tiefe ein Braunkohlenflötz erschürft, welches in grauen Kohlensand eingelagert sein mufs, wenigstens findet man diesen mit pulveriger zerfallener Braunkohle vermischt auf der Halde des Schurfes. Das Schurfloch selbst ist verfallen und in ihm sind keine anstehenden Lager mehr zu beobachten. Augenscheinlich gehört die Kohle in's Liegende des Thons, aber über die specielleren Lagerungsverhältnisse fehlt es bis jetzt an Aufschlüssen.

10. Das Wartheland.

Bei Küstrin, wo die Warthe in die Oder mündet, haben diese beiden Flüsse und wahrscheinlich vor ihnen schon die Weichsel eine grofsartige Weitung ausgespült, welche unter dem Namen des Oder- und Warthebruches ein Terrain von ungefähr 25 Quadratmeilen einnimmt. Verläfst man Küstrin auf dem Wege nach Posen, so erreicht man den südlichen Rand des Warthebruches bei Sonnenburg, geht an diesem Rande entlang bis jenseit Kriescht und betritt das eigentliche Plateau des Landes in der Königswalder Forst. Dicht vor Schwerin mündet das Obrathal von Süden her in das Thal der Warthe und hinter Schwerin steigt das Terrain merklich an. Die Gegend von Gorzyn ist bekannt als eine der anmuthigsten in dem Grofsherzogthum Posen und verdankt diesen Ruf der Abwechselung von Höhen und Kesselthälern, die meist durch kleinere oder gröfsere Seen erfüllt werden. So setzt sich das Terrain im Süden des Warthelaufs bis in die Gegend von Neubrück fort, hier aber hören die Seen auf und ein mehr gleichförmiges, ziemlich hoch gelegenes Terrain breitet sich auf dem linken Warthe-Ufer bis gegen Posen hin aus.

Eigenthümlich unterscheiden sich die beiden Warthe-Ufer zwischen Schwerin und Obornik dadurch, dafs während das linke meist ein fruchtbares Land enthält, das wenig Waldungen mehr zeigt, das rechte Ufer nur mit Waldungen bedeckt ist und einen sandigen Boden enthält, der sich zum Ackerbau nicht eignet. Es ist ein eigenthümlicher Rücken, welcher das Warthe-

und Netzethal in diesen Gegenden trennt. Von der Warthe aus steigt er allmälig bis auf zwei Drittheile des Weges gegen die Netze hin an und fällt dann schnell gegen das Netzethal ab, das bedeutend tiefer liegt als das Thal der Warthe. Denn die Warthe hat von Obornik bis Landsberg viel mehr Gefälle und viel schnelleren Lauf, als die Netze von Czarnikow oder Radolin bis nach Landsberg. Soweit das Terrain gegen die Warthe sich neigt, zeigt es gar keine Bäche oder kleine Flüsse, und nur zwischen Birnbaum und Neubrück liegen mehrere Seen, die in langgezogener Form, von Süden nach Norden sich erstrecken, sonst aber ist es ohne Bäche oder kleine Nebenflüsse der Warthe. Jenseit des Rückens, der Netze zu, entspringen dagegen viele Wässer, unter denen der Radnack der bedeutendste Nebenfluſs der Netze ist. Der Grund hierfür liegt wohl in der bedeutenden Sanddecke, die den Abhang gegen die Warthe bedeckt und damit Gelegenheit giebt, daſs das Tagewasser in die Tieſe sinkt und dort seinen Abfluſs ſindet. Die Sandbedeckung mag durchschnittlich 10 Fuſs betragen. Dann folgt 15 bis 20 Fuſs Lehm und endlich wieder Sand, wie Bohrversuche bei Weitze ergeben haben. Bei Birnbaum liegt in diesem Sande ein groſses Geschiebe von grauem Gneuſs mit Granaten, 17 Fuſs lang, 10 Fuſs breit und 6 bis 8 Fuſs hoch, also von mindestens 1000 Kubikfuſs Inhalt. Andere kleinere Geschiebe von 2 bis 3 Fuſs Durchmesser ſinden sich hin und wieder, doch nicht grade häuſig und man sieht daher auch nicht, wie in vielen Gegenden der Mark, Ställe und Wirthschaftsgebäude aus gesprengten Geschieben gebaut, was doch geschehen würde, wenn man dies vortreffliche Baumaterial in hinlänglicher Menge vorſände.

Im Allgemeinen ist der Charakter des Warthethals durchaus von dem des Netzethals verschieden, denn während das Netzethal sehr breit und flach ist und wenig Gefälle besitzt, ist das Warthethal schmal und der Fluſs hat starkes Gefälle. In diesem engen Thale liegt auch der Grund für die Wechsel im Wasserstande, welche die Warthe mehr als irgend ein anderer Fluſs in der norddeutschen Ebene zeigt, aber in dem engen, tieſen Thale und in den steilen Uſern auch die glückliche Ursach, daſs nie ausgedehnte Ueberschwemmungen eintreten können. Es ist erstaunlich zu hören, aber völlig richtig, dafs der höchste und tiefste Wasserstand an der russischen Grenze um 17 Fufs verschieden ist, bei Schrimm 14 Fufs, bei Posen 15 bis 16 Fufs, bei Obornik 20 Fufs, bei Schwerin 10 bis 11 Fufs. Es ist wohl zu bemerken, dafs man es nicht mit einem Gebirgswasser zu thun hat, sondern mit einem Flufs, der mit allen seinen Nebenflüssen in der Ebene entspringt. Bei dieser Eigenthümlichkeit des Flusses ist das unmittelbare Ufer jederzeit steil, aber auch im Grofsen und Ganzen mufs das Thal schmal und steil genannt werden, da es an vielen Stellen 60 bis 80 Fufs unter der mittleren Höhe des umgebenden Landes liegt. Dieses ist, aufser jenem Rücken zur Netze hin, unregelmäfsig coupirt, durchaus nicht so gleichförmige Ebenen zeigend, als die meisten Theile der Mark. Von wenigen Puncten, die in der Ebene liegen, vermag man nach irgend einer Seite hin, weiter als eine halbe Meile, das Terrain zu überblicken, und sind die Erhebungen auch nur sehr selten bedeutend, so sind sie doch Wellen, die in allen Richtungen die Oberfläche durchziehen. In grofser Zahl finden sich Vertiefungen, in denen stehende Gewässer sich halten und an einigen Stellen, wo solche Kesselthäler kein Wasser enthalten, kann man deutlich erkennen, dafs ehemals Seen in ihnen gestanden haben, die späterhin abgeleitet worden sind und nur einen Bach mitten inne gelassen haben. So in der Gegend von Kaehme. Die Seen liegen meist hoch über dem Warthespiegel, selbst in der Nähe des Flusses, so dafs z. B. der See von Samoleçz bei Wronke 59 Fufs Gefälle bis zum Warthespiegel hat, obgleich er nur eine Stunde vom Flusse abliegt. Trotzdem dafs das Terrain so vielfach zerrissen ist, finden sich doch selten Stellen, welche Aufschlufs über die Zusammensetzung desselben geben, denn man hat es nicht mit grofsen Spalten darin zu thun, sondern nur hin und wieder mit kesselförmigen Vertiefungen und rundlichen Kuppen, so dafs die Abhänge der Thäler sowohl, als der Hügel nie Profile bieten, sondern im Gegentheil je bedeutender sie sind, auch eine desto gröfsere Bedeckung von grobem ausgewaschenen Sande zeigen. Daher sind die besten Aufschlüsse nur im Warthethale zu erlangen, wo oft in gröfseren Abhängen die Thalwände entblöfst sind.

Die oberste Bedeckung des Bodens ist entweder der wohl bekannte Sand der nordischen Ebene, der sich an einzelnen Stellen stärker angehäuft hat, oder sie wird, wie zumeist, von einem lockeren kalkreichen Lehm gebildet, der viele kleine Geschiebe von 1 bis 3 Zoll Gröſse enthält. Diese Geschiebe sind hier nicht hinderlich für den Ackerbau, weil der lockere Lehm an ihnen nicht haftet, während in anderen Gegenden, wo der Lehm fetter ist, solche Geschiebe den Boden fast unbrauchbar machen können und mit der gröſsten Sorgfalt ausgelesen werden müssen, was hier nirgend geschieht. Der Lehm ist bald dunkel lederbraun, bald hell gelblichbraun, bald dunkler in's Schwarze, aber dies letztere nur an Stellen, wo Wasser und Pflanzentheile einige Zeit mit ihm in Berührung gewesen sind, wie z. B. in entwässerten Seebecken. An einigen Stellen, wo das Terrain besonders zerrissen ist, finden sich auf den Rändern der Vertiefungen und den nächsten Höhen Anhäufungen von grobem Sand und Kies, wie z. B. bei dem See von Kiekrz und bei Kaehme, doch gehört dies Vorkommen durchaus zu den seltneren. Hin und wieder findet man Lehmgruben, in denen aber nur selten die Schicht des Lehms durchsunken ist, und wo dies geschehen, da kommen meist Lager von blaugrauem fetten Thone zum Vorschein. Bei Birnbaum liegt im Osten der Stadt ein Sandberg, an dessen westlichem Abhang man ein Loch gemacht hat, wo aber nur sandiger gelber Lehm unter dem obersten kiesigen Sande liegt. Am nördlichen Abhang dagegen ist eine Lehmgrube, wo zu oberst gelblicher Sand 2 Fuſs, dann Kies und lehmiger Sand 10 bis 12 Fuſs, dann grüngelblicher Thon mit einer Kohlenspur 2 bis 4 Fuſs, dann wieder derselbe Thon in 6 bis 8 Fuſs Mächtigkeit, dann 1 bis 2 Fuſs Kohle und endlich dunkeler Thon ansteht, dessen Mächtigkeit nicht weiter zu bestimmen ist. Das Ganze scheint von O.N.O. nach W.S.W. zu streichen und mit 35 Grad gegen S.S.O. zu fallen. Eine andere Lehmgrube weiter gegen Osten zeigt oben 2 bis 3 Fuſs sandigen Lehm, dann 10 bis 12 Fuſs lockeren Lehm, dann 6 Fuſs braunen Thon und darunter Sand, alles scheinbar horizontal.

Weiter gegen Osten bei der Ziegelei, welche zum Vorwerk Grüne Tanne gehört, hat man ebenfalls Kohle gefunden und dort sogar mehre Flötze. Man gräbt den Thon, welcher zu den Ziegeln dient, unter 8 Fufs Sand und 4 bis 5 Fufs kalkigem Mergel, wo dann in 8 bis 10 Fufs Tiefe sich schwache Kohlenspuren darin zeigen. An einer andern Stelle liegt die Kohle unmittelbar unter dem Kalkmergel in 6 bis 8 Fufs Mächtigkeit und unter ihr folgt ein reiner weifser Sand, der wahrscheinlich Formsand ist. An einer dritten Stelle liegt unter verschiedenen grau- und gelbgefärbten Thonen, die viele Gypskrystalle enthalten, mehrmals Kohle in kleinen Lagen von 8 bis 10 Zoll und dann ein Flötz über 10 Fufs stark, das noch nicht durchsunken ist. Alle diese Angaben beruhen auf der Glaubwürdigkeit der Arbeiter und des Wirthschafts-Inspectors, da zur Zeit der Untersuchung nur noch das Vorkommen des Formsandes zu beobachten war. Man sticht nemlich nur einmal jährlich im Frühjahre den Thon aus und läfst dann den ausgestochenen in den Gruben liegen. Auch wird zu den Ziegeln hauptsächlich nur der obere Thon benutzt. Die Ziegelei liegt ganz in der Nähe der Warthe am östlichen Abhang eines Hügels, der bis zum Flusse herangeht, nicht weit von einem grofsen See, der mit dem See von Kielsko und mit einem Bach in Verbindung steht, der von Prusim herabkommt. Der Hügel mag sich 50 bis 60 Fufs über den Warthespiegel erheben.

Die Bedeckung der ganzen Gegend bis hinauf gegen Kaehme ist bald Sand in schwachen Lagen, bald leichter Lehm. Bei Prusim liegt ein kleines Lager von Mergelkalk unmittelbar unter der Moordecke an der südwestlichen Seite eines kleinen See's. Theils ist der Kalk noch ganz weich, so dafs er sich formen läfst, und enthält Helix- und Bulimus-Arten, theils ist er völlig fest und zeigt Blätter-Abdrücke, die einer Alnus-Art anzugehören scheinen. Zwischen Prusim und Kolno finden sich zahlreichere Geschiebe als sonst von 2 bis 3 Fufs Durchmesser, die in einem Hohlwege auf der Grenze zwischen Sand und Lehm zu Tage kommen. Wie mannigfaltig auch die Beschaffenheit des höheren Landes sein mag, so findet man doch sobald man in das eigentliche Flufsthal gelangt, an allen Stellen, wo es nicht gar zu eng ist, Sand angehäuft und so führt denn auch der Weg von Birnbaum nach Zirke nur durch den Sand des Warthethales. Von Zirke aufwärts wird das Thal erst recht eigentlich eng, von da an geht der Flufs aber auch bis Obornik durch ein gleichförmigeres Terrain, während er zwischen Zirke und Schwerin einen so vielfachen Wechsel von kleinen Höhen und dazwischen liegenden Becken durchläuft, dafs er darin wohl eher ein weites Bett zu bilden vermochte. Die Gegend oberhalb Zirke ist dadurch wichtig geworden, dafs man in ihr die ersten Versuchsarbeiten auf Braunkohlen angestellt hat, aber leider sind diese ohne alle Vorkenntnisse in Bezug auf ihre Lagerungsverhältnisse geführt worden und man hat sich dabei allein durch die Spuren von Kohlen leiten lassen, die hin und wieder unmittelbar an der Oberfläche vorkommen. Die Angabe von Pusch, dafs in der Nähe von Wronke Braunkohlen sich fänden, hat wahrscheinlich zum Wiederaufsuchen derselben geführt.

Auf dem linken Ufer des Flusses oberhalb Wronke verbreitet sich das Terrain 40 bis 50 Fufs über dem Warthespiegel ziemlich eben, allmälig gegen Süden ansteigend. Ein Wasserrifs hat sich 10 bis 12 Fufs tief sein Bett eingeschnitten und hier sind die einzigen Aufschlüsse zu finden, welche aufser Grün-Tanne, über Tage von der Lagerung der Kohlen im Grofsherzogthum Posen existiren. Hier liegt oberhalb theils reiner, theils lehmiger Sand, dann ein gelber Sand und unter diesem blauer Thon, weiter abwärts im Thale tritt der Thon wieder auf und mit ihm Kohle, aber nur an einer Stelle deutlich, wo oben 2 Fufs sandiger Lehm und Kies liegen, darunter 2 bis 3 Fufs oberer fetter Thon, dann 3 bis 4 Fufs Kohle, darauf 1 Fufs unterer blauer Thon und dann, so wie es scheint $1\frac{1}{2}$ Fufs Sand. Nach der Aussage des Steigers, welcher dort gearbeitet hat, stehen drei kleinere Flötze leichter Kohle theils saiger, theils sehr steil im Thone, keilen sich aber in der Teufe aus, darauf folgen 30 Fufs strenger Thon und dann ein 6 Fufs mächtiges Kohlenflötz von vorzüglicher Beschaffenheit. Die oberen Flötze sollen von Ost nach West streichen. Im Allgemeinen stimmen diese Angaben recht gut mit den Erscheinungen an der Oberfläche überein.

Die Kohle, sowohl die obere als die untere, befand sich hier ursprünglich in horizontaler Lagerung, als aber durch die allmälige Bildung des Warthethals ein tiefer Einschnitt entstand, drängten die beweglichen, oder wenigstens verschiebbaren Thonschichten aus den höher gelegenen Gegenden sich in's Warthethal hinab und brachten die verwickelte Lagerung hervor, welche die oberen Kohlenflötze jetzt zeigen. Das untere Flötz liegt weit unter dem Warthebette und ist daher von diesen Bewegungen nicht berührt worden. Da die unterste Kohle unter einer so bedeutenden, im Ganzen circa 50 Fuſs betragenden Thonschicht liegt, so bildet diese die Deckschicht für bedeutende Wasseransammlungen, welche, sobald man den Thon durchführt, an jeder Stelle aufsteigen. Daher ist es denn geschehen, daſs bei Wronke der sehr gut gebaute Schacht, welchen man auf das untere Kohlenflötz niedergebracht hatte, gänzlich ersoffen ist. Man hätte nach dieser traurigen Erfahrung nun wenigstens die oberen Flötze, obgleich deren Kohle bei weitem nicht so gut ist, als die des unteren, abbauen können, wenn nicht auch in diesen sich unüberwindliche Schwierigkeiten gezeigt hätten. Der Thon nemlich, in dem sie liegen, ist so beweglich, oder vielmehr verschiebbar, daſs keine Strecke in ihm erhalten werden kann, er drückt selbst die auf's Sorgfältigste verzimmerten zusammen. Nach so unangenehmen Erfahrungen ist denn der Kohlenbau an der Warthe ganz zum Erliegen gekommen. Man hatte auſser bei Wronke auch noch bei Zirke und bei Slonawy-Hauland Versuche gemacht und Kohlen aus den oberen Flötzen gewonnen, aber weder die eine noch die andere Stelle zeigte vortheilhaftere Verhältnisse.

Die Kohle aus allen Flötzen ist gut, die aus dem unteren Flötze soll sogar vorzüglich sein, was nach der Analogie der Weichselkohlen ganz wahrscheinlich ist. In den obersten ist sie zwar nur nelkenbraun und sehr mürbe, aber in dem zweiten und dritten Flötze ist sie dunkler und fester. Vorzüglich zeichnet sie sich dadurch aus, daſs sie fast gar keinen Schwefelkies enthält und leicht brennt. Im Allgemeinen hat man bei der Anlage der Versuche auf Kohlen, darin besonders gefehlt, daſs man geglaubt hat an den Stellen anfangen zu müssen, wo die Kohle zu Tage ausgeht, statt sich ein Terrain zu suchen, in welchem die Kohlen in veränderter Lagerung sich befinden und daher eher wasserfrei zu erwarten sind. In dem zerrissensten Terrain hätte man hin und wieder, aber mit Sachkenntnifs und Umsicht, Schürf- und Bohrversuche machen müssen, um danach dann irgend einen Punkt zum Abbau zu wählen. Vielleicht würde die Gegend zwischen Zirke, Kwilez, Gorzyn und Birnbaum dafür geeignet sein. Ob aber überhaupt in einer so holzreichen Provinz, als das Grofsherzogthum ist, jetzt schon mit Vortheil auf Braunkohlen gebaut werden kann, steht die Frage.

Unterhalb der Stadt Wronke hat der Flufs an seinem linken Ufer einige Abstürze gebildet, in denen die Lagerung des Thons zu Tage geht, den man dicht dabei zu Ziegeln verarbeitet. Wenn man denselben stromabwärts weiter verfolgt, so findet man darin ein Kalklager von 1 bis 1½ Fufs Mächtigkeit, das wie der Thon von Osten nach Westen streicht und mit 40 Grad gegen Norden einfällt. Im Hangenden liegen 10 Fufs Thon, dann 6 Fufs Sand und darauf wieder 12 Fufs Thon. Im Liegenden findet man nur Thon, dessen Lagerung nicht ganz deutlich ist. Nach 20 Schritten tritt dasselbe Kalksteinflötz wieder auf, doch nur 6 bis 9 Zoll mächtig. Das obere stärkere ist auf 20 Fufs bis in's Bett der Warthe zu verfolgen, das untere noch weiter, da es nicht ganz dasselbe Streichen zu haben scheint. In einer Ziegelei werden die oberen Schichten des Thons verarbeitet, der sehr fett ist, doch so stark mit Kalk gemengt, dafs man eine eigene Vorrichtung angebracht hat, um die kleinen Kalknieren darin zu zerdrücken und den Kalk einzumengen. Streichen und Fallen der Schichten rührt hier wahrscheinlich von derselben Verschiebung her, welche die Kohlen unterhalb verdrückt hat. Das Bett des Flusses liegt im strengen Thon und ist daher schmal aber tief.

Der Thon scheidet sich, wie man an vielen Puncten deutlich sehen kann, bestimmt in zwei Abtheilungen, in einen oberen mehr gelbgrauen, bröcklichen Thon und in ein unteres blaugraues, festeres Lager. Ungefähr auf der Grenze zwischen beiden hat sich hin und wieder eine kleine Kalksteinlage ausgeschieden, wie sie aufser Wronke auch noch an mehreren Puncten weiter am Flusse hinauf vorkommt.

Oberhalb Wronke ändern beide Warthe-Ufer ihren Charakter. Das linke ist viel ebener geworden, führt hier viel Sand, und das rechte bildet keinen flachen Rücken mehr, in den schmale Seen hineingehen, wie unterhalb, sondern es ist eine Ebene, in der ein kleiner Fluſs von Norden herabkommt. Gegen Obersitzko zu bessert sich der Boden und bei Bronczewo, wo die Fluſsufer wieder steiler geworden sind, besteht er hauptsächlich aus fettem Lehm. Unter dem Lehm tritt an den Gehängen, die manchmal auf 20 bis 25 Fuſs entblöſst sind, der Thon wie gewöhnlich auf. Jenseit Stobnica werden die Ufer immer steiler und heben sich am höchsten bei Bomblin, wo das Schloſs auf einem Hügel dicht an der Warthe 80 bis 90 Fuſs über dem Spiegel des Flusses liegt. Am Fuſse dieses Hügels wird Sand für die Glashütten abwärts an der Warthe gegraben. In den Gruben liegt zu oberst ein gleichförmiger gelber Sand in ungefähr 4 Fuſs, dann folgen 6 Fuſs derselben Art, nur abwechselnd heller und dunkler gefärbt, dann eine Kiesschicht von 1 Fuſs und darauf ein weiſser grobkörniger Sand 4 Fuſs mächtig. Es ist merkwürdig, daſs dieser Sand durchaus nur aus klaren weiſsen Quarzkörnern besteht, ohne irgend eine fremde Beimischung. Da nach den Niveau-Verhältnissen hier eigentlich Thon zu erwarten wäre, so ist es wahrscheinlich, daſs dieser Sand zu dem Septarienthone gehört und dem Glimmersande desselben entspricht, nur daſs er in diesem Falle keinen Glimmer enthält.

Weiter aufwärts besteht das rechte steilere Ufer aus gelbem Sande, darunter eine weiſslichere Schicht und endlich blauer Thon. In einer Biegung, wo das Ufer 40 Fuſs steil abfällt, liegt über dem blauen Thon wieder Kalkstein und darüber die gelblichen, bröcklichen Thonlagen, wie bei Wronke. Eine bestimmte Schicht des Kalksteins ist jedoch nicht zu erkennen, obgleich man ihn anstehend sieht, er scheint vielmehr nur zahlreiche flache Nieren oder Septarien zu bilden, die in gleichem Niveau verbreitet sind. Weiter am Abhang hin, an unzugänglichen Stellen scheint er noch höher hinauf zu liegen. Bei dem Anfang von Slonowy-Hauland sind Ziegeleien, in denen der obere Thon verarbeitet wird, unter dem jedoch kein Kalkstein sich findet. Dagegen zeigen sich an einer Stelle, wo das Ufer leider flach ist und daher kein deutliches Profil giebt, Spuren von Kohlen, von denen man früher hier auch einige gefördert hatte. Später ist alles wieder verschüttet worden und man sieht über Tage nur noch einige zerbröckelte Kohlen und am Ufer, an einer Stelle, wo Quellen hervorkommen, über dem blauen Thon Kohlenspuren, an welchen jedoch keine Lagerung zu erkennen ist. Oben über den Kohlen liegt eine schwache Schicht Raseneisenstein.

Vor Obornik auf dem linken Ufer ungefähr 3 bis 400 Schritt unterhalb der Brücke, hebt sich der Rand des Flußbettes bis auf 30 Fuß ungefähr, und während oben alles mit gelbem Sande bedeckt ist und unten im Spiegel des Flusses der blaue Thon ansteht, kommt dicht darüber am Wasser wieder der Kalkstein zum Vorschein. Man sieht das Flötz nicht, aber die Bruchstücke sind so häufig, daß er hier anstehen muß. An der Stadt Obornik ist man zum Bau einer Brücke mit den Pfeilermauern bis in den blauen Thon hinabgegangen, hat jedoch hier keinen Kalkstein gefunden. Jenseit Obornik steht der Sand bis 30 Fuß hoch an, aber im Spiegel des Flusses brechen Quellen auf und das deutet auf das Vorhandensein des blauen Thons hin, denn während der obere bröckliche Thon das Wasser überall niedersinken läßt, schneidet der untere feste es ab. So ist es am rechten Ufer; am linken sieht man den Thon zu Tage gehen und es liegen viel Kalksteine am Ufer verstreut. In dieser Gegend zeigt das Flußbett ein doppeltes Ufer, denn man geht auf einem Rande, der 10 Fuß über dem Wasserspiegel liegt und sich bis zu einem steilen Abhange fortzieht, der 30 bis 40 Fuß hoch ist. Das zeigt sich bald an dem einen, bald am andern Ufer, hier besonders am rechten.

Bei der Probstei Radzim liegt ein Riff in der Warthe, das aus Geschiebeblöcken bestehen soll. Die Richtung der Steine im Fluß, so wie sie dermalen liegen, ist von Norden nach Süden, ob dies indessen ihre ursprüngliche Lage ist, oder ob sie durch Hochwasser und Eisgang ihre Lage verändern, ist noch nicht ausgemacht. Hier liegen auf dem rechten Ufer Radzim ungefähr gegenüber zwei Kalköfen, die Mergelkalk brennen. Das bedeutendste Lager davon liegt am Abhang eines Hügels, der sich bis 120 bis 130 Fuß über den Spiegel der Warthe erhebt, in ungefähr 90 bis 100 Fuß Höhe, unmittelbar unter der Rasendecke. Wie mächtig es ist, weiß man noch nicht, man baut es auf 5 bis 6 Fuß Tiefe ab, kommt aber damit nicht auf die Sohle. Der Kalk ist weiſs mit einem schwachen Stich in's Gelbliche, mürbe und von vielen Löchern durchzogen. In den obersten Lagen, die schon mit Humus gemengt sind, finden sich Landschnecken darin, sonst keine Muscheln oder andere Versteinerungen. Aus dem Kalk hervor brechen viele Quellen und an einer Stelle kann man sehen, daſs sie über den schon öfter erwähnten blauen Thon fortgehen. Es scheint daher, daſs der Mergelkalk, als eine jüngste Süſswasserbildung, über dem blauen Thone abgesetzt worden ist. Die Quellen sind sehr kalkhaltig, so daſs sie alle Gerölle auf ihrem Laufe zur Warthe mit einer dicken Rinde von Kalk überziehen, durch welche man verleitet werden kann, die Steine beim Anblick für Kalksteine zu halten. Aufwärts von hier verlieren sich die Höhen des rechten Ufers und oberhalb Murowana-Goslin wird das linke Ufer dagegen steiler und erreicht bei Radojewo seine gröſste Höhe. Hinter Radojewo steigt aber auch das rechte wieder an und beide bilden bei Czerwonek eine Enge.

Bei Owinsk werden bedeutende Ziegeleien auf beiden Ufern betrieben. Man benutzt den Septarienthon und in ihm kommen auch hier wieder die eisenhaltigen Kalksteine vor, die oben erwähnt wurden. Sie bilden ein Lager von 1½ bis 2 Fuſs Mächtigkeit und wurden bisher nicht benutzt. Unzweifelhaft würden sie aber, vorsichtig gebrannt, einen vortrefflichen Cement geben. Südöstlich von Owinsk liegt der höchste Punct der Umgegend von Posen, der nach Angabe eines statistischen Berichtes 985 Fuſs über die Ostsee sich erheben soll. Nach sorgfältiger Schätzung terrainkundiger Personen kann man indeſs nicht mehr als 450 bis 500 Fuſs für seine Höhe annehmen, da der Warthespiegel bei Posen 200 bis 220 Fuſs über der Ostsee liegt, das allgemeine Plateau sich bei Owinsk ungefähr 150 bis 160 Fuſs höher erhebt und der Annaberg dieses wieder um 100 bis 120 Fuſs überragt. Der Wald der ihn bedeckt trägt wohl auch dazu bei ihn höher erscheinen zu lassen, als er ist. Das Plateau um den Berg führt sandigen Lehm und er selbst ist mit Sand und kleinen Geschieben bedeckt. Bei dem Dorfe Kozieglowy befindet sich eine Ziegelei, in der eine weiter gegen Norden nicht vorkommende eigenthümliche Formation auftritt, die schon oben beschrieben wurde, und deren Hauptcharakter darin besteht, dafs sie eine Bildung von kalkig-sandigem Lehme ist, der durchaus keine Geschiebe enthält. Sie bedeckt den nordischen Sand und ist daher jünger als dieser.

Die Stadt und Festung Posen liegt am Flufsgehänge zum Theil wohl 30 bis 40 Fufs über dem Warthespiegel. Die höchsten Puncte der Umgebung bilden die Forts, auf denen sowohl durch die zur Zeit der Untersuchung noch zum Bau betriebenen Arbeiten, als auch durch zwei artesische Brunnen die geologische Beschaffenheit des Terrains bis auf 200 Fufs Tiefe entwickelt war. Zwei Forts, Winiary und Wilda, liegen auf dem linken, zwei andere, St. Rochus und Reformaten, auf dem rechten Warthe-Ufer. Auf dem Reformaten-Fort liegt unter dem obersten lehmigen Sande, welcher die Gegend bedeckt, und 4 bis 5 Fufs mächtig ist, 10 bis 12 Fufs brauner etwas festerer Lehm, der besonders in den oberen Theilen viel Geschiebe führt, und dann folgt ein dunkelgrauer Thon, dessen Mächtigkeit nicht bekannt ist. Man hat auf diesem Fort einen tiefen Brunnen gegraben, in dem, als er nicht hinreichend steigendes Wasser gab, in der Tiefe von circa 120 Fufs ein Bohrloch angesetzt wurde, durch das man endlich in fast 190 Fufs Tiefe reichhaltige Quellen eröffnete. Leider ist über die Schichtenfolge an dieser Stelle nichts Näheres bekannt geworden, dagegen hat man durch Mittheilungen von der Festungs-Baudirection die Lagerungsfolge in einem im St. Rochus-Fort erbohrten artesischen Brunnen ausführlicher kennen gelernt. Das Fort liegt auf demselben Warthe-Ufer und obgleich an der Oberfläche einige Verschiedenheit in den obersten Schichten sich zeigt, so scheint doch die Lagerung in der Tiefe eine gleichförmige, da man in derselben Tiefe auf St. Rochus wie auf Reformaten springendes Wasser erhalten hat.

Aus der Bohrtabelle geht hervor, dafs man von der Hofsohle im St. Rochus-Fort von + 34 Fufs über dem Warthespiegel bis zu — 82 Fufs, also 116 Fufs in dem oberen Septarienthone gebohrt hat, welcher in seinen tieferen Schichten an einzelnen Stellen Kalkstein enthält, dafs man dann ein Kalksteinstück oder Lager von 1 Fufs durchbohrte, darauf circa 40 Fufs unteren, sehr festen Thon durchsank, dann aber bei

— 120 Fuſs in den Formsand der Braunkohle gelangte. Darin folgte bei — 164 Fuſs nochmals ein Thonlager von 8 Fuſs Stärke, darunter ein Braunkohlenflötz von 15 Zoll und dann wieder Formsand, in welchem bei — $180\frac{1}{2}$ Fuſs, also in $214\frac{1}{2}$ Fuſs unter der Hofsohle springendes Wasser kam, das bis zu + $56\frac{3}{4}$ Fuſs gestiegen ist. Da das Wasser auf Reformaten, wo die Hofsohle + 55 Fuſs liegt, beinah bis dahin gestiegen ist, so fällt an beiden Puncten die Steighöhe ziemlich gleich und damit wird es wahrscheinlich, daſs beide Quellen unter dem Drucke derselben Schichten stehen.

Südlich von Posen breitet sich die Lehmlage, welche von Zabikowo beschrieben wurde, immer allgemeiner aus und in ihr treten hier auch Geschiebe auf, welche den Ursprung der ganzen Bildung noch näher und bestimmter bezeichnen. Schon bei Pietrowo, nördlich vom Obrabruche, kommen nämlich Geschiebe von Kalkstein und Dolomit vor, die offenbar nicht dem Gothländer oder anderem nordischen Uebergangskalke angehören. Der Kalk besteht aus weiſsgrauen oder blaſsgelben, nicht krystallinischen, sehr dichten versteinerungsleeren Stücken, die als Gerölle von 3 bis 5 Zoll, selten gröſser, sich finden. Das ganze Ansehen und Verhalten des Kalkes zeigt eine völlige Uebereinstimmung mit den südöstlich jenseit Kalisch vorkommenden Kalken des oberen Jura, für welchen Ursprung aber auch einzelne Versteinerungen sprechen, die hin und wieder, wenn auch selten, gefunden worden sind. Der Lehm, der hier unter der oberen Sandschicht des Gehänges liegt und in dessen oberem Theile, so wie im Sande die Kalkgerölle vorzukommen pflegen, ist sehr sandig, dunkel lederbraun, im Ganzen nicht deutlich vom nordischen Lehme zu unterscheiden. Auf den Feldern liegen nicht selten Kalksteinbrocken umher, aber auch krystallinische Gesteine, die jedoch, obgleich sie zum groſsen Theile aus Granit und Gneuſs bestanden, noch andere Varietäten zeigen, als die der gewöhnlichen nordischen Geschiebe. Schwarzer Gneuſs mit Granaten, brauner finnischer Granit (Rapakiwi) und rother Sandstein sind nicht selten.

Auf der Südseite des Obrabruches ändert sich die Bodenbeschaffenheit um so deutlicher, je mehr man sich von demselben entfernt. Vor Kosten ist der Boden thonreich, graulichbraun und hart, dahinter, besonders nach Schmiegel zu, wird er dunkler braun, mehr sandig und daher lockerer. Wenn er mitunter gelblich wird, so ist die Farbe doch eine ganz andere, mehr intensive, als die des gemeinen nordischen Lehms, von dem er sich aber auch aufserdem dadurch unterscheidet, dafs er kleine weifse Quarzgerölle führt, die wie Bohnen auf den Feldern umherliegen. Bis gegen Schmiegel bleibt das Terrain in gleicher Höhe mit Kosten, oder steigt sogar noch an, von da gegen Lissa zu, fällt es deutlich ab. Bei Lissa liegt ein gelber Lehm unmittelbar unter der Oberfläche, giebt aber nur sehr schlechtes Baumaterial, weil er zu viel feinen Sand enthält. Die besten Steine der Gegend kommen von Storchnest, wo auch allein im ganzen Kreise leidliche Dachziegel gemacht werden können. Bei Storchnest kommen Seen vor, die, nächst denen von Schlawe, die südlichsten aus dem grofsen östlichen Zuge der norddeutschen Seen sind, denn was von stehenden Gewässern weiter südlich in der Gegend von Militsch und Sulau auftritt, das gleicht den Seen und Teichen, die in der Nieder-Lausitz so häufig sind, aber durchaus nicht denen in der Mark, Pommern oder Preufsen. Es ist eine eigenthümliche Erscheinung, dafs das Terrain der Seen in der ganzen nordeuropäischen Niederung durch einen seefreien Strich vom höher liegenden Terrain getrennt wird. Holland und Hannover, Dänemark und Schonen, Curland und Lievland haben deren nur wenige und am Rande des ehemaligen deutsch-polnischen Continents zieht sich ein völlig seeleerer Streifen von Sachsen durch die Lausitz und Niederschlesien nach Polen hinein.

Die Seen von Storchnest haben, ganz wie es der norddeutsche Charakter ist, nicht unbedeutende Höhen in ihrer Umgebung, und am Gehänge desjenigen, auf dem zum Theil die Stadt steht, liegen die Ziegeleien. Oben auf liegen 2 Fufs Sand, darunter 15 bis 20 Fufs sehr sandiger Lehm. Dieser ist völlig horizontal geschichtet, durch kleine Sandlagen getrennt, die viel Brauneisen enthalten, dann 3 bis 4 Fufs blauer Thon, der auch durch Sand in kleinere Schichten getheilt ist und darunter wieder der braune sandige Lehm. Es sind durchaus dieselben Schichten, wie bei Zabikowo, nur findet sich eine blaue Thonlage dazwischen. Auch werden die Steine eben so hell wie dort, und müssen eben so vorsichtig gebrannt werden, damit sie nicht anfangen zu schmelzen. Die ganze Gegend bis nach Schlesien hinein ist so arm an irgend brauchbarem Töpferthon, dafs in den östlichen Gegenden gar kein Geschirr gebrannt werden kann, in den westlichen aber, wie z. B. in Kontop, die Töpfer sich feuerfesten Thon von Freistadt jenseit der Oder holen und diesen mit dem ihrigen mischen. Denn dafs diese Lager von sandigem, kalkreichen und daher leicht schmelzenden Lehm die Bedeckung der ganzen Gegend bilden, zeigt sich in den Ziegeleien bei Fraustadt. Hier liegt zu oberst 2 Fufs gelber Sand, dann 7 bis 8 Fufs brauner schwach lehmiger Sand, der Streifen fetteren Lehms enthält, dann 5 bis 6 Fufs brauner Thon und darunter 30 Fufs brauner Sand, der nach unten gröber werden und springende (?) Wasser führen soll.

Gegen die westliche Niederung zu ist das Gehänge sehr versandet und auch steinig, jedoch nicht durch grofse Blöcke. Wo indessen dergleichen kleinere vorkommen, da sind sie dadurch ausgezeichnet, dafs Gneufs mit Gängen von Granit am häufigsten verbreitet ist. Schon am Nordrande des Obrabruches finden sich dergleichen häufiger, aber hier wird es klar, dafs ein wesentlicher Unterschied zwischen den Irrblöcken vom Grofsherzogthum Posen und denen der nördlichen und westlichen Gegenden besteht. Hier sind dieselben vorwaltend finnischen, polnischen und schlesischen Ursprungs, während die Findlinge von Pommern, Meklenburg und der Mark vorwaltend aus Schweden stammen, während die dänischen Länder und Inseln schwedische und norwegische gemischt enthalten. Die ganze Gegend nördlich von den Bartsch-Niederungen, die oben beschrieben wurden, zwischen Lissa, Rawicz, Ostrowo und der Warthe, ist flach und nur bei Gostyn und Dolzig treten schwache Höhen hervor. Die Oberfläche ist gleichmäfsig mit jenem braunen Lehm und Sand bedeckt, dessen schon oft erwähnt wurde, auf welchem sich die verschiedensten Geschiebe aber immer nur vereinzelt vorfinden. Gneufs und Granit, so wie grüne Schiefer aus Niederschlesien, Muschelkalk, wahrscheinlich aus Oberschlesien, Jurakalk aus Polen, Rapakivi aus Finnland und mitunter auch, obgleich selten, ein Kalkstein von Oesel oder Gothland.

Die Gegend von Pleschen ist ausgezeichnet durch eine Unzahl von mittelgrofsen Geschieben, die über die Oberfläche verbreitet sind. Nirgends in der ganzen norddeutschen Ebene findet man von ihnen eine solche Menge, aber sie werden dennoch dem Ackerbau nicht so hinderlich, als eine geringere Zahl in andern Gegenden, weil sie nur unmittelbar an der Oberfläche liegen und wenn sie einmal ausgelesen sind, nicht wieder auf's Neue zum Vorschein kommen. Der unterliegende Lehm nemlich ist südlichen Ursprungs und vollkommen frei von ihnen. Unter diesem Lehm liegen die Kalksteingeschiebe in einer Tiefe von 5 bis 15 Fufs, so dafs sie manchmal förmlich bergmännisch aufgesucht und gegraben werden. Auf Malinie bei Pleschen wurde ein Kalkofen mit ihnen beschickt. Es scheint dafs diese Kalke in dem ganzen Landstrich, welcher nördlich von den Städten Lissa, Kroeben, Krotoschin und Ostrowo liegt, bis zu der Breite von Posen hin, verbreitet sind, weiter gegen Norden jedoch nicht mehr vorkommen. Die Wichtigkeit dieser Kalkgerölle für die ganze Gegend südlich der Warthe ist sehr grofs, da der Kalk so theuer ist, dafs es sich verlohnt Rüdersdorfer Kalk bis nach Schrimm die Warthe hinauf zu schaffen.

Die grofse Menge der Geschiebe, welche überall um Pleschen herum vorkommen, vermindert sich bald wenn man nach Westen geht, sie bleiben zwar noch lange zahlreich, so dafs sie einen Damm zu beiden Seiten der Wege bilden, auf die sie von den Feldern geworfen werden, aber doch ist ihre Häufigkeit weit unter der bei Pleschen allgemeinen. Ein Höhenzug oder richtiger eine Art Plateau breitet sich von der Mündung der Prosna in die Warthe bis zum nördlichsten Theile des Obrabruches aus. In diesem höheren Terrain treten wieder Seen auf und von ihm gehen Zuflüsse theils gegen Süden und Westen zur Obra, theils gegen Norden zur Warthe. Am Rande desselben, wo die Warthe ihren Lauf nach Westen aufgiebt und die Richtung nach Norden nimmt, die sie bis Obornik verfolgt, liegt das Städtchen Schrimm. Die Warthe hat sich hier im Laufe der Zeit immer weiter gegen Westen vorgedrängt, während sie am östlichen Ufer Sand in großer Menge und im allmählichen Abfall zum Flusse zurückließs. Das Flußsthal ist daher vom steilen Gehänge des linken Ufers bei Schrimm bis zu dem höheren Terrain bei Dombrowa zu rechnen und zieht sich dann auf der rechten Seite über Lucin und Cmon, auf der linken über Jaszkowo und Zabno fort, so daſs es vollkommen eine Meile Breite hat. In dem Verlauf des linken Thalrandes unterhalb Schrimm liegt der eigenthümliche Beweis, dass die Warthe ihren Abfluſs ehemals durch das Obrabruch genommen hat, denn während das Thalgehänge bei Zabno vollkommen deutlich 50 bis 60 Fuſs abfällt und noch stärker bei Moschin wieder auftritt, fehlt es zwischen beiden Orten gänzlich und der Moschiner Rand setzt unmittelbar in den Nordrand des Obrabruches fort, während der Rand des Warthethales sich bei Zabno nach Westen wendet und mit dem Südrande des Obrabruches bei Sierniki zusammenfällt. Die Verhältnisse wurden im Allgemeinen schon früher berührt. Ebenso wurden die Aufschlüsse welche das Gehänge bei Schrimm über die Reihenfolge verschiedener Bildungen giebt, schon oben ausführlicher mitgetheilt.

Die Reihenfolge scharf getrennter Schichten, welche sich hier erkennen läſst, zeigt daſs man anzunehmen hat, die zu unterst sichtbare, allgemein verbreitete Bildung dieser Gegenden sei die des Septarienthons, darüber haben sich die Lehmschichten mit Geröllen gelegt, welche aus Schweden stammen und gegen Süden an Mächtigkeit mehr und mehr abnehmen, dann habe sich ein Lager von feinem lehmigen Sande verbreitet, der in dem oberen Theile Kalkgerölle des polnischen Jura enthält, und aus Südosten stammend nicht über die Gegend von Posen hinausreicht, und endlich folge darauf im Süden eine Lage von fettem Lehme und grobem Sande, dessen Ursprung in Schlesien zu suchen sei, weiter gegen Norden aber die Verbreitung finnischer Geschiebe. Dieses letztere Resultat ist insofern von Wichtigkeit als sich bestimmt nachweisen läſst, daſs die Finnländer Blöcke über dem polnischen Lehme vorkommen und die Verbreitung derselben daher später ist als die der polnischen Kalkgerölle, während diese wiederum offenbar jünger sind, als die groſse schwedische Lehmformation, obgleich die Verbreitung einzelner schwedischer Blöcke längere Zeit gedauert zu haben scheint.

Wenn dies die Aufschlüsse sind, welche der steile Thalrand am linken Wartheufer bietet, so zeigt das rechte dagegen keinen unmittelbaren Anhaltpunkt für geologische Bestimmungen. Weithin ist die Gegend flach und im Thale nur mit Sand bedeckt, der ausgedehnte Waldungen trägt. Bei Zaniemysl betritt man das höher gelegene Terrain, das von Lehmschichten bedeckt wird und seine bedeutendste Erhebung durch die Wasserscheide bezeichnet, die zwischen dem oberen von Ost nach West gerichteten Warthethal und dem unteren von Süd nach Nord gehenden sich findet. Es zeigt sich nemlich dafs das Warthebett zwischen Moschin und Obornik viel weniger kleine Zuflüsse hat, als zwischen Kolo und Schrimm oberhalb und zwischen Obornik und Schwerin unterhalb, so dafs man auf einer Uebersichtskarte bald erkennt, wie der eigentliche Abfall der Gegenden zwischen Weichsel und Oder, zwischen Warschau und Frankfurt durchaus von Osten nach Westen geht und Niederungen einhält, welche diese Richtung bezeichnen. Die Sümpfe des Nurzek bei Bransk sind z. B. der östlichste Punkt einer solchen Niederung, die überall ihre Zuflüsse von Süden und Norden erhält und durch das Thal des Bug und der Narew bis zur Weichsel, durch die Bzura und den Ner bis zur Warthe, und durch das Obra-Bruch bis zur Oder sich fortsetzt. Nördlich von dieser Niederung liegt eine kürzere, die durch das Thal der Welna und das der Warthe von Obornik bis Schwerin bezeichnet wird.

Geht man von Schrimm über Schroda nach Wreschen, so steigt das Terrain allmählig mehr und mehr an. Die Oberfläche ist gleichförmig mit lehmigem Sande bedeckt, der nur wenig Geschiebe enthält in denen keine Jurakalke vorkommen. Bei Wreschen ist die Gegend völlig eben und nur im Norden und Osten sieht man, dafs das Terrain sich ein wenig erhebt. Die Wrzesnia geht in einem tiefen kleinen Thale an der Stadt vorbei und da sie unterhalb mehrere kleine Mühlen treibt, so mag ihr Gefälle bis zur Warthe 40—50 Fufs betragen. Sie entspringt unmittelbar südlich von Gnesen, scheint oberhalb Wreschen fast ebenso viel Gefälle zu haben als unterhalb, so dafs Gnesen hiernach circa 60 Fuſs über der Warthe bei Peisern oder circa 120 Fuſs über der Warthe bei Posen liegen würde d. h. in 320 bis 340 Fuſs über der Ostsee. Von Gnesen fällt das Terrain nach allen Seiten hin ab, wenn auch nicht immer sehr deutlich. Es liegt an der südlichen Grenze des coupirten seeenreichen Striches, der sich vom Netzethal gegen Süden ausbreitet. Nördlich von der Stadt befinden sich mehrere kleine Seen, deren Spiegel ungefähr 40 bis 50 Fuſs tiefer liegt als das umgebende Terrain. Die Gehänge dieser Seen sind sehr steil. Lehmiger Sand bildet überall die oberste Bedeckung und ehemals lag hier im Norden der Stadt eine kleine Ziegelei, die aber eingegangen ist seit man im Süden der Stadt ein besseres Material für Ziegel gefunden hat. Es senkt sich nämlich im Süden der Stadt das Terrain zu einem flachen Kessel, der nach keiner Seite einen bestimmten Abfluſs hat, so daſs die Wasser in ihm stagniren und mitten darin, wo noch im Spätsommer die ganze Gegend durchnäſst ist, liegt ein sehr fetter, blauer, sandfreier Thon. Dieses Vorkommen ist ganz verschieden von dem wie es sonst in Thon im östlichen Theile der Tiefebene sich findet, stimmt aber vollkommen mit dem Auftreten der Thonlager überein, welche sich bei Rathenow an der Havel finden, so daſs man es, wie diese, für einen Absatz in einem ehemaligen Süſswassersee zu erklären hat, der später trocken gelegt worden ist. Der Thon ist sehr rein und plastisch, nur wenig feinen Sand und einige Glimmerblättchen führend, theils blau, theils ockergelb. Nördlich von Gnesen liegt die seenreiche Gegend von Rogowo und ganz damit übereinstimmend ist die Bodenbeschaffenheit bei Gonzawa und Znin.

II. Das Weichselland.

Der Weg von Posen nach Bromberg bietet nichts Ausgezeichnetes dar. Das Terrain bis zur Netze ist ziemlich gleichförmig eben, nur Exin hebt sich als ein bedeutender Hügel heraus. Bei Nakel überschreitet man das abwärts so sehr breite Thal der Netze, das hier, obgleich die Stelle zu den schmalsten gehört, doch noch eine gute halbe Stunde Breite hat, und von Nakel geht die Chaussee auf dem Rande des allgemeinen Plateau's bis Prondy fort, wo sie 40 bis 50 Fufs herabsteigend das Brahethal erreicht.

Zwischen Nakel und Prondy breitet sich ein weiter Moorgrund aus, in dem der wichtigste Theil des Bromberger Kanals, der sogenannte Lange Trödel, zwischen der 8ten und 9ten Schleuse in 4295 Ruthen Länge sich befindet. Die Mittheilungen [1]) über die Beschaffenheit des Bodens, verbunden mit den äussern Verhältnissen des Terrains, in welchem man wohl ein verlassenes Strombett der Weichsel annehmen mufs, machten es wahrscheinlich, dafs der Grund, in welchem der Kanal liegt, ein bedeutendes Lager von Infusorien mit Pflanzen und Kalktheilen gemengt enthalten mögte und Proben der sogenannten Torf- und Mergelarten ergaben bei einer mikroscopischen Untersuchung, dafs sie sowohl kalkschaalige als kieselbepanzerte Infusorien enthalten, die gemengt mit Pflanzentheilen eine Masse ähnlich der obenerwähnten von Jeserich zusammensetzen. Dies so beschaffene Lager fängt zwischen der 6ten und 7ten Schleuse an und geht fort bis zur 10ten, d. h. es verbindet unmittelbar das Bett der Brahe und das der Netze. An den flachsten Stellen des langen Trödels liegt es 16 Fufs, an den tiefsten 36 Fufs unter der Horizontallinie der 8ten Schleuse. Ueberall ruht es auf Sand. Die Vertiefung des Bettes hat ihre gröfste Breite zwischen dem 2ten und 3ten Fang und mufs dort circa 1000 Ruthen betragen, vor der 8ten Schleuse ist die Breite 490 Ruthen, weiter gegen die Netze zu, in 2300 Ruthen Entfernung, ist sie 478 Ruthen und endlich noch weiter, 200 Ruthen vor der 9ten Schleuse, ist sie 780 Ruthen. Danach wäre also ungefähr das ganze Infusorien haltige Lager 5000 Mill. Cub. Fufs mächtig. Wieviel Millionen Infusorien in jedem Cubikfufs der Masse anzunehmen sind, wird von ferneren Nachforschungen abhängen. Ob dieses eigenthümliche Lager nicht noch weiter ins Netzethal fortsetzt, was sehr wahrscheinlich wird, mufs sich bei näherer Untersuchung jener Gegenden ergeben.

In Bromberg selbst wo das flufsleere und doch tiefe Thal des Kanals sich mit dem Thal der Brahe verbindet, steht an den Thalwänden auf dem rechten Braheufer grauer und gelblicher

[1]) Ich verdanke dieselben der Güte des Herrn Reg.-Bau-Raths Obuch in Bromberg.

Thon an, der oberen Abtheilung der Posenschen Septarienthone ganz ähnlich und in einem artesischen Brunnen, der im Hofe des Regierungsgebäudes gebohrt worden ist, ſand sich folgende Schichtenreihe:

Schwarze Gartenerde	4 Fuſs	
Gelber Sand	4 -	
Lehmiger Sand und Kies	5 -	6 Zoll
Sandiger Thon	3 -	
Fetter Thon	34 -	6 -
Thon mit starker Sandbeimischung (Formsand)	5 -	
Braunkohle mit Holz und Schwefelkies .	2 -	
In dieser Tiefe in einer Schicht kleiner Kiesel in der nicht weiter fortzukommen war die artesischen Wasser	2 -	
	60 Fuſs.	

Die Oberfläche wird wie überall von nordischem Sande bedeckt, unter dem der Lehm 20 bis 30 Fuſs mächtig auftritt. Er ist braungelb, mit vielem Sande und Geröllen vermischt, hin und wieder groſse Geschiebe führend. Unter ihm steht der Septarienthon an, der an verschiedenen Stellen 10 bis 60 Fuſs unter dem Spiegel der Brahe fortsetzt. Unter dem Thone liegt der Formsand und in diesem die Braunkohlen, die sowohl in Bromberg durch drei verschiedene Bohrlöcher als auch bei Forden an der Weichsel durch einen Schacht nachgewiesen sind. Die oberen Lagen des Septarienthons werden in zahlreichen Ziegeleien zum Brennen benutzt, sowohl an der Brahe als aufwärts am Südrande des Thales, in welchem der Kanal liegt. Es sind bunte Thone, theils gelb, theils grau, zwischen denen auch Lagen feinen Sandes vorkommen. Der Thon ist sandfrei und sehr plastisch, dabei aber klüftig, der Sand ist fein, gleichkörnig, reiner Quarz mit einigen Glimmerschüppchen, daher der Glimmersand dieser Abtheilung. Die Ziegeleien liegen zwar meist am Südrande des Thales, doch zeigt auch eine am Ossower Berge, etwas weiter nach Norden, daſs diese Seite eben so zusammengesetzt ist, als die andere.

Wer sich von Nakel, das am westlichen Ende des Bromberger Kanals liegt, südlich wendet, der durchschneidet bis zum Dorfe Paterke das Thal der Netze. Der Flufs kommt hier, zwischen Wystemp und Paterke, aus seinem alten Thalgebiete heraus und tritt in das weite grofse Bette ein, das er bis zur Oder behält. Zwischen Nakel und Paterke ist das Thal zum gröfsten Theile mit Moorgrund ausgefüllt und erst unmittelbar vor Paterke, wo sich das Ufer hebt, fängt tiefer Sand an. Dieser bedeckt den ganzen Abhang, der 30 bis 40 Fufs über den Spiegel der Netze ansteigt. Der Sand ernährt nur Kiefern. Geschiebe sieht man wenige. Der Boden erhebt sich gegen Süden immer mehr, so dafs er bei dem Studzienkakrug, eine kleine Meile von Paterke, 60 bis 70 Fufs über dem Netzespiegel liegen mufs. Westlich von diesem Puncte breitet sich ein ansehnliches Torfmoor aus, das den Boden eines entwässerten Seebeckens einnimmt, während weiter südlich die Hügel immer mehr ansteigen, bis zu den Höhen bei Dembogora, die 150 bis 160 Fufs über der Netze bei Nakel, also, da diese 120 Fufs über der Ostsee liegt, 270 bis 280 Fufs Meereshöhe erreichen.

Bemerkenswerth ist es, dafs diese Höhen nur aus feinkörnigem, nordischen Sande, ohne Geschiebe zu bestehen scheinen, noch merkwürdiger aber erscheint die beständig gleichförmige Richtung, welche die einzelnen Höhenzüge einhalten. Westlich der Springmühlen erhebt sich ein solcher, der bei 30 bis 40 Fufs Höhe fast eine halbe Stunde weit ganz gleichförmig und eben von O.N.O. gegen W.S.W. streicht, bei einem steilen Abfall gegen Süden und allmähligerer Senkung gegen Norden. Der Charakter von Dünenbildungen ist nicht zu verkennen. Es scheint dafs diese Dünenzüge westlich von Thorn anfangen, sich südlich von Bromberg und nördlich von Schubin fortsetzen und erst in der Gegend von Czarnikow endigen. Südlich von da, aber nördlich von der Warthe, in der Gegend von Obornik beginnt ein neuer Zug, der zwischen Warthe und Netze fortgeht und erst zwischen Schwerin und Sonnenburg sein Ende erreicht.

Solche weit fortsetzende Dünenzüge sind von der gröfsten Wichtigkeit für die Geschichte der Erhebung der norddeutschen Ebene, denn sie bezeichnen einen Küstenstrich, der während langer Zeit das Ufer des Meeres gebildet hat. Nur da, wo

Jahrtausende lang Wellenschlag und vorherrschende Winde den Sand am Meeresufer aufgehäuft haben, nur da können sich Dünen von einiger Bedeutung bilden und eben darin, daſs nicht die ganze norddeutsche Ebene mit Dünenbildungen bedeckt ist, liegt der Beweis, daſs diese Ebene sich nicht so langsam und gleichförmig erhoben hat, wie sich z. B. der nördliche Theil Schwedens noch jetzt hebt. Wenn die ganze mittlere Gegend zwischen der Oder und Weichsel lange Zeit hindurch Meeresküste gewesen ist, so hat sich dagegen der Pommersche Landrücken verhältniſsmäſsig schnell aus dem Gewässer hervorgedrängt und die jetzige Küste gebildet, von der ein neuer Dünenstrich das tausendjährige Ufer bezeichnen wird, selbst wenn einmal die ganze Ostsee zum Festlande erhoben werden sollte.

Unter dem Dünensande setzt wahrscheinlich der nordische Lehm fort, denn man sieht ihn in tieferen Einschnitten an mehreren Puncten zum Vorschein kommen, und in diesem tritt, in unbedeutender Tiefe, zwischen Schubin und Pinsk, so wie zwischen Slonawy und Suchoręz ein ziemlich constantes Lager von Gothländer Kalksteinen auf. Die Tiefe wechselt von 2 bis 6 Fuſs, die Mächtigkeit zwischen 6 und 15 Zoll. Es besteht aus Geröllen von 2 bis 10 Zoll Durchmesser, die jedoch meist flach sind. Nicht selten findet sich mit ihnen zugleich ein gelber, feinkörniger fester Sandstein. Die Leute erkennen die Stelle, wo der Kalk der Oberfläche nahe ist, an der Art wie das Korn aufgeht und bei trocknem Wetter sich verhält. Aus diesem Lager wird ein sehr brauchbarer Kalk ohne irgend bedeutende Kosten gewonnen. Ziegeleien giebt es nicht viele in dieser Gegend, die bedeutendsten liegen bei Schubin am Rande eines kleinen stehenden Wassers, das man kaum einen See nennen kann. Man nimmt den Thon unmittelbar vom Rande des Wassers fort. Er ist blau und sehr fett, hat zwar Sand, aber keine groben Körner und stimmt in seinem ganzen Verhalten mit dem oben beschriebenen Thone von Gnesen überein. Die Gegenden westlich der oberen Netze gleichen ganz den noch mehr westlichen Theilen der Provinz. Sand- und Lehmboden wechseln mit einander, Seen liegen dazwischen, bedeutende Erhebungen sind selten und nur hin und wieder decken steilere

Seeufer oder tiefere Thäler die Structur der Oberfläche auf. An solchen Puncten kommt dann nur der nordische Lehm oder unter ihm auch der Septarienthon zum Vorschein. Bei Konowo steht am linken Ufer der Netze Mergelkalk unter dem Moorboden und wechselnd mit Torf an. Er ist ziemlich fest und enthält kleine Süfswasserschnecken. Am höheren Ufer kommt der Lehm mit Geschieben zum Vorschein und wahrscheinlich ist dieser Mergelkalk nur ein Absatz von Kalktheilen, die aus dem Lehme ausgewaschen worden sind.

Zwischen Schubin und Exin breitet sich ein grofses Bruch aus, das Lassowiny-Bruch, das mehr als eine halbe Quadratmeile Oberfläche hat. In seinem nordwestlichen Flügel bei dem Dorfe Slonawy hat man seit alter Zeit Salz gewonnen und obgleich diese Gewinnung seit sie Regal geworden hier aufgehört hatte, so hat man doch in neuester Zeit Bohrversuche an dieser Stelle gemacht um die Salzquellen zu erreichen, welche den Salzgehalt an der Oberfläche verbreiten. Man hat dergleichen nicht gefunden. Die oben entwickelte Ansicht, dafs der Salzgehalt ehemaligen Meeres- oder Brak-Wassers sich in dem schwarzen dichten Moorboden erhalten hat und aus diesem bei trocknem Wetter ausblühend, durch Regen oder die kleinen beständig fliefsenden Wässer im Spätsommer in concentrirterer Lösung vereinigt wird, findet auch in dieser Localität keine widersprechenden Thatsachen.[1]) Es hat sich nämlich bei den an vielen Puncten im Bruche, südlich von Baranowo, angestellten Bohrversuchen, die man in mehreren parallelen Linien gegen den tieferen Theil des Bruches vorrücken liefs, überall ergeben, dafs der unter der obersten Sandbedeckung liegende Lehm, weder selbst irgend salzig schmeckt, noch salzige Wässer enthielt, obgleich an mehreren Stellen mehr als 20 Fufs tief darin gebohrt worden ist. Die Salzquellen bewegen sich nur an der Oberfläche. Daher werden denn auch wohl die Bohrversuche an dieser Stelle nicht wieder aufgenommen werden. Wollte man Salz in diesen Gegenden gewinnen, so könnte

[1]) Ich bin erst in neuester Zeit zu dieser Ansicht durch eine genaue Zusammenstellung und Vergleichung aller Thatsachen gelangt, während ich früher der allgemeinen Ansicht folgte, dafs auch diese Art von Salzquellen aus eigentlichen Salzlagern entsprängen.

man wohl nur die Quellen im Gyps von Inovraclaw dazu benutzen.

Die Chaussee, welche von Bromberg nach Inovraclaw führt, hebt sich unmittelbar hinter Bromberg und erreicht ungefähr eine halbe Meile von der Stadt ihre höchste Höhe, 150 bis 160 Fufs über dem Brahespiegel, senkt sich dann ungefähr um 50 bis 60 Fufs und geht so durch den Wald von Glinke fort. Wo sie aus dem Walde heraustritt berührt sie den Rand des Netzethales, geht jedoch nicht in das Thal selbst hinab. Wäre der Wall, auf welchem die Glinker Forst steht, nicht vorhanden, so müfste die Netze nothwendigerweise ihren Abflufs zur Weichsel haben, da ihr Stand hier nicht weniger als 85 Fufs über dem Weichselpegel bei Bromberg liegt. Bis hierher geht der Weg immer auf grobem nordischen Sande fort bis er mit 10 bis 15 Fufs Gefälle sich in das grofse Dzimonbruch hinabsenkt, das von Jacobsdorf gegen Osten sich auf drei Meilen Länge ausdehnt. Jenseit desselben hebt er sich wieder auf einen Rand von fetterem Lehm und Sand um 30 bis 40 Fufs herauf und erreicht damit das Plateau des Kujawischen Landes, auf dem er bis zum Hügel von Inovraclaw ununterbrochen fortgeht. Inovraclaw mag nach meiner ungefähren Schätzung 160 bis 180 Fufs über dem Brahespiegel bei Bromberg oder circa 200 Fufs über dem Weichselspiegel liegen.

Der Boden von Kujawien ist so berühmt wegen seiner Fruchtbarkeit, dafs er besondere Aufmerksamkeit verdient. Er zeigt sich auch durchaus verschieden von dem von der gewöhnlichen Lehmbedeckung. Er ist theils schwarz, dem Boden in der Magdeburger Börde ähnlich, theils ledergelb, immer thon- und kalkreich, mit sehr wenig Geschieben und daher sehr gut zu bebauen. Man hat die Gerölle zum Bau der Chaussee von Bromberg von vielen, oft entfernten Puncten zusammenbringen müssen und ist auch für den Bau der Chaussee nach Posen in grofser Verlegenheit gewesen, um die nöthigen Steine zu beschaffen. Dies alles weist darauf hin, dafs der Boden, ganz wie die Bedeckung der Gegend von Magdeburg, kein Glied der nordischen Formation sei, sondern dafs er von Süden und vielleicht aus dem Polnisch-Oberschlesischen Gebirge stammt. Die natürliche Abdachung der Höhen von Kielçe und Oberschlesien führt hierher und die hohe Lage von Kujawien wird die Bedeckung durch nordische Sand- und Lehmschichten verhindert haben. Den Beweis, dafs man es hier mit keiner nordischen Bildung zu thun hat, liefert sowohl die Beschaffenheit des Lehms als auch die der Geschiebe. Um die kleinen Einzelnheiten anzuführen, so hat der Lehm durchaus nicht die Farbe des nordischen, er ist heller und reiner gelb, nicht so graubraun als der nordische, dann enthält er den groben Sand desselben nicht, zwar führt er auch kleine Geschiebe von 1 bis 2 Zoll Gröfse, aber er enthält den kiesigen Sand nicht, der viele Körner von Linsen- bis Bohnengröfse führt. Solche Unterschiede können unbedeutend scheinen, sind aber sehr bezeichnend. Endlich spricht die Beschaffenheit der gröfseren Geschiebe für diese Meinung. Die kristallinischen bestehen fast nur aus einem grobkörnigen Diorit von dunkel schwarzgrüner Hornblende und weifsem Albit, die geschichteten in rothem dichten Sandstein, gelben Dolomiten, und grüngesprenkelten, sandigen Kalksteinen. Alles Gesteine von einer Art, die den sonst im norddeutschen Tieflande vorkommenden durchaus fremd sind. Wer manches Tausend von nordischen Geschieben durchmustert hat, wird wohl wissen, dafs diese Behauptung nicht unrichtig ist. Die Geschiebe liegen einzeln, höchstens 2 Fufs im Durchmesser im gelben Lehm. Der schwarze Boden bildet hin und wieder, unregelmäfsig vertheilt, eine Decke von 1½ bis 3 Fufs über dem Lehm. Er ist der äusserst fruchtbare Boden, welcher den besonders geschätzten Kujavischen Weizen hervorbringt. In der Nähe von Inovraclaw liegt ein Dörfchen Slonsk, welcher Name auf Salz deutete, doch ist von Salzquellen nichts am Orte selbst bekannt, auch findet sich keine Spur von Salzpflanzen irgendwo in der Gegend. Slonsk liegt am Rande eines grofsen Bruches, das Parchaniebruch genannt, an dem man die eigenthümliche Erscheinung beobachtet hat, dafs sein Wasserstand eine Reihe von Jahren hindurch steigt und dann wieder fällt, was an die Verhältnisse des Zriknitzer und anderer Seen in Krain erinnert und auf ein unter der Oberfläche liegendes höhliges Terrain deutet. Es stehen noch jetzt Stellen von einer Viertelstunde Breite unter Wasser, über die man vor einigen Jahren noch sicher fortfahren konnte. Am Rande des Bruches ist der Boden sehr sandig, innen soll er besser sein. In der Umgegend ist der Boden lehmig-sandig und zeigt bei Suchatowka Lehmhügel mit nordischen Geschieben, wie denn überhaupt in dieser Richtung der kujawische Boden bald hinter Inovraclaw aufhört. Von hier bis zur Weichsel ist nur Sand zu finden, der sich gleich hinter Jacobsdorf zu Höhen von 60 bis 80 Fuſs über Gnieſkowo erhebt. Ueberall sieht man nur Sand, was darunter liegt nicht.

Am Abhang des linken Weichselufers oberhalb Thorn liegt Chernewice, wo eine Salzquelle sich findet. Geht man von Thorn am Ufer entlang, so kommt man nur über Schlick oder feinen graublauen Thon, den der Fluſs abgesetzt hat, oder über den Fluſssand, sieht aber doch an einigen Stellen des rechten Ufers Abstürze, welche dessen Zusammensetzung zeigen und zwar: zu oberst 12 bis 15 Fuſs gelben Sand, dann 10 bis 12 Fuſs blaſsgelben Lehm und darunter 4 bis 6 Fuſs blauen Thon. Im Sande des Flusses findet man viel Blöcke von Granit, von hellrothem Sandstein, graugrüne, kieselige Kreide-(?) Gesteine und graubraune, fast olivenfarbene Kalksandsteine, in denen der Karpathen-Sandstein gar nicht zu verkennen ist. Auſserdem sind aber auch Kalkgeschiebe mit den unläugbarsten Versteinerungen von Gothland nicht selten. In Chernewice liegt die Salzquelle meist unter dem Wasserstande des Stromes. Sie soll ungefähr 50 Schritt oberhalb eines kleinen Baches hervorkommen, der hier vom steilen 30 bis 40 Fuſs hohen Ufer herabkommt. Oben ist die weithin ebene Fläche mit nordischem Sande bedeckt.

An demselben Ufer jenseits der russischen Grenze liegt die Saline Ciechocineck. Die Gradirhäuser stehen auf dem Plateau, das Dorf aber und die Bohrlöcher sind den Ueberschwemmungen der Weichsel ausgesetzt. Man hat ein tiefes Bohrloch getrieben, das bis auf 1200 Fuſs Tiefe gebracht worden ist. Oben liegen darin 69 Fuſs Thon, darunter Kalkstein, welcher unzweifelhaft dem oberen Jura angehört, und darunter ist man in den Dolomit derselben Abtheilung gekommen, in welchem man die Arbeit eingestellt hat. (Siehe oben.)

Geht man von Bromberg zur Weichsel abwärts, so gelangt man zunächst zu dem Städtchen Fordon. Der Weg führt am

Gehänge eines ehemaligen Thalrandes hin, der ungefähr 30 bis 40 Fuſs über dem mittleren Weichselspiegel liegen mag, der jedoch wieder flach ausgebreitet zu einem höheren Rande führt, welcher abermals 40 bis 50 Fuſs ansteigt, so daſs das umgebende Land im Mittel 80 Fuſs über dem Stand der Weichsel liegt. Das eigentliche Fluſsthal, das nur 10 bis 20 Fuſs tief eingeschnitten und daher den Ueberschwemmungen sehr ausgesetzt ist, fällt in dieser Gegend steil zum Wasser ab und zeigt oben Sand, darunter etwas Lehm oder Schlick, der wohl von Ueberschwemmungen des Flusses herrührt, und darunter die obere Abtheilung des Septarienthones, ganz wie sie an der Warthe auftritt. Auf der zweiten Thalstufe hat man bei Fordon Versuche auf Braunkohlen gemacht, bei denen man leider zu demselben Resultate gekommen ist, wie bei denen an der Warthe, daſs nämlich die bauwürdigen, wirklich sehr guten Kohlen in dem wasserführenden Sande liegen und der Bau daher, sobald er bis zu ihnen hinab gekommen ist, ersaufen muſs. Dieses Wasser, offenbar dasselbe, das die artesischen Brunnen in Bromberg und Posen liefern, ist völlig unabhängig von dem Wasser der Weichsel, da es viel tiefer entspringt als der Boden des Fluſsbettes und weit höher ansteigt als der Spiegel desselben. Bei diesen Verhältnissen scheint keine Möglichkeit vorhanden, die Kohlen bei Fordon, die 6 bis 8 Fuſs mächtig gefunden worden sind, in Zukunft nutzbar zu machen.

Günstiger sind die Verhältnisse bei Gondez oder Gontz. Hier fallen die erwähnten beiden oberen Stufen in eine zusammen und bilden dadurch einen beträchtlichen Abhang zu dem Thale der Weichsel. Viele kleine Bäche kommen zwischen Petsch und Karolewo aus diesen Gehängen herab, wo sie Thäler eingeschnitten haben, die so steil und tief sind, wie man sie sonst nur im anstehenden Gesteine sieht. Wenn man von dem Plateau den Abhang hinabsteigt, so findet man die Wände aus braunem Lehm und gelbem Thon zusammengesetzt, unter dem in der Tiefe der blaue Thon zum Vorschein kommt. Ganz unten besteht alles aus dem Schlick, welchen der Fluſs bei Ueberschwemmungen zurückgelassen hat. Hinter den letzten Häusern von Gondez wendet man sich links an einem kleinen Wasser entlang, das aus dem gelblichen Thon zu kommen scheint und findet hier schon Kohlenspuren, bei denen jedoch keine Lagerung zu erkennen ist. Es scheint, dafs hier ebenso wie an der Warthe Rutschungen Statt gefunden haben, und dafs dadurch öfters vereinzelte Kohlenspuren in eine Lagerung gelangt sind, in die sie eigentlich nicht gehören. Geht man von hier weiter aufwärts, so kommt man zu einem Puncte, wo der Abhang einen Bogen macht, in dessen Mitte er sich allmählig absenkt und an diesem Abhange hat man einen Stollen auf die Kohlen getrieben. Auf dem rechten Vorsprung des Lagers liegt ein Haus und dicht vor demselben finden sich zwei schwache, braune Kohlenflötze von 10 bis 12 Zoll in grüngrauem Thone, unter dem Formsand vorkommt. Es scheint, dafs zwischen den vorerwähnten zwei kleinen Flötzen und dem unteren, welches gebaut wird, noch ein anderes von 1 bis 1½ Fufs inneliegt, da man circa 15 Fufs über dem Stollen ein solches anstehen sieht. Das unterste Flötz ist das stärkste und hat im Mittel 5 Fufs Mächtigkeit, es streicht von Ost nach West und bildet eine kleine Mulde, von der beide Flügel angefahren sind. In der nächsten Umgebung gehen sonst keine Kohlen zu Tage sondern, es werden die 50—60 Fufs tiefen Schluchten von Lehm und Sand gebildet. Nur bei Karolewo findet man, wie aus alten Akten hervorgeht, ein Alaunerz, auch Braunkohle genannt. Vielleicht gehören diese Kohlen, so wie das Alaunerz, zu dem Septarienthon.

In Danzig und dessen Umgebung, wo die hohen vielmals eingeschnittenen Gehänge des eigentlichen Festlandes sich über Oliva und Zoppot nach Katz hinziehen, ist leider nirgends ein deutlicher Aufschlufs über die Beschaffenheit des Terrains zu finden. Nordwestlich von der Stadt steht in den nächsten Hügeln der Lehm 25 bis 30 Fufs hoch an, über ihm eine schwache Sanddecke, was indefs darunter liegt, weifs man. Nach den Oberflächenformen könnten in dem Terrain von Oliva vielleicht Braunkohlen zu finden sein, wenigstens weisen die darin aufbrechenden starken Quellen auf hochliegende Thonlager hin, und es wird obige Vermuthung um so wahrscheinlicher, als man dergleichen bei Putzig gefunden hat. Putzig, unter 54° 43′ nördlicher Breite, ist der nördlichste Punct, von dem man bis jetzt die Braunkohlen kennt, denn weder in Skandinavien, noch in Finnland, noch im nördlichen Rufsland hat man dergleichen bisher entdeckt.

12. Der Ostseestrand.

Nur über einen kleinen Theil des norddeutschen Ostseestrandes kann hier berichtet werden, allein doch über denjenigen, welchen man für einen der wichtigsten ansehen mufs, weil an ihm die Ueberlagerung der Kreide durch jüngere Bildungen zu sehen ist. Es ist der Strich zwischen Colberg und der mittleren Odermündung, der Swine. Bei Colberg ist der Strand völlig flach, mit nordischem Sande bedeckt, und der Ort hat nur dadurch eine geologische Bedeutung, dafs hier eine Salzquelle auftritt, die auf einer Saline verarbeitet wird. Die Quelle bricht nordwestlich von der Stadt auf einer Insel in der Persante hervor. Sie ist nicht stark, denn sie enthält nur 4½ Proc. Salz, zeichnet sich aber dadurch vortheilhaft aus, dafs sie fast gar keinen Gyps enthält. Sie hat dies mit einigen Soolen gemein, die in Westphalen aus der Kreide kommen und dadurch wird es nicht unwahrscheinlich, dafs sie hier ebenfalls aus der Kreide stammt, obgleich man dies auch darnach vermuthen könnte, dafs Kreide das verbreitetste Gestein der Umgegend ist. Die Quelle ist sehr constant in ihrem Zuflusse und völlig unabhängig von dem Wasserstande der Persante. Die Umgegend zeigt nichts geologisch wichtiges, nur ist es auffallend, dafs hier, wie auch weiter westlich, die Dünen nur unmittelbar am Strande liegen und kaum 1000 Schritt breit sind. Nirgends bedeckt ihr Sand das Land noch tiefer hinein.

Zwischen Treptow und Revahl wechselt im Lande lehmiger Boden mit Sand und schwarzem Moorgrunde, an der Küste aber hat man auf weite Strecken ein Profil von grofser Gleichförmigkeit. Unter dem oben aufliegenden gelben nordischen Sande folgt der Lehm, in den oberen Lagen bräunlichgelb, nach unten hin bläulichgrau. Dafs beide Arten nur ein und dasselbe Lager bilden, sieht man an vielen Orten sehr deutlich. Die verschiedene Färbung rührt nur daher, dafs der durch Eisenoxydul blau gefärbte Lehm, bei dem Zutritt von lufthaltigem Wasser Eisenoxydhydrat bildet und dadurch braun wird. Auch sieht man an einigen Puncten mitten im gelben Lehm noch blaue Partien. Dieser Lehm, der bis zum Meeresspiegel hinabreicht, enthält viel groben Sand und kleine Geschiebe, unter denen die von Gothland besonders häufig sind, und auch grofse Geschiebe kommen nicht selten, besonders in den unteren Lagen vor. Der Sand und die Geschiebe sind ohne allen Unterschied im gelben wie im blauen Lehm vertheilt, und auch daraus ersieht man, dafs man es nicht mit zwei verschiedenen Abtheilungen zu thun hat. Am Fufs der manchmal 20 bis 25 Fufs hohen Lehmwände liegen die gröfseren Blöcke umher, die auch im flachen Wasser nicht selten sind, was offenbar daher rührt, dafs sie zurückbleiben während die feineren Theile des Lehms und der Sand vom Wellenschlage fortgeführt werden. Man holt diese Blöcke in Booten fort zu den Hafenbauten in Colberg und Swinemünde. Weiter gegen die Dievenow, die östliche Mündung der Oder, wird die Küste wieder flacher und bedeckt sich mit niedrigen Dünen, unter denen der schon oben beschriebene Jurakalk von Fritzow vorkommt.

Jenseit der Dievenow beginnt die Insel Wollin, die in ihrer westlichen Hälfte nicht unbedeutende Höhen enthält. Geht man von dem Städtchen Kammin über den Bodden, so heifst die seenartige Ausbreitung der Oder, in dem die Insel Gristow liegt, die eine halbe Meile lang und fast eben so breit ist, nach Wollin und dort von Zünz über Chinnow nach Kolzow, so heben sich hinter Kolzow starke Hügel heraus, die wohl bis zu 150 Fufs über dem Meere ansteigen mögen und dabei schnell zum Strande abfallen. Zwischen ihnen liegt, dem Meere ganz nahe, aber in viel höherem Niveau ein kleiner See, der Jordan-See genannt, dessen hochliegender Wasserspiegel beweist, dafs wasserdichte Lagen seinen Abflufs unter Tage verhindern. Wahrscheinlich enthalten diese Hügel Kreide-Mergel, denn man findet denselben zweimal zwischen hier und Misdroy, das in der Nähe der Swine liegt, von den steilen Abstürzen der Küste entblöfst. Die Kreide ist blaugrau, völlig erdig, sehr weich und zeigt leider keine Spur von Schichtung. Feuersteine sind nicht darin, aber hin und wieder Nieren von Schwefelkies und Stücke von Muschelschaalen, die jeden Zweifel entfernen, ob man es nicht vielleicht mit Schichten jüngerer

Bildungen zu thun habe. Ueber der Kreide liegt der nordische Lehm, aber keine Spur von Braunkohlenbildungen, noch von Septarienthon zwischen beiden. Mitunter führt der Lehm Gerölle jenes Tertiär-Gesteins, das unter dem Namen der Sternberger Kuchen bekannt ist, und in Meklenburg besonders häufig als Geschiebe vorkommt.

Dicht vor Misdroy hört die steilere Küste auf und von hier breitet sich ein flaches Sandland bis jenseit Swinemünde aus, das die ehemals gröſsere Mündung der Oder, oder in früherer Zeit der Weichsel, darstellt. Die Höhen gehen östlich von Misdroy nach Süden bis Lebbin fort und in ihnen steht wieder an zwei Orten, in der Nähe von Vietzig ein weiſslicher Kalkmergel an, der aber auch hier keine bestimmte Lagerung zeigt. Obgleich noch keine charakteristischen Versteinerungen aus ihm bekannt geworden, so sollen doch Feuersteine in ihm vorkommen und es wäre damit um so weniger daran zu zweifeln, daſs er der Kreideformation angehört. Weiter an der Küste herab steht dann der nordische Lehm an, der hier sehr häufig Jura-Sandstein-Geschiebe, ganz wie die Gesteine von Soltin, enthält. Zwischen Lebbin und Karzig, wo die Küste sehr hoch und steil ist, findet sich ein merkwürdiger, brauner Sandstein, der als oberste Schicht eine Lage enthält, die fast nur aus zerbrochenen und abgeriebenen Belemniten besteht. So viel man sehen kann, scheinen es Bruchstücke der gewöhnlichen Kreide-Belemniten zu sein, zwischen denen aber auch dunkelbraune Steinkerne einzelner Ammoniten- oder Scaphiten-Windungen vorkommen, wie man sie aus den Hils-Bildungen von Helgoland nicht selten sieht. Da es nicht wahrscheinlich ist, daſs hier in der Nähe, auch in jetzt unbekannter Tiefe, Hils-Bildungen vorkommen, wie das oben schon entwickelt worden ist, so werden diese Steinkerne wohl aus den Jurasischen Bildungen stammen, die in der Nachbarschaft sich finden, obgleich man dergleichen Ammoniten in ihnen noch nicht entdeckt hat. Unter diesem dunkelbraunen Sandsteine, welcher 6 bis 8 Fuſs mächtig ist, liegt ein feiner Sand, der Formsand sein könnte, und Spuren von Kohlen finden sich dabei, während darüber der gewöhnliche gelbe nordische Lehm mit Geröllen und Sand verbreitet ist. Es liefert dieses Vorkommen einen interessanten Beleg darüber, wie Versteinerungen aus älteren Formationen in jüngere verschleppt werden können. Hinter Karzig hören die Höhen wieder auf und das Städtchen Wollin liegt eigentlich auf einer kleinen Insel in der Dievenow, die nur durch einen sumpfigen Grund mit der Hauptinsel verbunden ist.

Druckfehler.

Seite 2. Z. 16 v. o. lies Moor statt Meer.
- 3. Z. 1 v. u. - Uelzen st. Uelgen.
- 4. Z. 8 v. o. - Diepholz st. Dipholz.
- 8. Z. 12 v. u. - schon eine st. die beiliegende.
- 14. Z. 14 v. o. - Paaren st. Pausen.
- 16. Z. 9 u. 25 v. o. l. Flemming st. Fläming.
- 17. Z. 6 v. o. lies Jävenitzer st. Jawenitzer.
- 25. Z. 6 v. o. - icz und in st. icz nnd ie.
- 27. Z. 5 v. o. - Ciechocineck st. Chiecocineck.
- 34. Z. 5 v. u. - enthalten st. erhalten.
- 35. Z. 11 v. o. - streichen st. reichen.
- 38. Z. 8 v. o. - Es liegt st. Er liegt.
- 38. Z. 19 v. o. - Stipsdorf st. Hipsdorf.
- 46. Z. 6 v. u. - Schobüll st. Schabüll.
- 47. Z. 6 v. u. und S. 48 Z. 3 v. o. l. Kujavischen st. Knjarischen.
- 48. Z. 2 v. o. lies Kujavien st. Knjarien.

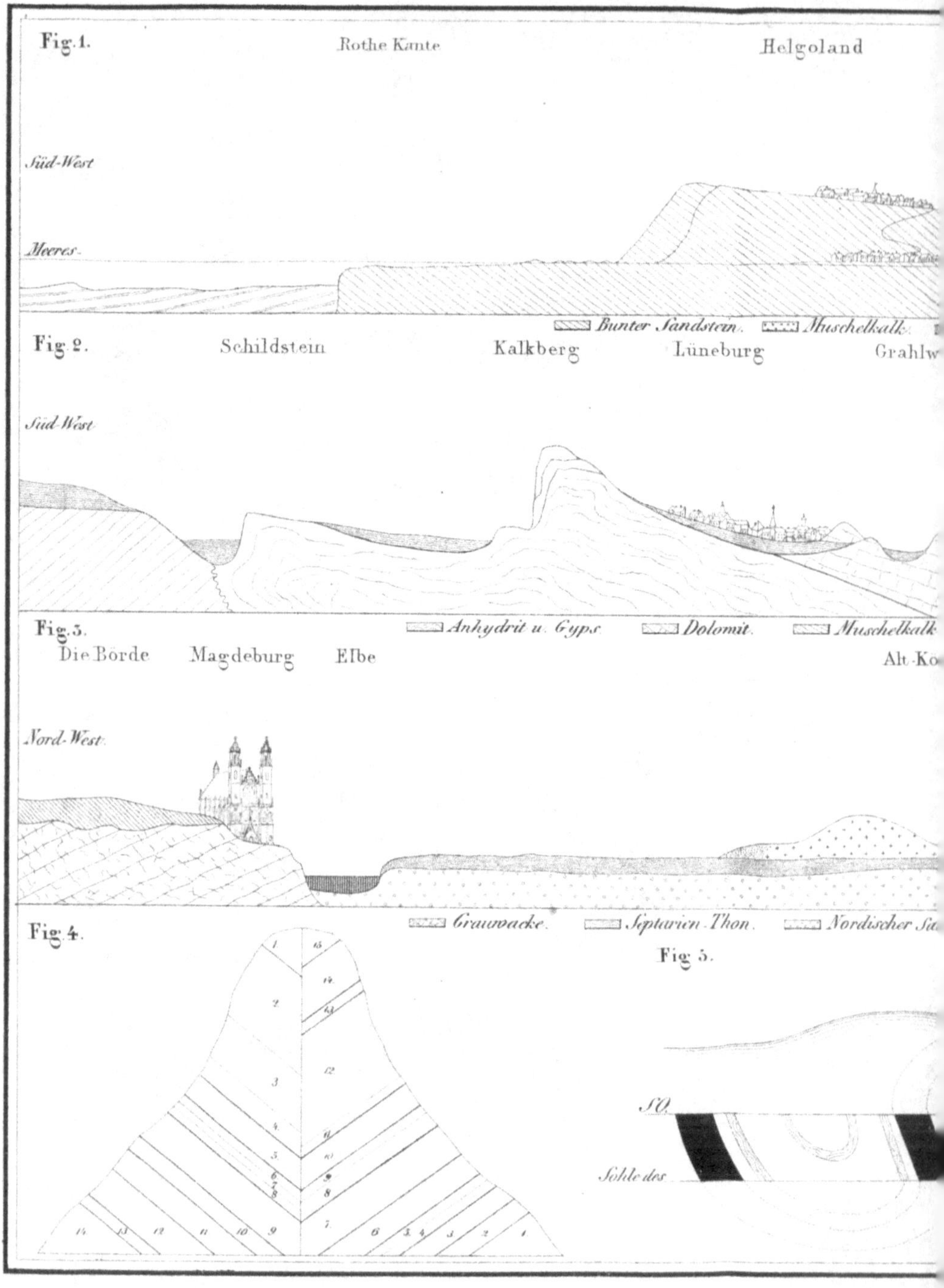
Fig. 1.
Rothe Kante
Helgoland
Süd-West
Meeres
Bunter Sandstein.
Muschelkalk.
Fig. 2.
Schildstein
Kalkberg
Lüneburg
Grahlw
Süd-West
Anhydrit u. Gyps.
Dolomit.
Muschelkalk
Fig. 3.
Die Börde
Magdeburg
Elbe
Alt-Ko
Nord-West
Grauwacke.
Septarien-Thon.
Nordischer Sa
Fig. 4.
Fig. 5.
S.O.
Sohle des

Taf. I.

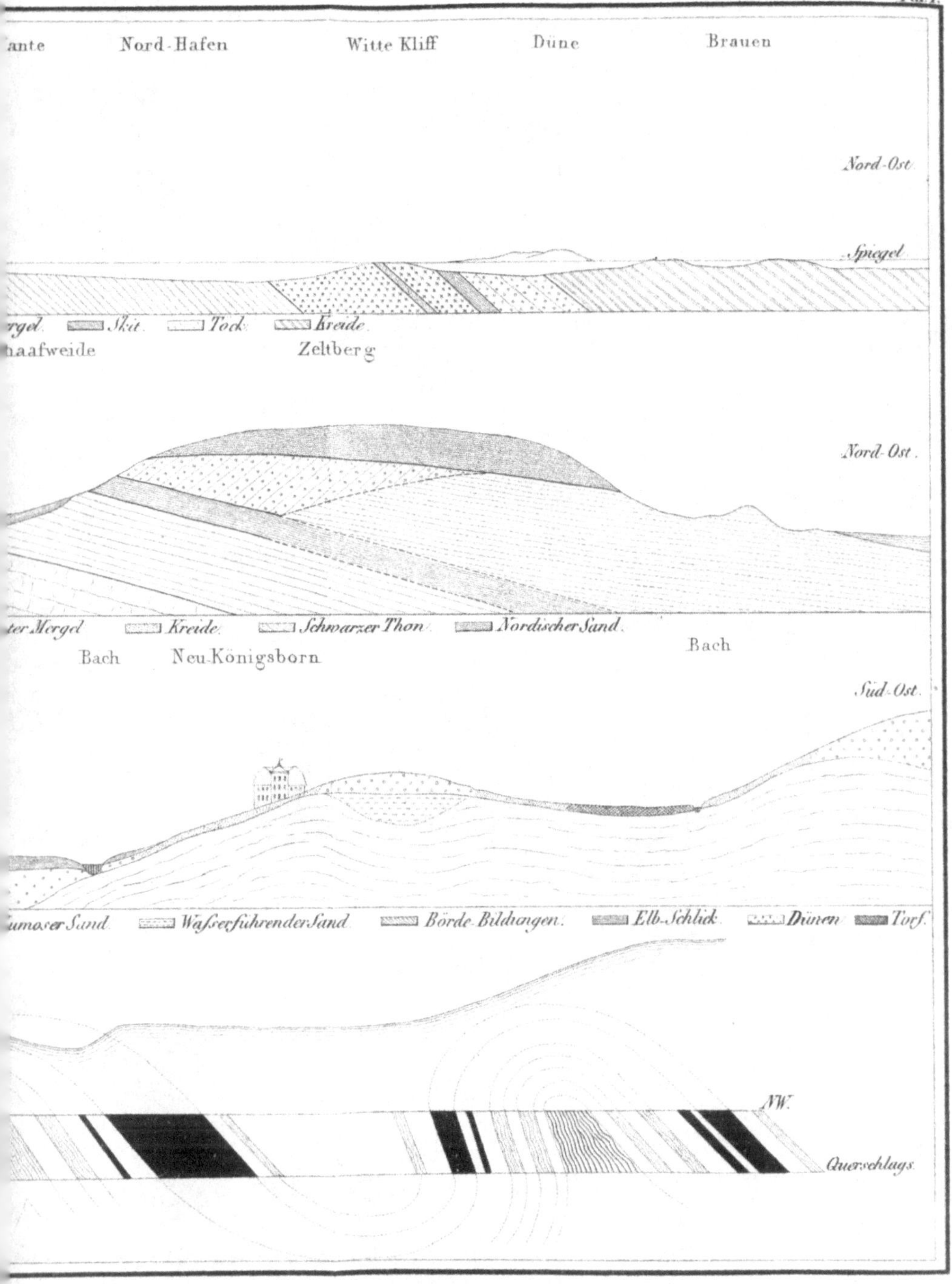

ante
Nord-Hafen
Witte Kliff
Düne
Brauen
Nord-Ost
Spiegel
rgel
Skit
Tock
Kreide
haafweide
Zeltberg
Nord-Ost
ter Mergel
Kreide
Schwarzer Thon
Nordischer Sand
Bach
Neu-Königsborn
Bach
Süd-Ost
umoser Sand
Wasserführender Sand
Börde-Bildungen
Elb-Schlick
Dünen
Torf
NW.
Querschlags

Fig. 1.

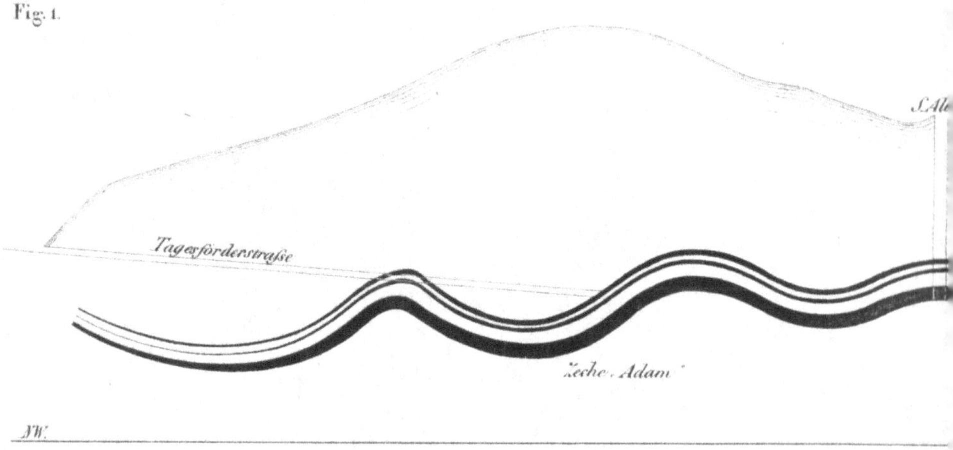

Fig. 2.

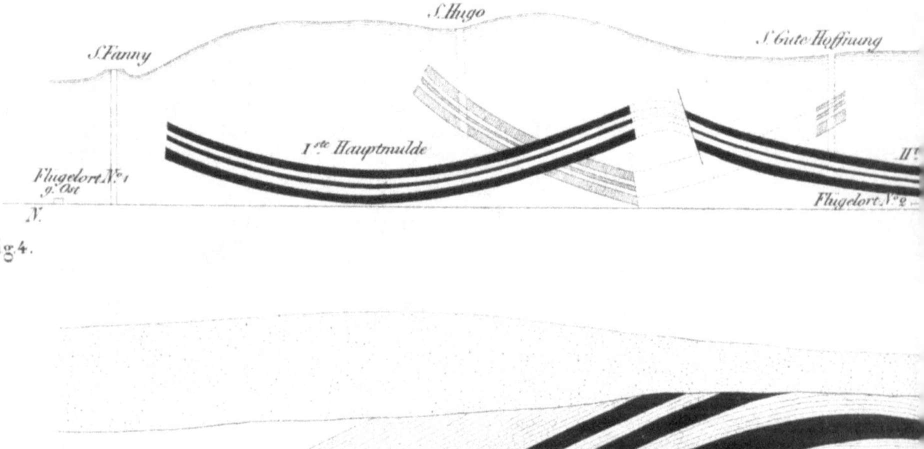

Fig. 4.

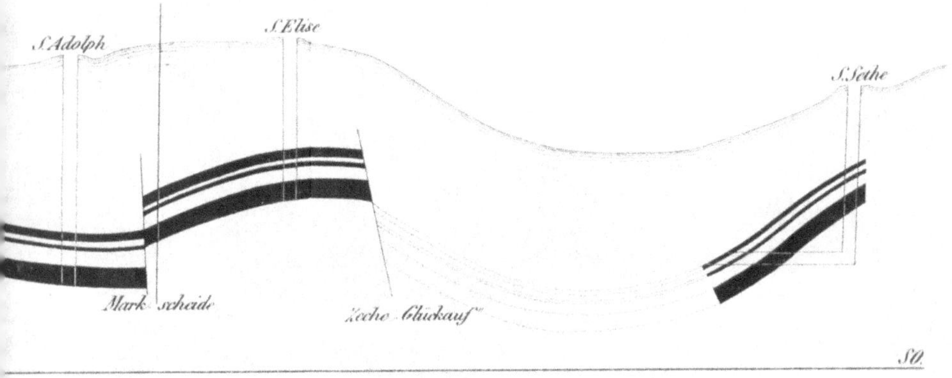
S. Adolph
S. Elise
S. Sethe
Mark-scheide
Zeche „Glückauf“
SO.

Fig. 3.

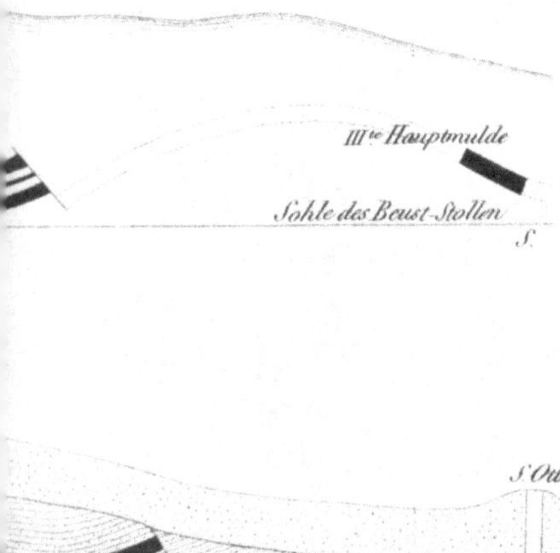
III^te Hauptmulde
Sohle des Beust-Stollen
S.

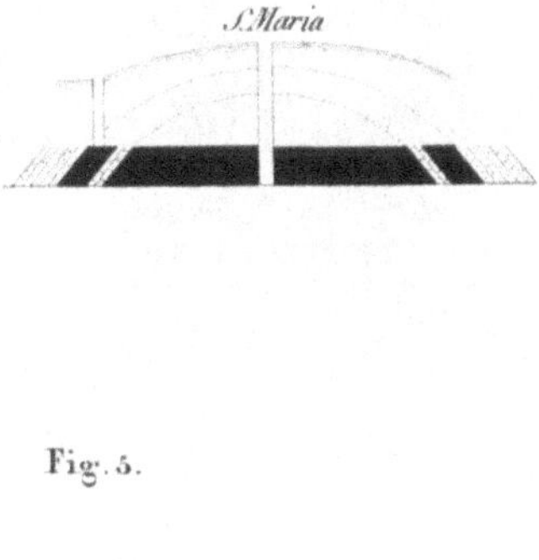
S. Maria

Fig. 5.

S. Otto
N.

S. August

DER GEGEND ZWISCH

NACH EIGE

Maafsstab . 1:500000.

Flufsniederungen, Wiesen- u. Torfgründe. Raseneisenstein. Süfswasserkalk. Süfswasserthon. Sanddünen.

URG UND FRANKFURT A/O.

UNGEN ENTWORFEN

Septarien-Thon. Braunkohlen-Formation. Älteres geschichtetes Gestein. Älteres massiges Gestein.

Deutsche Meilen.

FSC
www.fsc.org
MIX
Papier | Fördert gute Waldnutzung
FSC® C083411

Kolibri 360 GmbH
Ferdinand-Jühlke-Straße 7
99095 Erfurt, Deutschland
produktsicherheit@kolibri360.de